브랜드
설계자

구매 전환율을 높이는 19가지 브랜딩 과학

EXPERT

EXPERT SECRETS

브랜드 설계자

고객을 몰입시키는 퍼널 강화 비법 🔍

SECRET

러셀 브런슨 지음 | 홍경탁 옮김

부키

'뉴 리치new rich'로 가는 지름길이 여기 있다! 당신의 지식과 전문성, 재능을 제대로 된 비즈니스로 전환시켜줄 책이다.

_로버트 기요사키(리치대드컴퍼니 설립자)
『부자 아빠 가난한 아빠』 저자

큰일 났다. 나의 노하우가 다 들통난 기분이다. 전작 『마케팅 설계자』를 많은 온라인 비즈니스 전문가가 극찬했으며 나도 이 책으로 단숨에 억대 순수익을 얻었기에, 그 후속작인 『브랜드 설계자』를 손꼽아 기다릴 수밖에 없었다. 이 책은 아무것도 가진 게 없는 무일푼에서 몇 개월 안에 전문가로 성장하는 비결과 전략을 담았다. 심히 두려운 책이다. 장사 지식을 파는 내 자리가 없어지는 건 아닐까? 수백만 원 상당의 마케팅 강의가 단돈 몇만 원짜리 책으로 시중에 나왔으니 말이다. 이제 전문가로서 몸값을 높이고 떼돈을 벌 수 있는 기회가 열렸다. 부디 그 가치를 아는 사람들만 읽기를! 벌써부터 다음 시리즈가 기다려진다.

_권정훈(장사 권프로)
『후회하기 싫으면 그렇게 살지 말고 그렇게 살 거면 후회하지 마라』 저자

소름 돋는 책이다. 내가 온라인 창업을 돕는 강사로서 10년 이상 일하며 구축한 퍼널과 프레임워크를 여기서 고스란히 소개하고 있다. 〈스타트업의 과학〉 시리즈에는 전자책과 VOD 판매, 웹사이트와 유튜브 채널 구축, 오프라인 세미나 진행 등을 훌륭하게 해내는 비법이 가득하다. 이 책과 함께라면, 나처럼 단 두 달 만에 4억 원 매출을 기록하는 것도 꿈이 아닐 것이다. '퍼스널 브랜딩'을 교육하면서 이런 질문을 자주 받는다. "자산도 뭣도 없는 저를 브랜딩할 수 있을까요? 그렇게 돈을 버는 건 선생님이나 가능한 거죠." 하지만 앞으로는 개개인이 브랜드가 되어야 하는 세상이 온다. 이 책은 각자의 다양한 경험과 지식으로 매력적인 콘텐츠를 생산하여 브랜드를 구축하는 설계도를 제시한다. 읽고, 스스로 믿고, 따라 한다면 남녀노소 누구나 가능하다. 프레임워크를 탄탄히 세워 '나'라는 상품을 가치 있게 설계해보자.

**김경은**(단아쌤, 스마트스토어 강사)
『쇼핑몰 상세페이지 디자인 가이드북』 저자

당신도 브랜드 전문가가 될 수 있다. 아니, 되어야 한다. 한번 방문한 고객의 마음을 사로잡아 열정적인 팬으로 바꾸려면 어떻게 해야 할까? 단 90분의 세일즈 프레젠테이션으로 320만 달러를 벌어들인 설득의 고수 러셀 브런슨이 그 노하우를 하나부터 열까지 가르친다. 공감을 유도하고 신뢰감을 형성하는 법, 높은 가격을 전혀 비싸지 않게 인식시키는 법 등 온라인 마케팅 비법을 한 권으로 배울 수 있다. 한 번만 읽어서는 안 되는 책이다. 스타트업 CEO든 퍼스널 브랜딩을 시작하려는 직장인이든, 시장에서 스스로를 차별화하는 전략을 터득하고자 한다면 교과서처럼 두고두고 봐야 한다.

**장문정**(엠제이소비자연구소 소장)
『팔지 마라, 사게 하라』 저자

브랜드는 메시지로부터 시작된다. 메시지는 때로 거창해 보이지만, 이미 내 안에 있으면서도 놓쳤던 작은 목소리에서 비롯된다. 이 책은 내 목소리를 찾아 새로운 기회를 열고, 고객과 함께하는 운동을 만들어 팔리는 브랜드를 일구는 로드맵을 체계적으로 설명해준다. '브랜드로 세상에 어떤 메시지를 전할까?'를 항상 고민하는 모든 브랜더에게 일독을 권한다. 여기에 적힌 비밀들을 한 단계씩 따라가다 보면 짜임새 있게 내 브랜드를 구축하는 설계자이자 퍼널 해커로 거듭날 것이다.

_소호(모빌스그룹 브랜드 디렉터)
『프리워커스』 공저자

읽는 내내 눈물이 찔끔 났다. 그렇게 찾아 헤맨 노하우를 만난 기쁨에! 수많은 교육생에게 우리의 이론과 실무 노하우를 어떻게 전달할까 오래 고민했다. '학비공'이 인스타, 유튜브, 블로그 등 남들 다 하는 SNS 하나 없이 지방 소도시 목포에서 카카오톡 오픈 채팅방 202개를 운영하는 오픈 채팅방 1위 플랫폼으로 성장하면서 지식과 경험을 전하고, 고객을 모으고, 고가 상품을 팔 수 있었던 비결이 이 책에 고스란히 담겨 있었다. 우리가 수년간 겪은 시행착오와 마침내 이룬 성공 신화를 이 책 하나로 설명할 수 있다. 이 책은 사막에서 오아시스를 찾는 심정인 1인 사업가들에게 나침반 역할을 해줄 것이다. 다시 한번 꼭 기억하자. 고객의 동선을 설계하고 그 길을 지나가게 만들면 반드시 수익은 따라온다. 러셀 브런슨은 이 책에서 그 비법을 일목요연하게 풀어냈다.

_학비공(한국교육나눔회 대표)
학원 원생 모집 노하우 및 마케팅 자동화 교육 플랫폼

내 열정에 다시 불을 지펴준 대건 스미스에게,
패배 일보직전까지 갔던 인생의 암흑기에
당신은 두 번째 기회를 주었다.
진심으로 감사를 전한다.

오늘날의 나로 거듭나기까지 도움을 주었던 전문가들께,
나는 레슬링·종교·비즈니스·건강·인간관계에서 크나큰 영향을 받았다.
성장할 수 있도록 기꺼이 베풀어주신 여러분께 감사드린다.

그리고 내 사랑스러운 아이들, 달린, 보웬, 엘리, 아이든, 노라는
이 세상을 더 좋은 곳으로 만들기 위해 노력해야 할 이유를 내게 주었다.
너희들의 미래가 지금의 나를 있게 했다.

차례

1

운동 만들기 ▾   전문가로서 고객의 삶을 바꿔야 한다

전문가 되기

새로운 기회(나만의 제안)

미래지향적인 대의명분(나만의 운동)

2

스토리셀링 ▾   가치를 높이고 신뢰감을 형성하는 법

추천의 말

내 이름은 개럿 J. 화이트다. 유부남이며, 가정과 직장이 있다. 무엇보다 '퍼널 해커'다. 나는 결혼한 직장인 남성을 교육한다. 아내 몰래 바람을 피우거나, 이혼하거나, 자녀에게 무심하거나, 교회에 나가지 않거나, 약물 혹은 술로 마음을 달래지 않고도, 일이나 결혼 생활을 비롯해서 인생사에 내재한 무한한 힘을 되찾는 방법을 가르친다. 나는 이 모든 가르침을 담아 '원하는 건 다 가질 수 있는 전사의 길Warrior's Way to Have It All'이라는 시스템을 탄생시켰다.

'전사의 길Warrior's Way'을 만들면서 나는 전문가가 되려고 노력하지 않았다. 심지어 전문가가 뭘 하는 사람인지도 잘 몰랐다. 단지 금융위기를 겪은 이후 자유롭게 살고자 했다. 온라인 마케팅이나 판매, 세일즈 퍼널, 자동화 시스템을 전혀 모르는 상태에서 2012년 '깨어 일어나라 전사여!Wake Up Warrior' 프로그램을 시작했다.

2012년부터 나는 마음과 영혼에서 우러나온 메시지를 세상에 전하려고 몸부림쳤다. 어느 정도 성공을 거두긴 했다. 하지만 나의 메시지를 전달해 온라인에서 전문가가 되긴커녕 세일즈 퍼널이란 기술을 이해조차 하지 못했다. 내가 잇따른 실패로 낙담했을 때, 2014년 아이다호주의 보이시에 사는 한 능력자가 '클릭퍼널스ClickFunnels'라는 소프트웨어를 출시했다.

당시 나는 카야비, 인퓨전소프트, 리드페이지스, 옵티마이즈프레스,

워드프레스, 자피어 등을 이용하여 개별 세일즈 퍼널을 접착테이프로 덕지덕지 붙여 이어놓은 것처럼 엉망으로 관리하고 있었다. 한마디로 언제 터질지 모르는 시한폭탄이었다. 그즈음 페이스북 채팅으로 한 고객이 내게 클릭퍼널스를 어떻게 생각하는지 물었다. 나는 고객에게 말했다.

"클릭퍼널스는 처음 들어봅니다. 그리고 이 거대한 쓰레기 더미에 또 하나의 소프트웨어를 더하고 싶지는 않네요!"

나는 좌절감에 빠져 있었다. 3년 동안 대부분의 시간을 온라인 소프트웨어 관리에만 쓴 것 같았기 때문이다. 앞으로도 이처럼 엄청난 고생을 해야만 하는지 계속 의문이 들었다. 며칠 뒤 그 고객이 다시 말했다.

"개릿, 농담이 아니고, 클릭퍼널스 한번 사용해봐요. 다른 소프트웨어는 모두 없애버리고 마케팅과 판매, '깨어 일어나라 전사여!' 프로그램에만 집중하게 될 겁니다."

처음에는 그럴 리 없다고 생각했으나, 판매 소프트웨어를 하나만 남기고 다른 건 모두 없애도 된다는 말에 혹해 그날 오후 바로 사용해보았다. 48시간 뒤, 나는 기존 고객과 잠재고객 명단을 비롯한 모든 자료를 클릭퍼널스로 옮겼다.

클릭퍼널스는 나처럼 온라인 코딩과 웹 디자인을 전혀 모르는 사람도 이용할 수 있을 정도로 빠르고 매끄럽게 작동했다. 나는 클릭퍼널스에 푹 빠졌고, 당연히 포지셔닝이나 마케팅, 영업에서 좋은 결과를 얻었다.

2012년 '깨어 일어나라 전사여!' 5만 달러 매출.

2013년 '깨어 일어나라 전사여!' 58만 5000달러 매출.

2014년 '깨어 일어나라 전사여!' 140만 달러 매출(퍼널을 시작한 이래 전체 매출의 60퍼센트에 달하는 금액이다).

나는 클릭퍼널스 플랫폼에서 놀랄 만큼 빠른 성과를 내서 퍼널 해킹 커뮤니티에 큰 충격을 주었고, 2015년 라스베이거스에서 열린 첫 번째 퍼널 해킹 라이브Funnel Hacking LIVE 행사에 초대되어 '깨어 일어나라 전사여!' 세일즈 퍼널에 관해 연설을 하게 됐다.

퍼널 해킹 라이브에서 연설하다니 실로 영광스러운 일이었다. 나는 연사 자격으로, 나중에 엄청난 베스트셀러가 된 『마케팅 설계자』의 미출간 버전을 받았다. 그리고 멕시코 휴양지에서 아내와 함께 풀장에 누워 하루 만에 다 읽어버렸다.

2015년, 클릭퍼널스와 『마케팅 설계자』로 전문적인 가르침을 얻고 정신 무장을 철저히 한 뒤 '깨어 일어나라 전사여!'의 매출을 360만 달러까지 끌어올렸다.

몇 년 사이에 저자 러셀과는 좋은 친구가 되었다. 러셀은 친구이자 스승, 교사이고, 온라인으로 상품을 구입하는 고객의 심리에 정통하며, 클릭퍼널스라는 치명적인 무기와 결혼한 트레이너다. 나는 당신이 손에 든 이 책을 읽으며, 다른 이들은 꿈도 못 꿀 커다란 이익을 얻었다.

2016년 두 번째 퍼널 해킹 라이브에서 연설한 뒤 《뉴욕 포스트》에서 찾아와 '깨어 일어나라 전사여!'에 관해 인터뷰를 했고, 해당 매체와 우리 퍼널의 브랜드에 힘입어 총매출이 무려 780만 달러에 이르렀다. 2017년 러셀 역시 엄청난 성공을 거두었다. 내가 17년 동안 읽은 직접 반응 마케팅과 온라인 판매 시스템에 관한 서적 가운데 가장 권위 있는 책을 출판한 것이다. 그렇다. 나는 지금 여러분이 읽고 있는 책 이야기를 하는 중이다. 이 책은 주말에 읽는 심심풀이용 마케팅 도서가 아니다. 실전에 사용하는 무기이며 전문가로서 큰 성과를 거두는 방법을 단계별로 보여준다.

세 번째 퍼널 해킹 라이브에서 연설하기 위해 가족과 함께 무대 뒤에서 준비하고 있을 때 러셀이 다가와 『브랜드 설계자』의 사전 공개 버전 열 권 중에 한 권을 건네주었다. 내가 틈새시장에서 전문가로 자리 잡고 우리 브랜드가 향후 30~40년 동안 이 분야에서 정상의 자리를 굳히는 데 꼭 필요한 책이라는 것을 읽기도 전에 직감했다. 그날 밤 가족들이 잠든 사이 책을 끝까지 읽었고 아침이 되자마자 러셀에게 문자를 보냈다.

"이 모든 것을 한 권에 담다니 믿을 수 없군요. 책값으로만 최소 1만 달러는 받아야 해요. 신입 사원이건 업계에서 인정받는 전문가이건 여기서 하라는 대로 정확히 실행하면 절대 실패하지 않을 겁니다!"

러셀은 2014년 클릭퍼널스로 나 같은 기업인에게 했던 일을 2017년 『브랜드 설계자』로 다시 시작하고 있었다.

나는 이 책을 10번 이상 읽으며 공부했다. 이 글은 단지 돈만 받고서 쓰는 추천사가 아니다. 단언컨대 나와 내 브랜드는 전적으로 이 책의 성과물이며, 나는 그저 러셀에게 배운 원칙과 전략을 따랐을 뿐이다.

책에 매우 감격하여 초판을 1000부 이상 구입했다. 2017년 러셀에게는 고객 수천 명이 몰리는 행사에서 연설을 해달라고 부탁했고, 이듬해 같은 행사를 열 때도 부탁했다. 그리고 행사에 참석한 모든 사람에게 이 책을 선물했다. 왜 그랬을까?

이 책에서 말하는 바가 기업의 흥망성쇠를 좌우할 만큼 중요하기 때문이다. 그리고 성공하고 싶은 회사원이라면 모두 한 사람의 전문가로서 내용을 철저히 숙지하여 마케팅에 적용해야 한다고 믿기 때문이다.

2018년 이 책에서 러셀에게 배운 놀라운 마케팅 및 판매 프레임으로 무장한 나는 '깨어 일어나라 전사여!'에서 총 1540만 달러의 매출을 올렸다. 2019년에는 1960만 달러의 매출을 올렸고 40퍼센트의 영업이익률을 기록했으며 직원이 17명으로 늘어났다. 단순히 당신에게 자랑하려고 하는 말이 아니다. 내가 제시한 수치가 대단하다고 여기는 사람도 있고 사소하다고 여기는 사람도 있을 것이다. 이런 이야기를 하는 이유는 러셀 브런슨 같은 마케팅의 대가에게 지혜를 배워 삶에 활용하면 무엇을 이룰 수 있는지 보여주기 위해서다.

이 책과 클릭퍼널스에 답이 있다. 앞으로 공부할 이 책의 저자는 내가 아는 한 가장 훌륭한 사람이다. 당신의 미래에 성공이 함께하길 기도한다.

심호흡을 크게 해보자.

이제 마케팅의 대가가 그린 청사진을 펼치고 일을 시작할 시간이다. 『브랜드 설계자』에 온 것을 환영한다.

개럿 J. 화이트
'깨어 일어나라 전사여!' 창립자

서문

고객의 삶을 변화시키는 방법

어느 날 내가 운영하는 코칭 프로그램인 이너서클Inner Circle 모임에 참석하러 가던 길에 신입 회원 두 명을 보았다. 제대로 찾아왔는지 확신하지 못하는 모습이 마치 전조등 불빛에 놀란 사슴 같았다. 그날 모임에는 나를 포함해 21명이 참석했고, 우리는 커다란 말굽 모양으로 배치된 긴 탁자 주위에 앉았다. 탁자에는 한 사람이 발표할 수 있는 자리가 마련되어 있었다.

나는 모임을 시작하면서 모든 사람에게 자기소개와 함께 현재 하는 일을 말해달라고 부탁했다. 차례가 되어 발표를 시작한 라이언 리와 브래드 깁의 목소리에서 주저하는 느낌이 들었다.

"우리는 성공한 재무설계사입니다. 약 3주일 전에 『마케팅 설계자』를 읽었습니다. 우리는 이 책뿐만 아니라 부가 상품까지 모두 구입했습니다. 그리고 바로 다음 주에 퍼널 해킹 라이브라는 행사가 열린다는 사실을 알았습니다. 주말에 열리는 행사라 재빨리 입장권을 사고 비행기와 호텔을 예약했습니다. 퍼널 해킹 라이브가 진행되는 동안 러셀은 이너서클 프로그램을 설명했고, 집에 돌아온 날 밤 우리는 이 모임에 참석해야 한다는 생각에 잠을 이룰 수가 없었습니다. 그래서 다음 날 아침 러셀의 퍼널 중 하나에 참가 신청을 했고 5만 달러를 송금했습니다. 그리하여 지금 이곳에서 여러분과 함께하고 있습니다. 우리는 사실 퍼널이 어떻게 작동하는지 아직 모릅니다. 하지만 우리가 바로 퍼널이 작동한다는 살아 있는 증거입니다!"

모두 웃음을 터트렸다. 다들 비슷한 과정을 거쳤기 때문이다. 그들은 이렇게 말했다.

"우리는 그동안 우리가 겪었던 경험을 고객들이 고스란히 경험하기를 바랍니다. 우리는 우리만의 퍼널을 원합니다. 우리 업계에서 이런 일을 하는 사람은 없어요. 하지만 확실한 효과가 있다는 것은 분명합니다."

자기소개가 끝나고 나는 그들에게 일반적인 모임과는 다르게 진행할 것이라고 말했다. 나는 1년 전쯤에 세일즈 퍼널을 이용해 온라인에서 기업을 성장시키는 방법을 알려주는 『마케팅 설계자』를 출간했다. 나의 첫 책이다. 당시 1만 명 넘는 사람들이 클릭퍼널스에 가입했고 수만 개의 새 퍼널이 온라인에 생겼다!

많은 퍼널이 만들어지는 모습에 신이 나기는 했다. 하지만 새롭게 탄생한 대부분의 퍼널들이 뚜렷하게 앞서가거나 눈에 띄는 수익을 올리지는 못했다. 그냥 퍼널을 만드는 일과, 온라인 방문객을 평생고객으로 바꿔주는 퍼널을 만드는 일은 완전히 다르다.

"앞으로 이틀 동안 우리는 퍼널 자체보다, 퍼널에 온 사람들을 어떻게 하면 광팬으로 만들지를 두고 더 많은 이야기를 해야 합니다. 저는 여러분께 설득의 기초, 스토리셀링story selling, 집단 만들기, 리더 되기, 퍼널에 온 사람들과 소통하기 등을 이야기할 것입니다. 제가 일을 제대로 한다면 여러분은 비즈니스를 제품이나 서비스, 혹은 제안이 아니라, 고객을 위한 '운동movement'으로 여길 것입니다."

나는 이틀 동안 처음으로 '전문가의 비밀Expert Secrets' 프레임워크를 가르쳤다. 이 책에서 볼 프레임워크를 이용해 당신은 꿈의 고객의 관심을 끌고 잘못된 믿음을 타파하여 최상의 수준에서 응대 수 있을 것이다.

이틀이라는 짧은 기간에 했던 교육으로 퍼널 해킹 커뮤니티에 모인

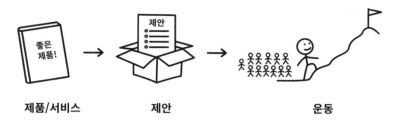

| 제품/서비스 | 제안 | 운동 |

도표 0-1 전문가가 되면서 당신은 단순히 제품과 서비스를 팔거나 제안하는 데 머무르지 않고 운동을 이끌게 될 것이다.

많은 사람에게 얼마나 큰 영향을 미쳤는지 당시에는 미처 몰랐다. 그날 모임에 참석한 사람 중 일부는 상품 기반의 사업에서 수백만 명의 삶을 바꾸는 운동으로 방향을 바꾸었다. 그후 몇 달 지나지 않아 브랜든과 케일린 폴린은 '투엘 타임 트레이너Tuell Time Trainer'라는 사업체를 '레이디보스 운동LadyBoss Movement'으로 바꾸었다. 건강보조제와 정보 제품을 팔고 코칭을 제공하면서, 삶을 바꾸려는 전 세계의 100만 명이 넘는 여성을 도와주는 운동이다. 헬스클럽 사장이던 알렉스와 레일라 호르모지는 '체육관 개장 운동Gym Launch Movement'을 이끄는 리더가 되었다. 이 운동은 헬스클럽 사장 수천 명이 고객을 끌어모으는 데 도움을 주고 있다. 개럿 J. 화이트는 '전사' 운동을 만들어 전 세계 남성 수만 명이 '원하는 건 다 가질 수' 있도록 돕는다. 한편 그의 아내 대니엘 K. 화이트는 스타일리스트들이 제값을 받고 일하도록 도와주는 '빅 머니 스타일리스트Big Money Stylist' 운동을 이끌고 있다.

이듬해까지 나는 이러한 원칙을 기업인 수천 명과 공유했고, 마침내 이 책 『브랜드 설계자』의 초판을 썼다. 많은 기업인이 이 프레임워크를 이용하여 광고와 퍼널을 만들고 사람들이 가치 사다리value ladder(고객이 점점 더 비싼 상품을 사려고 올라가는, 판매 과정상 가상의 사다리—옮긴이)를 이동하는 모습을 볼 수 있었다.

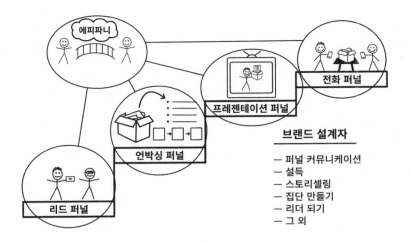

도표 0-2 『브랜드 설계자』는 마케터가 온라인 방문객을 평생고객으로 바꾸는 기술을 터득하도록 도와주는 다리다.

나는 비즈니스가 하나의 소명이라고 생각한다. 당신은 일단 사람들에게 필요한 제안을 한다. 그리고 당신이 만든 제품과 서비스를 제공한다. 사람들은 문제를 해결하기 위해 당신의 퍼널에 방문한다. 자신을 전문가로 자리매김하고 감동을 주는 스토리텔링 방식을 배우면 가치 사다리를 통해 사람들이 기대하는 결과를 안길 수 있다. 이것이 고객의 삶을 변화시키는 방법이자 기업을 성장시키는 비결이다.

이 책의 초판은 20만 부가 넘게 팔리며 큰 인기를 끌었고, 이 원칙을 지킨 사람들은 온라인 방문객을 평생고객으로 바꿨다. 어떻게? 실제 사례를 수백 가지 이야기할 수 있지만 브래드와 라이언의 이야기를 대표적으로 들려주고 싶다.

브래드와 라이언은 퍼널을 사용하지 않는 업계의 재무설계사로 이너서클 모임에 참석했다. 그들은 『마케팅 설계자』에서 설명한 퍼널이나, 집단을 만들어 운동을 구축하는 새로운 개념으로 실적을 올리지 못했다. 보통 사람들은 이런 상황에서 "이 개념이 다른 회사에서는 효과가 있지만 우리 회사에는 적합하지 않습니다"라고 말한다. 하지만 브래드와 라이언은 겸허한 자세로 배우며 그들의 사업에 해당 개념을 적용하는 방법을 찾아냈다. 새로운 프레임워크가 그러하듯 퍼널 개념을 다듬어 실제로 자기 일에 적용하는 데는 시간이 필요하다. 개념을 적용하는 법을 알아내자 그들은 한 가지 운동을 이끌었다. 그리고 프레임워크를 적용한 지 불과 몇 달 만에 '백만 달러 클럽' 상 후보에 올랐다(그들의 퍼널에서 100만 달러 이상을 벌어들였다는 뜻이다). 또 1년도 지나지 않아 '천만 달러 클럽' 상을 수상했다(동일한 퍼널에서 1000만 달러가 넘는 수익을 올렸다)!

이 책에서 브래드와 라이언처럼 온라인 방문객을 평생고객으로 전환하는 방법뿐만 아니라 당신이 리더가 되는 법을 배울 것이다. 나는 비즈니스와 기업가 정신의 함양을 우리의 소명이라고 생각한다. 『1년에 10억 버는 방구석 비즈니스』의 저자 라이언 모런은 언젠가 이렇게 말했다.

"기업가는 자신이 감당할 이유가 없는 문제에 책임을 지는 사람입니다."

세상 사람들은 대부분 문제를 회피하려 하지만, 우리는 문제를 보고 앞장서서 해결 방법을 찾아야 한다. 훌륭한 비즈니스는 이렇게 자신의 문제가 아닌데도 그 문제를 맡아 해결해야 한다는 소명을 느끼는 누군가에게서 시작하며, 그 소명은 특별하다.

당신의 인생에서 경험한 무언가가 이 비즈니스의 길로 당신을 이끌었다는 데 주목하라. 그 무언가는 당신에게 조금 더 나아가라고 요구한다. 현재의 고객에게 해결책을 제시하기 위해 습득한 것을 읽고 조사하고 실험해야 한다. 바로 이러한 정제를 거쳐 오늘날의 당신, 즉 '전문가'가 탄생한 것이다.

대부분의 마케터는 자신이 파는 제품만을 내세우려 한다. 하지만 자신의 전문지식이 상품을 파는 열쇠라는 점을 이해하지 못한다. 당신은 어떻게 일반 방문객을 평생고객으로 전환하고 시간이 지난 후에도 계속 머무르게 할지 고민해야 한다.

당신의 메시지는 누군가의 인생을 바꿀 수 있다. 적절한 시기의 적절한 메시지가 인생에 미치는 영향은 상상할 수 없을 정도로 크다. 당신은 위기에 빠진 결혼 생활을 구하고, 가족관계를 바로잡고, 건강을 향상하고, 회사를 성장시킬 수 있다. 이제부터는 당신이 변화시켜야 할 사람들의 손에 메시지를 전달해줄 방법을 알아야만 한다.

『브랜드 설계자』는 당신이 자기 목소리를 찾고 리더가 되도록 자신감을 불어넣을 것이다. 『브랜드 설계자』는 사람들의 삶을 변화시키려는 당신에게 운동을 구축하는 방법을 알려줄 것이다. 『브랜드 설계자』는 이러한 일을 직업으로 삼는 법을 가르칠 것이다.

윈스턴 처칠 경은 이렇게 말했다.

"사는 동안 누구에게나 특별한 순간이 어깨를 두드리며 찾아온다. 본인만이 가능한 매우 특별한 일을 할 기회를 얻는 것이다. 최고가 될지도 모르는 순간을 맞았는데 준비가 되지 않거나 자격이 없다면 얼마나 큰 비극인가."

당신의 메시지는 중요하다. 이 책의 역할은 누군가의 어깨를 두드리는 것이다.

EXPERT

PART 1

운동 만들기

전문가로서 고객의 삶을 바꿔야 한다

SECRET

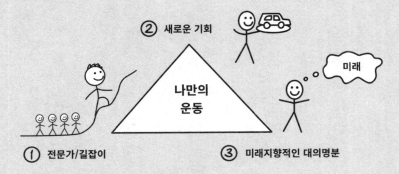

도표 1-1 운동을 만들기 위해서는 전문가/길잡이, 새로운 기회, 미래지향적인 대의명분이 필요하다.

데이비드 프레이의 초대를 받아 방문한 곳에서 매우 특별한 경험을 했다. 어느 소프트웨어 회사의 콘퍼런스에서 3000명에 달하는 유통업자가 모여 제품을 더 잘 파는 방법을 배우고 있었다. 나는 판매 및 마케팅 강의를 기대했지만 그들은 사흘 동안 사람들을 무대로 불러 상을 주고 제품에 관한 이야기를 늘어놓았다. 내가 기대한 바와는 다른 상황이 펼쳐졌는데, 무엇보다도 제품 이야기를 할 때 많은 사람이 울었다는 사실이 놀라웠다.

셋째 날 나는 몸을 숙이며 데이비드에게 이해가 안 간다고 말했다. 직접 반응 마케팅direct marketing(중간 상인이나 소매점 따위의 유통 경로를 거치지 않고 광고나 방문 등으로 고객의 요구에 응하는 판매 활동—옮긴이)에 기반한 교육을 받은 나에게 이런 상황이 낯설다는 것을 데이비드는 알고 있었다. 그는 웃으며 말했다.

"러셀, 저 사람들은 소프트웨어를 파는 게 아닙니다. 그들은 운동을 만들고 있어요. 그걸 파는 거예요."

나는 다시 자리에 앉아 눈앞의 상황을 새롭게 바라봤다. 데이비드는 소프트웨어 파는 방법을 배우라고 초대한 것이 아니었다. 제품은 도구에 불과할 뿐이고 운동이 사람을 변화시킨다는 사실을 보여주고 싶었던 것이다.

행사를 마치고 집에 돌아온 뒤로 몇 년이 지났지만, 데이비드의 말이 머리에서 떠나지 않았다. 이를 계기로 클릭퍼널스에 대한 아이디어를 생각해냈고, 동업자인 토드 디커슨이 소프트웨어를 코딩하기 시작했다. 내가 할 일은 여기서 빠진 부분을 찾아내는 것이었다. 바로 '사람들의 삶을 바꿀 운동을 어떻게 만들 수 있는가?'였다.

소프트웨어 자체는 참 따분하다. 세상에는 수많은 웹사이트 빌더가 있고, 클릭퍼널스 역시 (퍼널을 이용해 더 나은 방법을 제시하긴 하지만) 웹사이트 빌더일 뿐이었다. 몇 년 전에 데이비드와 함께 보았던 광경을 재현하고 싶다면 실제로 운동을 벌여야 한다고 생각했다.

그래서 대중운동을 깊이 연구하기 시작했다. 먼저 애플이나 테슬라처럼 위대한 기업들을 살펴보고, 기독교나 불교 같은 종교를 둘러봤다. 또한 밝은 면뿐만 아니라 어두운 면까지 살펴보려고 숱한 광신도 집단과 나치 같은 부정적인 정치운동도 조사했다.

이 모든 운동을 깊이 파고들면서 여기에는 긍정적이건 부정적이건 패턴이 존재한다는 점을 발견했다. 사례가 많아질수록 패턴은 분명해졌다. 내가 발견한 사례에는 모두 대중운동을 구축하는 데 도움이 되는 세 가지 공통점이 있었다.

- 카리스마를 갖춘 리더가 있다(『마케팅 설계자』에서는 '매력적인 캐릭터'라고 불렀다). 이 책에서는 이들을 한 단계 높여서 '전문가/길잡이'

라고 부를 것이다.

- 청중에게 새로운 기회를 제공한다.
- 끌어들인 사람들을 통합하는 미래지향적인 대의명분을 만든다.

모든 프레임워크가 그러하듯 이 패턴도 인식하는 순간 실제로 활용할 수 있다. 패턴을 보고 나서 나는 이렇게 썼다.

전문가는 새로운 기회를 제공하고
미래지향적인 대의명분이 있는 결과로 사람들을 인도한다.

『마케팅 설계자』에 등장하는 가치 사다리와 가치 사다리 강령에 패턴을 추가하면 [도표 1-2]와 같다.

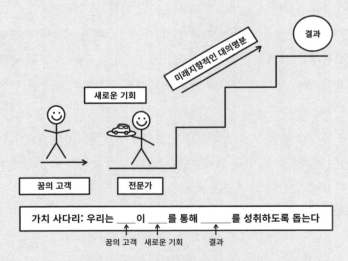

도표 1-2 꿈의 고객에게 새로운 기회를 제공하면서 가치 사다리를 오르게 하고 미래지향적인 대의명분을 부여해 운동을 구축할 수 있다.

모든 대중운동에 필수적인 이 세 가지 요소를 엮어서『마케팅 설계자』에 나오는 퍼널과 가치 사다리를 만들면 사업에 성공함은 물론이고 세상을 바꿀 운동을 일구게 될 것이다.

　『브랜드 설계자』에서는 자신을 다르게 포지셔닝하여 꿈의 고객을 끌어들이는 법을 배울 것이다. 그리고 자신의 목소리를 찾고 이야기를 전하여 사람들에게 감동을 주는 법(그리하여 더 높은 수준으로 고객에게 봉사하는 법)을 배울 것이다. 또한 제안을 만들고 (개선안이 아니라) 새로운 기회로 포지셔닝하는 방법을 배울 것이다. 더불어 집단을 구축하여 구성원에게 미래지향적인 대의명분을 주는 법(그리하여 삶을 바꿀 계기를 선사하는 법)을 배울 것이다.

전문가 되기

내 목소리 찾기

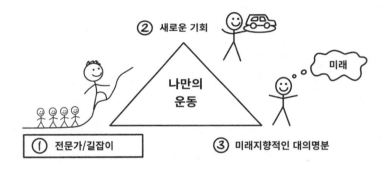

도표 1-3 전문가가 되기 위한 첫 단계는 꿈의 고객을 목적지까지 안내하는 리더의 역할을 맡는 것이다.

어머니는 이 이야기를 여러 번 해주셨다. 하지만 내가 가장 좋아하는 이야기였기에, 어머니가 당신의 친구들에게 이를 들려주기 시작하면 나는 하던 일을 멈추고 귀를 기울였다.

"그 사람은 러셀이 모자라다고 생각했어요. 러셀이 브링검영대학교에 지원하려 하니 추천서를 써달라고 선생에게 부탁했죠. 그런데 러셀이 평균 이하의 학생이라고 하는 거예요. 만약 합격하더라도 과목을 이수하지 못할 테니 하위권 대학에 가야 한다고 말하더군요."

이어서 아버지가 말했다.

"우리는 필요한 서류를 브링검영대학교에 제출했어요. 아니나 다를까 몇 주 뒤에 성적이 너무 낮아서 불합격이라는 통지서를 받았지요. 그다음 달에 우리는 러셀이 참가하는 전국 고등학교 레슬링 대회를 보러 피츠버그에 갔습니다. 이 대회에는 주 대회 우승자들만 출전할 수 있어요. 단연 미국 최고의 대회지요. 러셀의 체급에서는 우승자 90명이 참가했습니다. 러셀은 두세 번씩 우승했던 주 대회 우승자들을 물리치며 인생 최고의 경기를 펼쳤어요.”

다음은 가장 좋아하는 대목이라 내가 끼어들었다.

“아버지, 기억나세요? 제가 주 대회에서 두 번이나 우승한 선수를 준결승전에서 이기고 전국 대회 결승전을 준비할 때, 브링검영대학교 코치가 와서 관심이 생기면 학교를 방문해줄 수 있는지 물었잖아요.”

“그랬지. 당신네 학교에서 불합격 통지를 받았다고 말했더니 코치가 미소 지으며 ‘걱정하지 마세요. 제가 처리해드리겠습니다’라고 했지. 전국 대회에서 우승한 지 일주일도 안 돼 브리검영대학교에서 보낸 편지에는 합격 통지서가 들어 있었고!”

다시 어머니가 끼어들었다.

“하지만 학생지도 상담 교사는 네가 브링검영대학교에 간다는 사실을 알고는 나를 찾아와, 아들이 절대 첫 학기를 못 버틸 것이라고 충고하더구나.”

여기까지만 해도 충분히 재미있는 이야기지만, 어머니는 거의 15년 전에 벌어졌던 이 사건의 새 소식을 전해주었다. 내가 『마케팅 설계자』를 출간했을 때 어머니는 그 상담 교사와 같은 학교에서 가정 과목을 가르치고 있었다. 어머니는 이야기를 마무리했다.

“러셀의 새 책을 가지고 상담 교사 사무실로 당당하게 걸어가, 내 아들 러셀이 브링검영대학교에 갈 만큼 똑똑하지 않다고 말했을 뿐만 아니라 첫 학기에 낙제할 거라고 말했던 사실을 기억하느냐고 물었어요. 교사가 기억한다길래, 그에게 희소식을 전해주었답니다. ‘글쎄 그 아들이 이제 백만장자가 되어 출간한 첫 베스트셀러를 기념으로 한 부드리려고요.'"

그런 다음 어머니는 최후의 일격으로 책상에 책을 던져놓고는 자리를 떠났다.

내가 이 이야기를 들려주는 데는 몇 가지 이유가 있다. 이 이야기를 하면 정말 기분이 좋아지고 일부 독자들과 더 깊은 관계를 맺을 수 있기 때문이다. 또 한편 내가 정말 힘겨운 학창 시절을 보냈음을 보여주고 싶기도 하다. 나는 어떤 분야든 '전문가'가 될 만한 사람이 전혀 아니었다. 평점 2.3이라는 충격적인 성적으로 대학을 졸업했다. 레슬링을 좋아했고, 레슬링 때문에 안간힘을 썼다. 낙제하면 레슬링을 할 수 없었기 때문이다.

선생님이 가르쳐준 것을 배우거나 읽기를 좋아하지 않아서 솔직히 내가 바보라고 생각했다. 대학 생활 중반이 돼서야 학교에서 가르쳐주지 않았던 다양한 아이디어를 접하기 시작했다. 당시 개설된 지 얼마 안 된 구글에 관심이 생기는 주제들을 검색하고 찾다 보니 읽는 것이 재미있다는 사실을 알게 되었다. 가능성이 보이는 경쟁에서 잠은 짐이 될 뿐이었다. 이렇게 성장하던 시기에 온라인에서 물건을 파는 사람들의 소규모 운동을 처음 접하게 되었다. 이 불꽃은 당시엔 꿈도 꾸지 못했던 전문가가 되는 여정의 시작이 되었다.

매력적인 캐릭터에서 전문가로 진화
···

나의 멘토 댄 케네디는 "우리는 모두 상품 비즈니스가 아니라 관계 비즈니스를 하고 있다"라고 가르쳤다. 사람들이 나의 가치 사다리로 들어오는 이유는 상품 때문일 수도 있지만, 떠나지 않고 머무르는 이유는 나라는 '매력적인 캐릭터'와 관계를 맺었기 때문이라는 것이다.

『마케팅 설계자』에서 처음으로 '매력적인 캐릭터'라는 개념과 성격을 이용하여 사람들을 끌어오는 방법을 소개했다. 이 책에서는 당신과 청중의 관계를 한 단계 끌어올리는 방법을 알려주겠다. 누군가를 데려왔으니 다음 단계에서는 그들이 가고 싶어 하는 곳으로 이끌어야 한다. 리더나 길잡이가 되려면 전문가로 성장해야 한다.

도표 1-4 『마케팅 설계자』에서는 꿈의 고객을 끌어오는 방법을 가르친다. 『브랜드 설계자』에서는 고객이 원하는 결과를 얻도록 이끄는 방법을 가르친다.

우리는 사람들을 퍼널로 데려오기 위해 가치 사다리 앞에 있는 '매력적인 캐릭터'를 이용한다. 그다음에는 그들을 전문가로서 이끌고 퍼널을 통해 가치 사다리를 오르도록 해준다. 제이 에이브러햄은 이렇게 말했다.

"사람들은 이끌어주기를 간청한다."

나는 이 말이 진실이라고 생각한다. 비즈니스는 당신이 꿈에 그리던 고객, 즉 꿈의 고객을 끌어와 그가 목표로 하는 결과를 낼 수 있도록 이끌어주는 것이다.

전문가가 되기 위한 5단계

여기서는 자신의 목소리를 찾고, 집단을 구성하며, 세상을 바꾸는 데 도움이 되는 5단계를 거칠 것이다. 당신의 메시지를 전달하여 최대한 많은 사람에게 영향을 미치기 위해서는 모든 단계가 중요하다.

| 몽상가 | 기자 | 프레임워크 제작자 | 봉사자 | 전문가/길잡이 |

| 성장 | 기여 |

도표 1-5 전문가가 되기 위해서는 몽상가, 기자, 프레임워크 제작자, 봉사자, 그리고 전문가/길잡이까지 다섯 단계를 거쳐야 한다.

1단계 **몽상가**(시작은 작은 불씨에서)

최근 인스타그램에서 톰 빌리유의 '열정을 키우는 방법'이라는 글을 읽었다. 보통은 '전문가가 되는 방법'이라는 제목이 달릴 만한 포스트였다. 그는 이 글에서 열정을 키우거나 전문 지식을 쌓는 데 필요한 다섯 가지를 언급했다.

1. 많은 자료로 실험하기
2. 흥미를 불러일으키는 것을 찾아보기
3. 찾은 것들에 깊이 관여하기
4. 관여해보고, 단순한 관심을 넘어 진정한 매력을 느낀다면 마스터하기
5. 매력 + 마스터 = 열정

그때는 깨닫지 못했지만, 그가 제시한 이 길은 온라인 마케팅의 작은 불씨와 관심을 오늘날 우리가 만든 운동으로 바꾸기 위해 내가 따랐던 길과 똑같다. 나는 작은 불씨를 가지고서 깊이 관여했고, 매료되었으며, 마침내 터득했다. 이는 진정한 열정을 불러일으켰고 내 인생의 과업이 되었다.

모든 위대한 활동에는 반드시 리더가 있다. 그리고 리더십은 이 작은 불씨에서 생겨난다. 리더로 태어나는 사람이 따로 있다는 말은 듣기에 그럴싸하지만 옳지 않다. 전문가가 되는 방법과 리더십은 배울 수 있다. '전문가의 비밀'이라는 이 책(원서)의 제목을 처음 들었을 때 당신은 스스로 타고난 리더나 전문가가 아닌 것 같다는 생각에 심한 두려움을 느꼈을지도 모르겠다.

이 여정을 시작할 때 나도 마찬가지였다. 내가 대체 뭐라고 나보다 뛰어난 저 많은 사람들을 이끌어야 한단 말인가? 나는 심하게 내성적인 데다 말이 너무 빨랐고 학교도 겨우 졸업했다. 하지만 나는 관심의 불씨를 키우고, 목소리를 찾고, 사람들을 인도할 전문가가 되기 위해 시간을 투자했다.

내게는 전문가 수천 명을 코치하는 흔치 않은 기회가 있었다. 흥미롭게도 수만 명(어떤 경우에는 수백만 명)의 삶을 바꾸는 이 놀라운 전문가들은 대부분 사람들을 돕고 싶다는 내적 충동을 느끼고 있었다. 그들 자신이 위대한 인물이 될 운명을 타고났다고 말하는 내면의 목소리를 들었다. 하지만 다른 한편으로는 자격도 능력도 부족하다고 말하는 목소리도 들었다. 똑똑하지 않고, 집중력도 충분치 않고, 그다지 날씬하지 않고, 경험도 많지 않고, 선하지도 않다는 등.

이상하게도 더 많은 사람을 도와줄수록 당신의 능력이 부족하다는 목소리는 더 크게 들려온다. 이러한 여정을 이제 막 시작했든 어느 정도 경험이 쌓였든 간에, 스스로를 전문가로 칭하는 데에 드는 거부감이 앞으로 넘어야 할 가장 큰 장애물이라는 사실을 알아야 한다.

또한 당신은 혼자가 아니다. 내면에서 들려오는 부정적인 목소리와 싸우는 사람들을 볼 때면 정말 안타까운데, 솔직히 나 역시 자주 그렇게 느끼기 때문이다. 하지만 그럴 때마다 나는 이 세상 누구도 누릴 수 없는 은총을 받았다고 생각한다. 그리고 신에게 받은 이 재능을 공유해야 한다고 생각한다.

그러나 여전히 내가 부족한 것은 아닐까 하는 생각을 떨칠 수 없다. 사람들과 대화하다 보면 대부분 이러한 생각 때문에 전문가 역할을 감당하지 못하고 있음을 깨닫는다. 그런 내면의 목소리 때문에 사람들은 앞으로 나아가 마땅히 맡아야 할 역할을 하지 못한다.

이는 두 가지 측면에서 비극이다. 첫째는 그런 목소리가 사람들이 마땅히 얻어야 할 경험과 기회를 박탈한다는 점이다. 더 중요한 것은 사람들의 인생을 바꿀 수 없게 한다는 점이다. 신에게 받은 재능과 능력을 공유해 당신이 도움을 줄 수 있는 사람들에게 다가가는 일조차 못하게 된다. 따라서 앞으로 나아가는 데 필요한 모든 권한을 자신에게 부여해보자. 당신에게는 재능을 이용해 다른 사람을 도와줄 능력(책임감)이 있다. 재능이 무엇이든 말이다. 당신은 신이 내린 재능과 아이디어, 고유한 능력 덕분에 지금 이 자리에 서 있다. 그 재능은 다른 사람들과 나누라고 주어진 것이다. 당신의 능력을 꼭 필요로 하는 사람들이 있다. 그들은 당신이 목소리를 찾기만을 기다린다. 그래야 그들의 인생을 바꾸는 데 도움을 줄 수 있지 않겠는가. 지금 당신이 자기 목소리를 개발하지 않으면 그들에게 얼마나 큰 손해겠는가?

많은 사람을 괴롭히는 또 다른 문제는 자신만의 고유한 능력이 본인에게는 별로 특별하게 느껴지지 않는다는 점이다. 자신만의 고유한 능력은 자연스럽게 나타나며 너무 단순해서 전혀 중요해 보이지 않는다. 하지만 훌륭한 요리사에게는 대단치 않은 일도 요리를 못하는 사람에게는 엄청난 재능이다. 아마 당신은 피아노 연주, 오토바이 수리, 닭장 만들기, 춤추기에 재능이 있을지도 모른다. 쉽게 할 수 있는 일, 지금 푹 빠져 있는 일을 살펴보라. 거기에 세상과 공유되길 고대하는 비범한 능력이 숨어 있을지도 모른다.

2단계 기자

도표 1-6 당신이 가진 지식만으로는 충분하지 않다. 다양한 관점을 얻으려면 다른 전문가들을 인터뷰해야 한다.

1990년대에 하워드 버그라는 사람이 나오는 해설식 광고infomercial(광고처럼 보이지 않도록 길게 정보를 제공하는 방식의 텔레비전 광고 — 옮긴이)를 본 기억이 있다. 버그는 세계에서 가장 빠르게 책을 읽는 사람으로 기네스북에 올랐다. 이 해설식 광고에서 그는 책 한 권을 불과 몇 분 만에 읽었다. 실제로 책을 다 읽었는지 확인하기 위해 누군가 질문했고, 그는 놀라우리만큼 정확히 대답했다. 몇 년 뒤에는 생방송 뉴스에 출연해 의료서비스 관련 법안을 한 시간도 안 돼 모두 읽고 해당 법안에 관한 진행자의 질문에 답했다. 정말 놀랄 만한 능력이었다.

비슷한 시기에 나는 한 행사에서 강연을 하고 있었고, 발표가 끝나자 행사 주최자 중 한 명이 하워드 버그가 나를 만나보고 싶어 한다고 전해주었다! 하워드와는 금세 친구가 되었다. 나는 회사 직원에게 속독법을 가르쳐주려고 하워드를 비행기에 태워 사무실까지 데려오기도 했다. 하워드가 『브랜드 설계자』 초판을 처음부터 끝까지 읽는 모습을 페이스북에 올렸는데 불과 4분 43초밖에 걸리지 않았다! 나는 하워드가 책의 내용을 모두 기억하는지 확인하기 위해 퀴즈를 냈다!

그날 밤 하워드와 나는 밖에서 저녁을 먹었다. 사실 몇 년 동안 하워드에게 묻고 싶던 질문이 있었다. 다양한 주제로 3만 권이 넘는 책을 읽은 그에게 나는 신에 관한 견해를 듣고 싶었다. 그날 하워드는 미소 지으며 잊지 못할 교훈 한 가지를 가르쳐주었다. 사람들은 한 가지 주제를 다룬 책 한 권을 읽고서 알게 된 지식을 믿음의 근거로 삼는다는 것이다. 자신은 주제를 하나 선택하면 이에 관한 모든 관점을 알기 위해 책 수십 권을 읽고 모든 측면을 고려한 견해를 도출하길 좋아한다고 했다. 나는 몇 시간 동안 신앙에 관한 이야기를 들었다. 하워드가 수백 권을 읽고 내린 결론은 내 인생에서 가장 흥미진진한 이야기였다.

어린 시절에는 누구나 흡수력이 뛰어나다. 우리는 학교에서 스펀지가 되어 앞에 놓인 것을 죄다 배우고 빨아들인다. 결국 최악의 사태가 벌어진다. 졸업장을 받게 되는 것이다. 사실 졸업장은 내가 무언가를 어느 정도 알게 됐음을 의미하지만, 대부분의 사람들은 졸업장을 받았으니 이제 다 배웠다고 생각한다.

주어진 시간에 내가 얼마나 잘 배우는지를 '학습 지수'로 수치화해보자. 어린 시절 내 학습 지수는 높았을 것이다. 그런데 뭔가를 안다는 생각이 들면 지수가 0으로 떨어지면서 종국에는 학습을 중단한다. 이는 전문가에게 일어날 수 있는 최악의 사태다.

전문가로 진화하는 여정 2단계는 다수의 관점을 접하며 관심 있는 주제를 학습하는 것이다. 우리는 학습 지수를 높여서 나만의 프레임워크를 만드는 데 필요한 아이디어를 잘 받아들여야 한다. 그러려면 당신의 '매력적인 캐릭터'를 '기자'로 업그레이드 하여, 몇 장 뒤에 등장하는 모든 사람과 가능한 한 인터뷰를 하는 것이 가장 좋다.

불꽃으로 불을 피우는 가장 빠른 방법은 이미 불을 피운 사람들에게 도움을 구하는 것이다. 나는 나보다 앞선 사람들을 찾기 시작했으며 내 불꽃을 키우기 위해 그들에게 다가가려고 노력했다. 내가 성장하는 데 가장 큰 영향을 미친 세 가지 방법을 여기서 공유하겠다.

○ 라이브 행사에 가기: 나는 업계에서 벌어지는 세미나와 워크숍을 모두 찾아내서 가능하면 전부 참석했다. 무대에 선 다른 전문가와 연사가 하는 말을 들으면 사람들이 무엇을 배우는지, 무엇에 가장 공감하는지 알 수 있다. 라이브 행사 역시 좋아하는데, 다른 참석자와 만나 인맥을 쌓을 수 있기 때문이다. 나는 늦은 밤까지 사람들과 대화를 나누며 나를 도와줄 훌륭한 전문가들을 만났다. 또한 사람들이 아직 답을 찾지 못한 문제가 무엇인지 알게 되었다. 이는 나중에 보게 될 나만의 '카테고리'를 설계하는 데 큰 도움을 주었다.

○ 나만의 '쇼' 혹은 팟캐스트: 다음 시리즈에서 나만의 쇼를 시작하는 방법과 이유를 깊게 다룰 것이다. 이것이 시장에 있는 전문가들을 만나 직접 배우는 가장 빠른 방법이기 때문이다. 나만의 쇼를 진행하며 다른 방법으로는 절대 가까이 하지 못했던 전문가들을 만날 수 있을 것이다. 관점이 서로 다른 전문가 수십 명과 인터뷰하는 일은 하워드가 진실이 무엇인지 알아내려고 책 수십 권을 읽는 것과 같다. 인터뷰할 사람은 많을수록 좋다. 인터뷰를 하게 되면 시장에 어떤 격차가 있는지, 내가 새로운 기회를 제공할 수 있는 프레임워크는 무엇인지 발견하는 데 도움이 된다.

○ 서밋 퍼널 론칭하기: 우리는 『마케팅 설계자』에서 서밋 퍼널의 힘을 다루었다. 이 퍼널을 이용하여 수많은 구독자와 팔로워를 확보하고 해당 분야의 정상급 전문가들을 인터뷰할 수 있다.

나는 기자 역할을 하면서 인생에서 가장 보람찬 시간을 보냈다. 누군가의 인생 수십 년을 한 시간짜리 인터뷰로 압축할 수 있었다. 마치 본인의 저서를 직접 요약해서 읽어주는 저자와 대화하는 것 같았다. 도중에 개인적인 질문도 던지면서 말이다!

나는 빈스 제임스가 쓴 『12개월 백만장자The 12-Month Millionaire』를 읽은 후에 첫 인터뷰를 했다. 이 책은 28세 청년이 식품 보조제 회사를 차려 불과 23개월 만에 어떻게 우편물과 잡지, 온라인 광고만으로 1억 달러 넘게 벌어들였는지 설명한다. 나는 매우 흥분해서 빈스에게 인터뷰를 부탁했다. 다행히도 빈스는 2주에 걸쳐 주말 6시간 동안 어떤 질문이든 답하겠다며 요청을 수락했다. 나는 그의 책을 읽으면서 머릿속에 떠올랐던 질문의 개요를 상세히 기술했다. 그렇게 해당 분야에서 최고의 경험이 녹아든 답변을 들을 수 있었다. 정말 놀라운 경험이었다. 경영학 석사 학위를 세 개나 땄더라도 마케팅에 대해서라면 그때만큼 많이 배우지 못했을 것이다. 빈스는 인터뷰 내용의 저작권을 내게 주었고, 나는 훗날 이를 기록하여 팔았다. 이 기록물은 내가 최초로 100만 달러 넘는 가격에 판매한 제안 중 하나였고, 이로써 나는 백만 달러 클럽의 회원이 될 자격을 얻었다.

직접 배우는 데 중독된 나머지 나는 좋아했던 책의 저자들 모두에게 연락을 돌렸다. 대부분은 인터뷰를 허락해주었다! 이렇게 댄 케네디, 제이 에이브러햄, 마크 조이너, 조 비테일 같은 사람들과 만나서 관계를 쌓아갔다. 그들의 일과 삶에서 무엇이 핵심인지를 두고 대화하면서 우리의 관계는 돈독해졌다.

성장에서 기여로

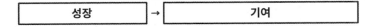

성장	→	기여

도표 1-7 자신의 성장에 투자하고 나면, 지식을 다른 사람들에게 나눠 줄 수 있다.

처음 두 단계에서는 개인의 성장에만 집중한다. 대개 그런 식으로 시작한다. 우리는 어떤 주제에 흥미를 느끼다가 결국 빠져든다. 배우고, 책을 읽고, 예제를 공부하고, 팟캐스트를 듣고, 많은 정보를 얻는다. 그런 다음 기자로 변신해 이 주제의 전문가들을 인터뷰하며 답을 듣는다.

이 과정을 거치다 보면 어느 순간, 더 많이 배우는 것이 성장을 지속하는 유일한 방법은 아니며 다른 사람을 돕는 데 관심을 쏟아야 한다는 사실을 깨닫는다. 배운 것으로 남을 돕고 이끌어주면서 우리는 다시 성장하기 시작한다. 이런 방식의 기여야말로 지속적인 성장의 열쇠다.

내가 그 사실을 처음으로 온전히 이해하게 된 시기는 고등학생 때다. 나는 레슬링 주 챔피언이자 전국 대회 대표 선수였다. 아버지와 함께 경기 영상을 보며 연구했고 매일 동작을 연습했다. 레슬링 캠프를 찾아가서 존경하는 선수와 코치에게 직접 지도를 받으며 좋은 선수가 되었다.

고등학교 3년 과정을 마쳤을 때 코치가 여름 레슬링 캠프에서 자신을 도와줄 수 있는지 물었다. 한 번도 레슬링을 가르쳐본 적이 없었지만 재밌을 것 같았다. 코치는 어린 선수들 몇 명과 함께, 그들은 이해하지 못하지만 나는 직관적으로 해내는 동작을 연습시켰다.

나는 동작을 보여준 다음 아이들에게 따라 해보라고 했다. 하지만 단지 보여주기만 해서는 별 도움이 안 된다는 사실을 바로 깨달았다. 아이들을 다시 불러 모았다. 다른 시각으로 봐야 했다. 내가 그 동작을 잘하는 이유는 무엇일까? 내 엉덩이가 어디 있지? 팔꿈치는 어떻게 두어야 하고 발은 어디로 보내야 동작을 잘 수행할 수 있을까? 아이들을 가르치기 위해 동작을 작게 나누기 시작했다. 그러자 패턴이 보였고, 이 패턴을 아이들에게 가르쳤다.

어떻게 해당 동작을 해낼 수 있었는지 상세히 이해하면서 나는 더 잘 가르치게 되었고 아이들은 기량이 성장했다. 그런데 동작을 잘하게 된 이유를 깨달으면서 전에는 이르지 못했던 수준까지 나를 끌어올리게 되었다. 전혀 예상치 못한 소득이었다. 아이들을 지도하면서 얻은 통찰 덕분에 나 역시 좋은 선수가 될 수 있었다. 다른 사람의 성공에 기여함으로써 자신만의 성공에 집중할 때보다 더 크게 성장한 것이다. 다음 단계 역시 마찬가지다.

3단계 나만의 프레임워크 만들기

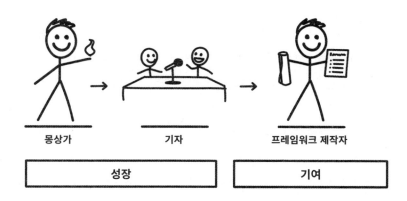

도표 1-8 특정 결과를 성취하기 위한 프로세스를 만들면서 자신에게 해당 프레임워크를 테스트한다.

나는 성장하면서 특정 결과를 얻는 방법의 패턴을 찾고 있다. 이러한 패턴은 모두 성공에 이르는 프로세스(프레임워크)다. 여기서는 콘텐츠를 만들고, 이야기를 하고, 제안을 내놓는다. 이처럼 매력적인 캐릭터와 전문가라는 다양한 역할을 수행할 때 자기만의 프레임워크는 필수다.

이 책의 각 장에는 내가 가르치는 데 필요한 프레임워크가 있다. 이 장에서는 전문가가 되기 위한 다섯 가지 프레임워크를 제시한다. 다음 장은 프레임워크를 잘 가르치는 데 필요한 프레임워크다. 그다음 장에서는 블루오션을 만들기 위한 프레임워크를 보여준다. 여러 해에 걸쳐 개별 개념을 연구하고, 사람들을 인터뷰하고, 내 일과 삶의 원칙들을 테스트하면서 성공 패턴을 찾은 다음, 다른 사람들이 나를 따라오기 쉽게 해주는 프로세스나 프레임워크를 만든다.

작가, 연사, 코치, 컨설턴트(어떤 분야의 전통적인 전문가)에게 이 프레임워크라는 개념은 매우 단순하다. 때때로 서비스 기반의 비즈니스를 하거나 물리적인 제품 혹은 소프트웨어를 파는 기업들은 그들의 회사에 맞는 프레임워크가 무엇인지, 이를 어떻게 사용해야 하는지 잘 모른다. 서로 다른 유형의 사업에 맞는 프레임워크를 사용하는 방법을 이해하려면 사람들이 상품을 사는 이유가 특정한 결과를 원하기 때문이라는 사실을 반드시 기억해야 한다. 나는 당신에게 '그러한 결과를 얻기 위해 사람들이 어떤 프레임워크를 따라야 하는가'라고 질문을 던질 것이다. 당신의 상품은 단지 그러한 프레임워크의 일부일 가능성이 크다.

사람들이 나를 찾아와 얻으려는 결과는 온라인에서 회사를 성장시키는 것이다. 클릭퍼널스는 내 프레임워크의 일부일 뿐 전부는 아니다. 나는 프레임워크가 하나의 길잡이라고 가르친다. 상품이나 서비스는 내가 제공하는 성공 프레임워크의 한 단계가 된다.

내가 치과의사라면, 사람들이 내게서 기대하는 결과는 고르고 하얀 치아일 것이다. 아름다운 미소를 얻고 유지하기 위한 프레임워크는 무엇일까? 나라면 매일 칫솔질하기, 특정한 치약과 미백 스트립 혹은 구취 제거에 좋은 혀 스크레이퍼와 에나멜 강화 보조제 사용하기, 1년에 두 번 검진하기 등이 포함된 프레임워크를 구축할 것이며, 당연히 이 중에서 일부 서비스를 판매할 것이다. 나는 서비스(치아 미백)를 프레임워크로 전환했다. 여타 치과의사들과는 다르게 나를 포지셔닝하고, 고객이 쉽게 따라올 수 있는 치료 프로세스를 제공하며, 고객이 원하는 더 높은 수준의 서비스를 이어서 판매할 것이다.

내가 클릭퍼널스 영업에만 집중했다면 경쟁자들과 별반 다르지 않았을 것이다. 나는 꿈의 고객들에게 수십 가지 프레임워크를 만들어 제공했다. 이는 고객들이 찾아 헤매는 성공적인 결과로 그들을 이끌 터였다. 이 과정에서 고객은 나와 돈독한 관계를 쌓는다. 내가 프레임워크를 제공했고 나 자신을 전문가로 포지셔닝했기 때문이다. 그리하여 사람들은 자신들이 원하는 결과를 얻는 데 도움을 주는 프레임워크 안에서 (내가 만든 것을 포함하여) 내가 추천하는 제품과 서비스를 사용할 것이다. 다음은 프레임워크를 개발하는 세 가지 스텝이다.

○ 스텝 1 – 프레임워크 가설을 세운다: 전문가로 성장하는 처음 두 단계에서는 다른 사람의 프레임워크를 배우며 시간을 보낼 것이다. 그들의 책을 읽거나, 팟캐스트를 듣거나, 라이브 행사에서 연설하는 모습을 보아야 한다. 기자로 변신하여 그들의 프레임워크에 깊이 파고들어 전문가 각각에게 사적인 질문을 던지고 극소수만 접근할 수 있는 수준의 프로세스를 터득할 유일한 기회를 잡는 것이다.

마침내 전문가가 된 당신이 해야 할 일은 프레임워크를 만드는 것이다. 그러려면 다양한 출처와 다른 사람들의 프레임워크에서 얻어낸 정보를 손에 넣고, 살펴보고, 구성하여 완벽한 프레임워크를 만들기 위한 당신만의 이론을 창안해야 한다. 이 단계에서는 이소룡이 말한 대로 "직접 경험한 바를 연구해서 유용한 것은 흡수하고, 불필요한 것은 뱉어내고, 자신의 본질적인 것은 더해야 한다." 이 프로세스는 세계 최고의 속독가인 하워드에게 신에 관한 견해를 물었을 때 들은 답과 비슷하다. 하워드는 주제를 하나 고른 다음, 모든 사람의 관점을 이해하기 위해 열 권이 넘는 책을 읽고, 해당 논쟁과 관련된 모든 측면을 이해하여 이를 바탕으로 자기 의견을 제시한다. 이제 당신이 이 일을 해야 한다. 사람들이 원하는 결과를 얻기 위해 사용하는 다양한 방법과 기회를 이해하고 당신만의 프레임워크를 만드는 것이다.

『신화, 영웅 그리고 시나리오 쓰기』의 저자 크리스토퍼 보글러는 어느 강의에서 이렇게 말했다.

"누군가의 아이디어를 들으면 우리는 이렇게 생각한다. '유용하군', '바로 그거야', '내 생각도 그래', '난 한 번도 저런 생각을 해본 적이 없어.' 하지만 어느 시점이 되면 나만의 아이디어를 떠올리고, 나와 함께 작업하는 사람들끼리 공유하는 언어, 나만의 언어를 만들게 된다. 흡수하고, 메모하고, 세상을 관찰하는 데 적절한 것을 여기저기서 꺼내야 한다. 예술가가 바로 이렇게 사물을 인식한다. 그러므로 우리는 우리만의 무언가를 만들어야 한다."

나만의 프레임워크 가설은 당신이 배우는 모든 것과 성장하면서 떠올린 아이디어 그리고 직관에 근거하여 만들고자 하는 밑그림이다. 맨먼저 할 일은 이 프로세스를 거치며 내가 첫 고객을 코칭한다고 상상하는 것이다. 이 고객은 다름 아닌 어떤 주제에 처음 흥미를 느끼게 된 나 자신이다. 지금 당신은 처음 시작할 때보다 몇 장 정도 진도가 나간 상태다. 자리에 앉아서 이 여정을 시작하기 전에 자신에게 가르치고 싶었던 것을 모두 써보라. 생각나는 주제를 모두 적어보라. 많을수록 좋다. 예를 들어 내가 『마케팅 설계자』를 쓸 때, 그때보다 어린 나에게 가르치고 싶었던 것들은 다음과 같았다.

- 리드lead(잠재고객)를 생성하는 퍼널을 만드는 방법
- 가치 사다리의 개념
- 고객과 소통할 때 '매력적인 캐릭터'를 어떻게 이용해야 할까
- 후크hook를 이용하여 주목받는 방법, 스토리를 이용하여 가치를 높이는 방법, 판매를 성사시키는 제안을 하는 방법
- 웨비나(웹 세미나) 퍼널을 만드는 방법
- 퍼널 중 하나가 실패하면 어떻게 될까
- 고액 매출을 달성하는 퍼널의 비밀
- 책 퍼널을 이용하는 방법
- 모든 퍼널 내부에 존재하는 7단계
- 제품 출시 퍼널을 만드는 방법
- '누가 무엇을 왜 어떻게' 스크립트

사람들을 가르치는 데 필요한 모든 것을 준비할 때까지 계속해서 이와 같은 항목을 추가한다. 항목을 만든 뒤에는 마치 책의 차례를 구성하듯 각 항목을 자신에게 설명하는 순서대로 개요를 짠다. 실제로 『마케팅 설계자』의 차례를 보면 내가 위에 정리한 항목들을 다루며 부와 장을 나누었음을 알 수 있다(이 책을 쓸 때도 똑같은 절차를 거쳤다).

논픽션 분야의 책을 펼쳐 보면 책의 주제를 근거로 삼아 원하는 결과를 얻기 위한 저자의 프레임워크를 볼 수 있다. 나에게 『마케팅 설계자』는 기업을 성장시키기 위해 세일즈 퍼널을 사용하는 프레임워크다. 『브랜드 설계자』는 온라인 방문객을 평생고객으로 바꾸는 프레임워크다.

실제로 바로 지금 당신이 읽는 이 장은 전문가로서 당신만의 목소리를 찾기 위한 프레임워크다. 그리고 총 5단계 중 3단계를 읽고 있다. 프레임워크가 어떻게 작동하는지 이해가 되는가? 다음 장에서는 작동

하는 방식을 설명하는 나의 프레임워크를 보여주고, 그러고 나서 다음 프레임워크로 넘어갈 것이다.

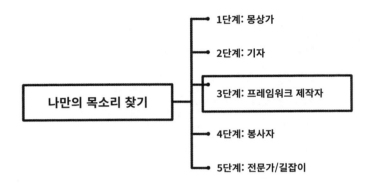

도표 1-9 대체로 대형 프레임워크의 내부에는 소형 프레임워크가 있다.

프레임워크를 잘 만들고 잘 가르칠수록 성공할 가능성이 높아진다. 바라건대 당신이 내가 작업하는 모습을 반복해서 본다면, 이를 답습해서 당신의 전문 분야에 맞게 사용할 수 있을 것이다.

○ 스텝 2 ─ 프레임워크 가설을 자신에게 테스트한다(인간 기니피그): 팀 페리스는 내가 가장 존경하는 작가 중 한 명이다. 그는 『나는 4시간만 일한다』, 『포 아워 바디The 4-Hour Body』, 『포 아워 셰프The 4-Hour Chef』 등을 썼다. 내가 팀의 글을 좋아하는 이유는 그가 단지 무언가를 공부만 하고서 책을 내지 않기 때문이다. 그는 최고를 연구하고, 세계에서 가장 유명한 전문가들과 인터뷰하고, 책을 출간하기 전에 스스로 인간 기니피그(실험 쥐)가 되어 그들의 아이디어를 테스트하며 효과가 있는지 살핀다. 《뉴스위크》는 그를 "세계 최고의 기니피그"라고 불렀다.

페리스는 식단 조절과 영양 보충제 복용이 체내 포도당 수치에 어떤 영향을 주는지 더 잘 이해하려고 포도당 측정기를 복부에 삽입했다.

또한 혈액 검사를 1000번 넘게 받았고, 얼마나 다양한 요소가 몸에 영향을 미치는지 관찰하기 위해서 매일 검사를 받을 때도 많았다.

대다수 '전문가'의 문제는 좋은 아이디어를 듣고 나서 그것을 완전히 이해하지 못하고 그대로 따라 한다는 점이다. 이러면 자기만의 프레임워크를 만들지 못한다. 『마케팅 설계자』를 펴내면서 나는 나보다 먼저 이 책의 아이디어를 구상했던 사람들에게서 여러 개념을 배웠지만, 그 모든 아이디어를 독자적으로 테스트하고 절차를 개선했으며 효과가 있는지 없는지를 식별하여 나만의 통찰을 얻었고 나만의 가설을 세웠다. 이 과정에서 그 책은 비로소 내 것이 되었다.

지금 스텝은 당신이 프레임워크를 획득하기 시작하는 단계다. 다음 장에서 설명하겠지만, 근본 토대가 무엇인지 가르쳐준 거인들의 어깨에 서서 늘 그들의 공로를 확인하되 아이디어를 실제로 적용하고 실험하라. 그리하여 당신도 자신의 경험이 묻어나는 고유한 무언가를 만들어낼 것이다.

이러한 프로세스를 자주 겪으면서 당신의 프레임워크 가설 일부가 작동하지 않는 경우를 발견하거나 더 잘하는 방법을 알아낼 것이다. 잘못된 점은 전혀 없다. 사실 프레임워크를 이용해 추구하는 결과를 얻으려고 결함을 찾거나 개선 방안을 알아내는 것이 목표다. 몇 년 동안 특정 프레임워크를 가르쳤는데 시장 상황이 바뀔 수도 있다. 혹은 새로운 지식을 배우거나 내가 가르치려는 것을 성취할 더 좋은 방법을 발견할 수도 있다. 그런 일이 일어나면 프레임워크를 업데이트하고 바꿀 것이다. 『마케팅 설계자』 혹은 이 책의 초판을 본 사람은 누구나 내가 처음에 공유했던 프레임워크를 (수백 쪽 가까이) 수정하고 업데이트를 했다는 사실을 알아차릴 것이다. 수년 동안 점점 더 많은 사람을 대상으로 개념을 테스트하고 결함이 눈에 띄는 대로 수정했기 때문이다.

○ 스텝 3 — 프레임워크에 등록 상표명을 붙인다: 프레임워크를 만든 다음에는 독점 시스템에 붙일 이름이 필요하다. 사람들이 이름만 듣고도 해당 프로세스를 기억할 수 있도록 가능한 한 외우기 쉬운 이름을 쓴다. 이제 당신이 독점할 이름이 생긴다. 예를 들어, '후크, 스토리, 제안, 완벽한 웨비나, 가치 사다리, 에피파니 브리지' 등 내가 만든 몇 가지 프레임워크는 너무 많이 사용한 나머지 우리 업계를 대표하는 용어가 되었다.

프레임워크에 이름을 붙이고 나면, 해당 프로세스가 무엇이고 이를 따랐을 때 무엇을 할 수 있는지 설명한다. 예를 들자면 이렇다.

〈 후크, 스토리, 제안 〉
꿈의 고객에게 주목받고
내 가치만큼 돈을 받을 수 있는
3단계 시스템

프레임워크를 소개할 때는 다음 문장에 맞게 빈 곳을 채워야 한다.

〈 _____ 〉 (프레임워크 이름)
_____를 위한
___단계 프레임워크(또는 시스템, 프로세스)

이 시점에서 프레임워크의 명칭, 설명, 각 단계에서 가르칠 내용의 개요 같은 기본 윤곽을 제시해야 한다. 이제 프레임워크의 가설을 만들자. 다음 장에서는 이 프레임워크를 가르치는 방법을 보여줄 것이다. 하지만 지금은 아직 준비가 되지 않았다. 이는 단지 가설일 뿐이며 실제로 효과가 있는지 검증해야 한다.

4단계 무보수로 일하기(미래의 꿈의 고객에게 봉사하기)

| 몽상가 | 기자 | 프레임워크 제작자 | 봉사자 |

| 성장 | 기여 |

도표 1-10 자신의 프레임워크를 스스로 테스트해본 뒤에는 남들에게도 테스트하여 같은 결과가 나오는지 확인해야 한다.

당신의 프레임워크가 당신(인간 기니피그)에게 효과가 있음을 입증한 뒤에는(반드시 입증하고 나서) 다른 사람을 대상으로 테스트를 시작한다. 이 단계를 사람들이 실수로 자주 빠트리곤 한다. 여기서는 내가 만든 프레임워크가 나쁜만 아니라 다른 사람에게도 효과가 있음을 입증해야 한다. 그렇게 프레임워크를 실행하여 메시지와 절차를 가다듬고 완성도를 높일 수 있다. 이 단계가 중요한 이유는 처음엔 대부분의 프레임워크가 제대로 작동하지 않기 때문이다. 개럿 J. 화이트가 이런 말을 한 적이 있다.

"무슨 일이든 처음에는 형편없을 겁니다. 왜냐하면 당신이 형편없는 인간이기 때문이죠. 하지만 당신은 더 나아질 테고 일을 망치는 경우가 줄어들 것입니다. 계속 하다 보면 결국엔 일을 웬만해서는 망치지 않게 되고… 실제로 잘 해낼 것입니다."

이 단계에서는 프레임워크를 테스트하는 데 집중한다. 프레임워크가 나한테 효과가 있다 할지라도, 다른 사람에게도 유효한지 확인해야 한다. 새로운 무언가를 개발할 때마다 맨 먼저 해야 하는 일은 테스트의 대상이 되어줄 베타 테스터 그룹을 찾는 것이다.

처음 이너서클 코칭 프로그램을 출시했을 때 나는 성취도가 높은 기업가들을 코칭한 실적이 없었다. 게다가 가입비로 1년에 5만 달러를 받고 싶었다. 어떻게 보나 여의치 않은 상황이었다. 사실 대부분의 사람들은 이렇게 시작한다. 웹사이트를 하나 만들어서 이렇게 광고할 수도 있었다. "여러분, 제 이름은 러셀 브런슨입니다. 세상에서 가장 뛰어난 코치입니다. 저를 고용하시는 게 좋을 겁니다." 하지만 내가 그렇게 하지 않은 이유가 몇 가지 있다.

첫 번째, 자화자찬하는 소리를 듣고 싶어 하는 사람은 없다. 별로 보기 좋은 행동도 아니다. 두 번째, 올바른 방법이 아니라고 생각했다. 먼저 몇 사람에게 서비스를 제공하고 나서 내 가르침이 효과가 있음을 입증하고 싶었다.

내가 가장 먼저 가르치는 내용은 누가 꿈의 고객인지 알아내는 것이다. 나는 이미 함께 일하고 싶은 기업가의 유형이 무엇인지 확실한 생각이 있었다. 그런 사람을 찾기 시작했고 얼마 지나지 않아 피트라이프FitLife.tv의 소유주인 드루 카놀을 만나게 되었다. 그는 정말 멋진 사람이었으며 내가 관심을 가진 시장에서 성공을 거두는 중이었다. 내가 이 사람을 도울 수 있으리라 생각했다.

마침내 우리 두 사람과 연이 있는 친구가 다리를 놓아주었다. 나는 드루의 집으로 가서 이야기를 나누었고 그는 몇 가지 고민거리를 꺼냈다. 그때 내가 물었다.

"제가 가서 하루 정도 일하면서, 도울 수 있는 일인지 살펴봐도 되겠습니까? 무료로 돕겠습니다."

"물론입니다. 그런데 왜 무료로 일을 하시죠?"

"제가 선생님께 사업상 큰 도움을 준다면 앞으로는 고액을 청구할수 있을 겁니다. 하지만 지금은 제가 도울 수 있는 일인지 보기만 하려고 합니다."

"그래서 당신은 뭘 얻나요? 이로울 게 있나요?"

"얻는 것은 없습니다. 저는 선생님께서 하는 일이 정말 대단하다고생각합니다. 제가 하는 일이 조금이나마 도움이 되는지 보고 싶을 뿐입니다."

결국 드루는 마지못해 허락했다. 그는 여전히 나에게 숨은 의도가있다고 생각하는 것 같았다.

한 달쯤 뒤에 나는 드루의 팀 전원을 만났다. 그들의 퍼널은 돈을 벌어들이긴 했지만, 수익성이 거의 없었다. 나는 그들을 도와 현재 퍼널의 문제점을 해결하고, 출시를 앞둔 보충제 오가니파이^{Organifi}의 세일즈 퍼널을 만들었다.

내가 드루의 사무실에 방문한 날부터 이메일을 주고받은 시간 등을포함하면 퍼널 제작을 코칭하는 데 거의 한 달은 투자한 듯하다. 결국그들은 오가니파이의 퍼널을 운용하기 시작했고 이 퍼널로 연간 수천만 달러를 벌어들였다.

나는 아무것도 요구하지 않았지만, 드루는 자신이 경험했던 변화와회사에서 얻은 성과를 설명하는 영상을 제작해주었다. 나는 영상을 보고 나서 이너서클을 출시할 준비가 되었다고 생각했다. 내가 만든 프레임워크에 효과가 있다는 증거를 확보했기 때문이다. 내가 아닌 누군가가 실제로 결과를 얻은 것이다.

우리 팀원들과 나는 해당 영상을 온라인 퍼널에 올린 다음 새로운코칭 프로그램을 출시했다. 사람들이 드루가 이야기하는 모습을 보자마자 새로운 코칭 프로그램은 성장하기 시작했다. 우리는 언제나 이너서클에 기업가 100명만 가입할 수 있도록 제한을 두었고, 회원이 되려면 1년에 5만 달러를 지불해야 하지만 여전히 대기자들이 있다.

이를 비롯한 어떤 형태의 사업도 "어떻게 하면 내가 만든 상품을 팔수 있을까?"를 목표로 삼아서는 안 된다. 대신 이렇게 물어야 한다. "어떻게 하면 사람들에게 봉사할 수 있을까?"

5단계   전문가 되기

도표 1-11   전문가/길잡이가 되기 위한 마지막 단계는 직접 키를 잡고 사람들을 목적지까지 이끌기 시작하는 것이다.

앞서 네 단계를 거치면, 프레임워크를 이용해 전문가로서 사람들을 이끌 준비가 됐을 것이다.

"하지만 러셀, 저는 자격증이 없는데요. 아직 사람들을 도울 수가 없어요."

정말 자주 듣는 얘기다.

"저는 자격증도 학위도 없어요. 이런 내용을 가르치는 학교에 다닌적도 없고요. 제가 어떻게 전문가라고 할 수 있겠습니까?"

누군가의 입에서 이런 말이 나올 때면 나는 늘 미소 짓는다. 바로 내이야기를 시작하면 되기 때문이다.

나는 그들에게 묻는다. "흠, 궁금하네요. 당신은 이것을 배우려고 저에게 5만 달러(혹은 10만 달러)를 지불했습니다. 제게 어떤 자격증이 있을까요?"

사람들은 잠시 생각하고 나서 대개 이렇게 말한다. "글쎄요. 마케팅을 전공하셨나요?"

나는 대답한다. "아닙니다. 저는 대학을 겨우 졸업했습니다. 심지어 마케팅 과목은 C 학점을 받았습니다."

나는 좋은 성적을 받지 못했고 아무런 자격증도 없다. 하지만 다른 사람들이 성과를 올리게 하는 데 **정말 뛰어나다**고 확신한다. 나의 성과가 곧 자격증이다.

토니 로빈스는 이런 이야기를 해주었다. 그는 신경언어 프로그래밍 **neuro-linguistic programming, NLP**(뇌와 언어의 관계를 이해하여 인간 행동의 긍정적인 변화를 이끌어내는 실용심리학 – 옮긴이)을 배울 때 6개월짜리 자격증 취득 과정에 등록했다고 한다. 토니는 며칠도 지나지 않아 NLP와 사랑에 빠졌다. 금세 기술을 습득했고 즉시 사람들을 도와주고 싶어졌다. 하지만 강사는 이렇게 말했다.

"안 됩니다. 아직 자격이 없어요."

토니는 말했다. "자격이요? 저는 사람들을 돕는 방법을 알아요. 당장 도우러 갑시다!"

그날 밤 토니는 호텔방을 나와 길 건너 가장 가까운 식당에 들어가서 사람들의 금연을 도왔고, 이 외에도 놀라운 도움을 주기 시작했다. 결국 과정에서 쫓겨났다. 자격증을 받지 않고 일을 했기 때문이다. 그러나 토니는 NLP를 이용하여 수천만 명의 삶을 바꾸기 시작했다. 자격증은 전혀 필요하지 않았다. 당신의 성과가 곧 자격증이다. 이에 내가 당신에게 사람들을 도와줄 권한을 부여하겠다. 당신은 이제 모든 준비를 마쳤다.

"하지만 러셀, 내가 다루려는 주제에 관해 다른 사람이 나보다 더 많이 알면 어쩌죠?"

『캐치 미 이프 유 캔』이라는 책을 보자(영화도 있다). 총명한 고등학교 중퇴자로 비행기 조종사, 소아과 의사, 지방 검사 등을 사칭한 사기꾼 프랭크 애버그네일에 관한 이야기다. 소설 속 그는 브링검영대학교에서 사회학 수업을 한다. 한 학기 내내 강의하지만 누구도 그가 진짜 강사가 아니라는 사실을 알아채지 못한다. 훗날 정부 관계자가 그를 붙잡아 고급 사회학에 관해 아무것도 모르면서 어떻게 강의를 할 수 있었는지 묻는다. 애버그네일은 학생들보다 한 장을 먼저 읽고 강의했을 뿐이라고 말했다.

이것이 비결이다. 세상에서 가장 학식이 뛰어난 사람이 될 필요는 없다. 단지 내가 도와주는 사람보다 한 장 먼저 읽으면 되는 것이다. 세상에는 나보다 앞서가는 사람들이 언제나 존재한다. 하지만 괜찮다. 그들에게 배우면 된다. 그러나 우리보다 한두 장 뒤처진 사람들을 돕는 일을 멈추지 말아야 한다.

이 단계에서는 무엇이 흥미를 불러일으켰는지 찾아내, 해당 주제를 깊게 파고들어, 배운 것을 이용해서 다른 사람들을 도와주는 데 집중한다.

리더는 어떤 사람이 되어야 하는가?

앞서 제이 에이브러햄이 언급한 것처럼 "사람들은 이끌어주기를 간청한다." 나는 이 말이 사실이라고 생각한다. 그렇다면 어떻게 사람들이 필요로 하는 리더가 될 것인가? 이 일은 당신의 목소리를 찾는 데서 시작한다. 비결은 오랫동안 당신의 메시지를 꾸준히 공유하는 것이다.

2013년 3월 26일 나는 〈차 안에서 마케팅하기Marketing in Your Car〉라는 팟캐스트 방송을 시작했다(훗날 〈마케팅의 비밀Marketing Secrets Show〉이 된다). 무엇이라도 새롭게 시작하기에 좋은 날처럼 보였지만, 얼마 전에 직원 100여 명을 해고했고, 국세청에 25만 달러가 넘는 돈을 갚아야 한다는 사실을 알게 되었으며, 회사는 파산 직전에 통장 잔고는 거의 바닥을 드러냈고, 신용카드 빚은 어마어마하게 쌓여가고 있었다. 지금 돌아보니 '마케팅의 비밀' 따위를 가르치기엔 최악의 시기처럼 보인다. 하지만 나는 그때 팟캐스트를 시작했다.

나는 프로그램을 꾸준히 운영해야 효과가 있다는 사실을 잘 알고 있었다. 내가 만들 수 있는 모든 프로그램(음성, 영상, 글 등)이 아주 심플해야만 계속 유지할 수 있다는 사실도 알았다. 어떻게 사람들이 내 일상의 루틴에 들어오게 할지 고민하다, 내가 매일 자동차로 10분 거리를 통근하고 있음을 깨달았다. 운전하면서 에피소드 하나를 휴대전화로 녹음할 수 있었다. 에피소드에는 내 비즈니스와 관련된 마케팅 업무와 매일 얻는 교훈에 관한 생각을 담았다. 그래서 이 프로그램에 '차 안에서 마케팅하기'라는 제목을 달았다.

초기 에피소드들은 듣기에 좋지 않았다. 방송을 시작하고서 몇 년이 지났을 때 내 친구이자 수석 트레이너인 스티브 J 라슨이 말했다.

"처음 45회 혹은 46회까지는 별로였지만 그 무렵 당신이 본인의 목소리를 찾은 것 같았고 이후 에피소드들은 점점 좋아졌어요."

다행히 좋은 소식은 (최악의) 첫 번째 에피소드는 아무도 안 듣는다는 것이다! 내가 45회까지 에피소드를 업로드하지 않았다면, 본궤도에 오르기 시작한 46회는 존재하지 않았을 것이다. 그러니 아직 잘하지 못하더라도 프로그램을 지금 공개하는 게 매우 중요하다. 쇼를 진행해가면서 자기 목소리를 찾을 것이다. 운 좋게도 처음 시작했을 때는 누가 내 방송을 듣는지 보여주는 다운로드 통계를 확인하는 방법을 알지 못했다. 천만다행이었다. 알았더라면 낙담해서 바로 업로드를 중단했을 것이다. 처음에는 통계, 다운로드 횟수, 수치 등을 안 보는 편이 좋다. 지금은 위대한 무언가의 기반을 닦는 단계일 뿐이고, 그러기 위해서는 시간이 필요하기 때문이다.

흥미롭게도 3년이 흐르면서 나는 팟캐스트의 다운로드 통계를 확인하는 방법을 알았고 수만 명이나 되는 사람들이 에피소드를 모두 듣고 있음을 발견했다! 마스터마인드(최고 지도자 과정) 그룹과 코칭 프로그램에 가입한 사람 대다수가 먼저 팟캐스트를 들었다는 사실 또한 발견했다. 팟캐스트에 관해 물었는데 그들이 고급 과정에 들어온 패턴이 놀라울 정도로 유사했다. 에피소드 몇 개를 듣고 나서 이와 연관된 다른 에피소드를 찾아 듣고는 점점 더 많은 에피소드를 듣는 식이었다. 그러다 아예 1주에서 2주에 걸쳐 모든 에피소드를 들었다. 에피소드가 진행되는 도중에, 나는 회사를 다시 일으켜 세웠고 이런 여정을 기록했다. 나는 함께 일하게 된 사람들의 이야기를 공유했다. 청취자들 중에는 에피소드를 다 듣기도 전에 함께 일하겠다고 지원하는 이들도 많았다!

팟캐스트에 광고를 달지 않았고, 나 혹은 다른 사람들의 제품을 홍보하지도 않았다. 오직 내 이야기 혹은 고객에게 들은 이야기만 했다. 홍보는 전혀 하지 않았지만, 이 팟캐스트로 가벼운 팔로워들을 광팬으로 바꾸었다. 하지만 처음부터 그러진 못했고 꾸준히 방송하면서 3년이 넘는 시간이 걸렸다. 여기서는 당신의 쇼를 성공으로 이끄는 단계를 설명하겠다.

1단계 최소 1년 동안 매일 글이나 영상을 올린다

맨 먼저 해야 할 약속은 꾸준히 하겠다는 것이다. 콘텐츠를 쉽게 만들 수 있는 플랫폼을 찾지 못했다면 나는 꾸준히 하지 못했을 것이다. 어떤 플랫폼이 자신에게 가장 합리적일까? 작가라면 아마도 블로그를 하려고 할 것이다. 영상을 만들기 좋아한다면 브이로그로 시작할 수 있다. 말하기를 좋아한다면 팟캐스트가 있다. 먼저 언제, 어떻게, 어디서 퍼블리싱할지를 결정한다. 매일 아침 일어나서 점심 전까지 3000자짜리 블로그 포스트를 쓸 것인가? 매일 밤 잠들기 전에 그날의 교훈을 공유하는 페이스북 라이브 방송을 할 것인가? 무엇이 내가 꾸준히 활동하는 데 도움을 줄 수 있을까? 1년 동안 매일 글이나 영상을 올릴 수 있다면 돈 걱정은 할 필요가 없다. 그러는 동안 본인만의 목소리를 찾을 테고, 언젠가 사람들은 당신을 발견할 것이다. 컨버트키트ConvertKit의 설립자 네이선 베리는 최근 다음과 같은 포스트를 자기 웹사이트에 올렸다.

시즌 3에 이르렀거나 오래전에 첫 회가 방영된 훌륭한 텔레비전 프로를 이제서야 보기 시작한 적이 얼마나 있나? 나는 다섯 시즌이 지나서야 〈왕좌의 게임〉을 보기 시작했다.
누구나 이러한 경험을 한다. 콘텐츠가 여기저기서 너무 많이 제작되기 때문에 유익한 것을 모두 찾아낼 수는 없다. 그래서 우리는 시간이 흘러 최고의 콘텐츠가 수면 위로 떠오르기를 기다린다. 청중을 모으는 첫 단계가 훌륭한 콘텐츠를 만드는 거라면, 두 번째 단계는 콘텐츠가 주목받을 만큼 오래 버티는 것이다.
세스 고딘은 매우 관대하게 시간을 내주며 자신에게 어울리는 팟캐스트라면 어디든 출연하려 한다. 하지만 먼저 할 일이 있다. 최소 100편의 에피소드를 녹음하는 것이다. 세스 고딘은 오랫동안 꾸준히 방영하는 팟캐스트에만 출연한다.

어느 정도 나와 알고 지낸 사람들은 알겠지만, 내가 늘 강력히 주장하는 한 가지가 있다. (콘텐츠를) 올리거나 펴내지 않으면 의미가 없다는 것이다. 유의미한 일을 하고 싶다면 반드시 계속해서 공개해야 한다. 여기서 생긴 트래픽은 사라지지 않는다.

2단계 여정을 기록한다

자신만의 쇼를 시작하라고 말하면 많은 사람이 도대체 무슨 말을 해야 하냐고 궁금해하면서도 두려워한다. 게리 바이너척은 이렇게 가르친다. "창작하지 말고 기록하라." 그는 블로그에서 이 말을 자세히 설명한다.

당신이 하는 말에 사람들이 귀 기울이길 원한다면 스스로를 드러내야 한다. 내가 하고 싶은 말은, 글이나 영상, 콘텐츠를 충분히 만들지도 않으면서 자신의 영향력을 키우려는 사람들이 많다는 것이다. 너무나 많은 '콘텐츠 제작자'가 기회는 오직 한 번뿐이라고 생각한다. 이 기회를 이용해 아주 아름다운 영상이나 이미지를 업로드하거나, 페이스북에 다른 사람을 비난하는 글을 올려야 한다고 생각한다. 하지만 사람들이 깨닫지 못하는 것이 있다. 완벽한 콘텐츠를 만들고 싶다는 욕망이 사람을 무능하게 만든다는 점이다.
실제로 소셜 미디어에 많이 노출되고 싶다면 가치 있는 콘텐츠를 주기적으로 올려야 한다. 유튜브 브이로그나 팟캐스트 등 분량이 긴 콘텐츠를 일주일에 한 편 이상 올려야 한다. 그리고 인스타그램, 스냅챗 등에 하루에 6~7번을 포스팅해야 한다. 당신은 이렇게 생각할 것이다. '우와, 그렇게나 많이! 어떻게 유의미한 콘텐츠를 하루에 6~7개나 만들어 포스팅하지?'
아주 중요한 팁을 한 가지 주자면 '창작하지 말고 기록하라.'
간단히 말해 리얼리티 프로그램이 '기록'이라면, 〈스타워즈〉와 〈프렌즈〉는 '창작'이다. 그런데 혼동하지 말아야 한다. 기록한다고 해서 콘텐츠를 만들지 않는다는 뜻은 아니다. 단지 스토리나 판타지를 구상하는 대신(나를 포함한 대다수 사람들이 어려워한다) 실용적으로 생산하라는 말이다.

이런 방법도 생각해보라. 자신을 모든 포스트 이면에 감춰진 전략에 관해 고민하는 가상의 '유력 인사'로 만들거나, 아니면 그냥 자기 자신의 모습을 그대로 보여주는 것이다.

이처럼 영향력 있는 페르소나를 창조하는 일이 가치 사다리를 이제막 오르는 사람에게는 특히 어려울지도 모른다. 또 누군가에게는 큰 부담이 될 수도 있다. 일부 늙은이들은 당신이 만든 영상을 보고 '어린놈이 뭘 알겠어?'라며 비웃을 것이다.

하지만 사람들이 개인 브랜드를 만들기 위해 콘텐츠를 제작할 때 저지르는 가장 큰 실수는 자신을 부풀려 말하려고 애쓰는 것이다. 그렇게 해야만 주목받으리라 생각하기 때문이다. 비즈니스 코치, 자기계발 강사, 예술가를 막론하고, '당신이 생각하기에' 사람들에게 필요한 조언보다는 스스로 지나온 과정을 말하는 편이 생산적이다.

"여러분은 이렇게 해야 합니다"라고 당신의 이미지를 만들기보다는 "저라면 직관에 따라서… 이렇게 하겠습니다"라고 지나온 여정을 기록하라. 그로써 모든 것이 바뀐다. 나는 '차세대 거물'로 본인을 내세우는 대신 기꺼이 자신의 여정을 이야기하는 사람이 승리하리라 믿는다.

그러므로 하루에 6~7가지의 유의미한 콘텐츠를 만들어내야 한다면, 그저 스마트폰을 꺼내서 페이스북 라이브 채널을 연 다음 내가 가장 중요하다고 생각하는 것을 말하기만 하면 된다. 결국 얼마나 창의적인지(누군가 당신 콘텐츠를 얼마나 멋지다고 생각하는지)는 주관적 평가이기 때문이다. 당신이 타석에 나가 계속해서 배트를 휘둘러야 한다는 것만이 객관적인 진실이다.

시작이야말로 무엇보다 중요할 뿐 아니라 가장 넘기 힘든 장애물이다. 사람들은 만들지는 않은 채 고민하고 계획만 한다. 앞에 무엇이 있는지 쳐다보지도 않으며 무슨 일이 벌어질지를 두고 말싸움만 한다. 그러니 부탁하건대 이제부터 기록을 하기 바란다.

"좋아, 시작했어. 이제 뭘 하지?"라고 내게 묻고자 한다면, 5년 동안 꾸준히 기록하고 나서 다시 질문하기 바란다.

내 팟캐스트를 알게 된 사람들은 습관처럼 기록을 남긴다. 어떤 유형이든 성과를 거두길 기대하기 때문이다. 같은 이유로 사람들은 상품을 구입하고, 이메일을 열어보고, 콘텐츠를 시청한다. 사람들이 내 팟캐스트를 듣고, 내 책을 읽고, 내 영상을 보는 이유는 자기 사업을 알리는 방법을 더 많이 찾아내기 위해서다. 나는 이 주제를 다 꿰고 있어서가 아니라 이 주제에 사로잡혔기 때문에 콘텐츠를 올린다. 내 회사를 널리 알리고자 새롭고 좋은 방법을 꾸준히 찾아보며, 방법을 발견하거나 좋은 아이디어가 떠오르거나 멋진 글을 읽으면 아는 사람들과 공유한다. 인터넷 마케팅의 선구자 리치 셰프렌은 이렇게 말한다. "우리는 다른 사람을 위해 생각하는 대가로 많은 돈을 받는다."

그러므로 첫 번째 쇼를 시작하는 사람에게 첫 질문을 던지겠다. "당신이 사로잡혀 있는 원대한 성과는 무엇인가? 또한 당신의 발견을 실시간으로 기록하면서 배우려는 것은 무엇인가?" 팟캐스트의 도입부에서 나는 (내 쇼가 답하는) 가장 중요한 질문을 소개한다.

따라서 중요한 질문이란 이런 겁니다. 속임수를 쓰지 않고, 벤처 캐피털을 이용하지도 않으면서, 여전히 쌈짓돈을 쓰는 우리 같은 기업가는 어떻게 지낼까요? 어떻게 하면 우리의 상품과 서비스, 그리고 믿음을 마케팅하여 세상에 내놓을 수 있을까요? 수익성을 유지하면서 말입니다. 이것이 우리가 던지는 질문입니다. 그리고 이 팟캐스트는 여러분께 답을 드립니다. 저는 러셀 브런슨입니다. 〈마케팅의 비밀〉 팟캐스트에 오신 것을 환영합니다.

앞서 언급했듯이 나는 사업이 완전히 망한 뒤에 이 팟캐스트를 시작했다. 다들 팟캐스트를 시작하기에는 최악의 시기라고 생각했을 것이다. 심지어 방송 주제가 비즈니스 마케팅이라면 말이다. 하지만 비즈니스 마케팅을 '창작하지 말고 기록하라'의 관점에서 들여다보니 그때가 팟캐스트를 시작하기에 완벽한 시기임을 알 수 있었다. 사실 인터넷에 처음 접속했던 10년 전부터 팟캐스트를 시작했으면 훨씬 좋았을 것이다. 처음으로 여러 흥밋거리를 접했기에 이야기할 내용이 많았기 때문이다. 어찌됐든 6년이 지난 지금, 나는 지난 사업에 실패했음에도 클릭퍼널스를 연간 1억 달러 넘게 벌어들이는 기업으로 성장시킨 과정을 기록했다. 이 얼마나 멋진 일인가? 더 중요한 것은 이와 같은 여정을 수십만 명이 지켜보는 가운데 우리가 과거에 얻은 교훈을 공유했다는 사실이다!

3단계 소재를 테스트한다

최근 나는 온라인에서 수십억 달러를 벌고 수억 명에게 영향력을 행사하는 소수의 인플루언서와 함께 와이오밍에 있는 개인 휴양지에 갔다. 어느 날 밤 캠프파이어 주위에 모여 이야기하다 딘 그라지오시가 한 가지 통찰을 주었다. 이는 내가 지금 올리고 있는 콘텐츠를 대하는 시각을 바꿔놓았다. 기억하기로 그는 이렇게 이야기했다.

"심야 토크쇼에서 훌륭한 연기를 펼치는 코미디언이 던지는 농담이 모두 완벽할까? 사람들은 이 코미디언이 어쩜 저렇게 재미있을까 궁금해하지. 하지만 그가 거쳐온 10년의 여정은 미처 알지 못한다네. 그는 열 가지 대본을 쓴 다음 허름한 술집 무대에 서서 연기를 하지. 아마 열 가지 농담 중에 한두 가지는 관객의 웃음을 끌어냈겠지만 나머지는 실패했을지도 모른다네. 코미디언은 집으로 돌아가 사람들이 웃음을 터트린 농담 한두 가지는 그대로 두고, 나머지 여덟 가지는 새로 썼지. 다음 주에는 다른 장소에서 열 가지 농담을 했는데, 겨우 한 가지만 성공했어. 그렇게 총 세 가지 농담이 성공한 거야. 코미디언은 집으로 돌아가 이런 과정을 반복하지. 몇 주가 지나고 몇 년이 지나 열 가지 성공적인 농담이 생긴다네. 이제 모든 준비가 끝난 거야. 그때 비로소 우리는 그의 모습을 보게 돼. 세상에서 가장 큰 무대에 선 그가 던지는 모든 농담이 웃음을 끌어낼 때 쇼를 구성하는 모든 요소가 완성되는 셈이지."

나의 여정을 돌이켜보면서 첫 저서를 생각했다. 『마케팅 설계자』 원고를 모두 썼을 때 나는 너무 두려워서 차라리 사람들이 책을 읽지 않길 바랐다. 내가 지난 10년의 세월을 모두 바쳐 책을 썼다는 사실을 모를 테니까 말이다. 마케팅에 사로잡혀 내가 구할 수 있는 정보는 무엇이든 읽고, 보고, 들었다. 그후 내가 시작한 소규모 비즈니스에 해당 개념과 아이디어를 적용해 테스트했다. 또한 컨설턴트로서 다른 사람의 비즈니스에도 그렇게 했다. 일부 아이디어는 효과가 있었고, 일부는 효과가 없었다.

나는 소규모 세미나와 워크숍에서 강의하기 시작했다. 개념을 설명한 다음 사람들이 잘 이해하는 것과 헷갈려하는 것이 무엇인지 살펴보았다. 그때마다 아이디어와 스토리를 개선한 다음 개념을 다시 가르쳤다. 인터뷰를 하고, 팟캐스트와 영상을 만들고, 글을 쓰면서 내가 가진 소재를 반복 테스트했다. 이러한 작업으로 가치 사다리, 비밀의 공식, 방문자의 세 가지 유형, 퍼널 해킹, 매력적인 캐릭터 등의 개념이 탄생했다. 내가 가진 소재를 10년 넘도록 테스트했기에, 다른 사람들이 이 책을 읽을까 걱정하면서도 이제 준비가 되었다는 확신이 들었다.

똑같은 일이 이 책 『브랜드 설계자』을 쓸 때도 일어났다. 나는 2년 동안 내 팟캐스트와 다른 사람의 팟캐스트에서 여러 개념에 관해 이야기했다. 페리스코프와 페이스북 라이브에서 아이디어를 발전시켰다. 여러 행사와 워크숍, 코칭 프로그램을 운영하면서 내 비즈니스뿐만 아니라 다른 사람의 비즈니스에 아이디어를 적용해 테스트했고, 결국 『브랜드 설계자』를 세상에 내놓았다.

여정을 기록하고 팟캐스트를 올리는 등 매일 쇼를 선보이며 당신은 소재를 테스트할 수 있다. 어떤 메시지가 사람들과 나를 이어주는지, 어떤 에피소드를 사람들이 공유하고, 혹은 공유하지 않는지를 발견할 것이다. 어떤 메시지가 사람들로 하여금 자신을 드러내며 댓글을 달게 하고, 어떤 메시지가 아무런 반응을 끌어내지 못하는지 발견할 것이다. 이는 당신의 메시지를 개선하고 목소리를 찾으며 꿈의 고객을 끌어들이는 데 도움이 된다. 꾸준히 본인을 드러내고 콘텐츠를 올리며 얻은 결과다. 최종 결과물이 책, 웨비나, 프레젠테이션, 광고 영상, 혹은 다른 무엇이든 더 많이 세상에 내놓고 테스트할수록 메시지는 선명해지고 사람들의 관심을 끌 것이다.

4단계 생산성을 높이는 방법을 터득한다

청중은 틀림없이 당신에게, 당신의 가르침에 매력을 느끼고 있다. 지루하다면 당신을 멀리할 것이다. 나는 지난 10년 동안 수많은 전문가가 활동하는 모습을 지켜보며 왜 누구는 살아남고 누구는 그러지 못했는지 알아내려고 많은 시간을 들였다. 내가 알아낸 바로, 성공한 전문가들은 생산성이 매우 높았다.

내가 생산성을 언급하면 어떤 사람들은 콘텐츠를 많이 생산하는 이미지를 떠올린다. 맞다. 하지만 높은 생산성이란 다른 의미로 **풍부한 창의력**이다. 창의력이 풍부한 사람은 늘 새롭고 독창적인 아이디어와 프레임워크를 떠올린다. 이거야말로 지금 내가 말하려는 생산성이다. 다수에게 큰 영향을 미치는 동시에 큰돈을 벌기 위해서는 '생산성 지수prolific index'라는 영역에서 최적의 지점에 메시지를 겨냥해야 한다.

생산성 지수의 중심에는 '주류mainstream'가 있다. 이 영역에는 전통적

생산성 지수

크레이지　　생산성　　주류　　생산성　　크레이지

도표 1-12　새롭고 혁신적인 아이디어를 꾸준히 공유하면 고생산성 영역으로 들어갈 것이다.

미디어로 대중을 교육하는 활동이 포함된다. 예를 들어 체중 감량 전문가들은 대부분 '기초 식품군'이나 '식품 피라미드' 같은 정부 권고안에서 크게 벗어나지 않는 선에서 고객에게 조언하고 원칙을 제시한다. 일부 원칙은 효과가 있을지도 모르지만 나머지는 모두 새빨간 거짓말이다. 사람들이 이러한 원칙들을 사실로 믿는다 해도, 어디서나 공짜로 얻을 수 있는 조언을 굳이 당신에게 들으려고 시간을 할애하지는 않을 것이다. 학교에 가면 다 배울 수 있는 상식이라 전혀 흥미롭지 않다. 주류 영역에는 돈이 될 만한 것이 없다.

　이 스펙트럼의 양 끝에는 이른바 '크레이지 영역crazy zone'이 있다. 많은 전문가가 크레이지 영역에 속한다. 언제든 소수의 사람들을 크레이지 영역으로 이끌 수는 있지만, 대중을 오른쪽이나 왼쪽 극단으로 이끌기는 어렵다.

　체중 감량 분야에서 크레이지 영역을 설명한 사례가 〈태양을 먹어라Eat the Sun〉라는 다큐멘터리 영화에 나온다. 이 영화에서 전문가들은 사람들이 어떻게 하면 먹기를 그만두고 태양을 바라보게만 할 수 있을까를 두고 이야기한다. 그렇다. 아무것도 먹지 않고 태양만 바라보는 것이다. 글쎄, 다큐멘터리 덕분에 나는 몇 분 정도 태양을 쳐다봤지만 음식을 완전히 포기할 마음은 전혀 들지 않았다. 어느 누구도 그런 개

넘을 가르쳐서 수백만 달러를 벌 수는 없을 것이다.

가장 효율적으로 많은 이의 삶에 영향을 미치고 가장 많은 돈을 벌수 있는 곳은 바로 주류와 크레이지 영역 사이 어딘가다. 나는 여기를 '생산성 영역prolific zone'이라 부른다. 당신이 지금 이 지점에 있다면 사람들이 알아차릴 만한 매우 독특한 아이디어를 전달하는 중이라는 뜻이다.

체중 감량 시장에서 내가 가장 좋아하는 스승은 불릿프루프닷컴 Bulletproof.com의 설립자 데이브 아스프리다. 그의 경험담은 생산성 영역 이야기와 완벽하게 들어맞는다. 하루는 티베트에 있는 카일라스산을 오르며 영하 10도의 추위를 피해 게스트하우스에 묵었다. 크림이 많이 들어간, 야크젖으로 만든 수유차butter tea를 얻어 마시고 기분이 아주 좋아졌다. 데이브는 왜 기분이 좋아졌는지 알아내려고 애쓴 끝에 이 차가 지방을 많이 함유했다는 사실을 알아냈다. 그래서 커피나 차에 버터나 다른 지방을 넣어 마시기 시작했다. 이 경험을 바탕으로 데이브는 불릿프루프 커피(방탄커피)를 내놓았고, 이 제품은 미 전역에서 붐을 일으켰다. 사람들은 이제 살을 빼고 기분이 좋아지기 위해 커피에 버터와 코코넛 오일을 넣는다.

기름을 넣어 먹는다고? 처음 듣는 사람들에게는 정신 나간 소리로 들릴지도 모른다. 하지만 완전히 무시해버릴 정도로 '크레이지'는 아니며, 그렇다고 정부가 권고할 만한 '주류' 식품 섭취법도 결코 아니다. 불릿프루프 커피는 바로 생산성 영역에서 탄생했다. 그리고 이 커피가 던진 메시지는 데이브를 백만장자로 만들었다.

당신은 이 메시지가 어떻게 약간의 양극화 현상을 일으켰는지 눈치 챘는가? 주류에서는 싫어하겠지만 이 제품에는 흥미로운 점이 있다. 데이브가 나머지 이야기를 들려주며 불릿프루프 커피의 효능을 과학적으로 뒷받침하자, 이야기 전체가 하나의 메시지가 되어 금세 널리 퍼져나간 것이다.

당신의 메시지에 호불호가 갈리면 사람들의 이목을 끌 테고, 사람들은 지갑을 열 것이다. 중도는 지루하다. 계속 중도에 머문다면 돈을 벌 가능성도 없고 변화도 없을 것이다. 양극화를 이끌어내면 광팬이 생겨나고 사람들이 모여든다. 사람들은 조언하는 당신에게 돈을 지불할 것이다.

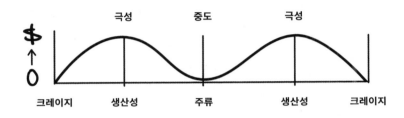

도표 1-13 생산성 영역에 있으면 자연히 양극의 반응을 끌어내고 광팬의 주목을 받는다.

당신의 메시지를 두고 양극화가 심해지면 반대편 사람들은 기뻐하지 않는다. 진성 팬이 생기는 만큼 당신은 늘 상대편의 기분을 상하게 할 것이다. 이런 상황에 너무 신경 쓰지 않도록 주의하라. 나도 그렇고 대부분의 사람들이 자신의 주장에 상대가 기분 나빠 하거나 동의하지 않으면 정말 힘들어하기 때문에 하는 말이다.

당신을 따르는 진성 팬 100명에 한 명 꼴로 당신을 싫어하는 사람이 있을 가능성이 크다. 그리고 이유는 모르겠지만 항상 그들 목소리가 가장 크게 들린다. 내 이름을 검색해보면, 수없이 많은 팬과 더불어 나를 싫어하는 사람들 역시 여럿 나타날 것이다. 하지만 이야말로 진정한 리더의 본질이다. 이를 받아들여야 한다. 메시지에 극성이 없이는 진정한 팬에게 다가갈 수 없고 팬들이 원하는 변화를 일으킬 수도 없다. 메시지에 동의하지 않는 일부 비난자들이 신경 쓰일 때, 나는 댄 케네디가

한 말을 떠올린다.

"매일 정오까지 누군가의 마음을 아프게 하지 않았다면 마케팅을 열심히 하지 않은 것이다."

그리고 제이 에이브러햄은 이렇게 말했다.

"내가 가진 것이 고객에게 유용할 뿐 아니라 가치 있다고 확신하면, 무슨 수를 써서라도 고객에게 봉사해야 한다는 도덕적인 의무가 생깁니다."

그래서 나는 공격적으로 마케팅을 한다. 내 메시지를 공유할 의무가 있다고 생각한다. 그 메시지가 내 삶을 바꾸었고 다른 사람의 삶도 바꿀 수 있음을 알기 때문이다.

자신의 자리가 어디인지 생각해보아야 한다. 당신은 무엇을 가르치는가, 이는 생산성 지수 영역의 어느 지점에 있는가? 대부분은 안전한 주류에서 몸을 사리거나 돈이 안 되는 크레이지 영역에 있다. 중간과 극단 사이에서 가장 효율적인 자리를 찾아야 한다.

5단계 설득하는 법을 터득한다

당신은 이 책에서 사람을 설득하는 방법을 배워야 한다. 2부와 3부에서 설득법을 더 깊게 익히기 전에 여기서는 핵심을 이해하자.

『한 문장으로 설득하는 법The One Sentence Persuasion Course』을 쓴 블레어 워런은 10년 넘게 설득을 연구한 전문가다. 그는 사람을 설득하는 방법을 단 한 문장으로 설명했다. "사람들은 자신의 꿈을 격려하고, 실패를 정당화하고, 두려움을 가라앉히고, 의심을 풀어주고, 자신이 적을 향해 돌을 던지는 것을 도와주는 사람을 위해서라면 무엇이든 할 것이다." 처음 이 문장을 읽었을 때 영원히 기억하고 싶을 정도로 큰 충격을 받았다. 그래서 잊지 않기 위해 [도표 1-14]를 그렸다.

도표 1-14 꿈의 고객을 진성 팬으로 바꾸려면 그들의 꿈을 격려하고, 실패를 정당화하고, 두려움을 가라앉히고, 의심을 풀어주며, 적에게 돌 던지는 것을 도우라.

이러한 행동이 왜 그렇게 중요한지 블레어는 대가답게 잘 설명한다.

○ **꿈을 격려하기**: 리더로서 당신은 우선 청중의 꿈을 이해하고, 당신이 창출한 새로운 기회를 잡으려는 이들을 격려해야 한다. 부모들은 곧잘 '자신의 편의'를 위해 아이들의 꿈을 무산시키고 더 '합리적인' 목표로 자녀를 몰고 가려 한다. 아이들은 대부분 이를 정상으로 받아들이다가, 이후 자신을 믿고 꿈을 격려해주는 다른 사람과 만나게 된다. 이때 아이는 결국 누구의 말을 따를까? 부모일까, 아니면 그 낯선 사람일까?

○ **실패를 정당화하기**: 단순한 팔로워에서 팬이 된 사람들은 대부분 이미 변화를 시도했을 것이다. 그리고 당신을 만나기 전에 누구한테서 무언가를 얻으려 했을 것이다. 이유는 알 수 없지만 이전에는 자기 욕구를 충족하지 못했다. 과거의 실패에 따른 부담을 덜어주고 이미 지

나가버린 기회에 책임을 돌린다면, 그들은 새로운 기회에 더 마음을 열 것이다. 자신의 실수에 스스로 책임을 져야 한다는 심리학자 필 맥그로 박사의 말에 수많은 사람이 환호하지만, 사실 더 많은 사람이 그런 부담을 덜어줄 사람을 찾는다. 인생에서 모든 것에 책임질 필요는 없다고 말해줄 사람을 찾는 것이다. 스스로 삶을 통제하기 위해서는 반드시 자신에게 그 책임이 있음을 인정해야 하지만, 남들의 삶에 영향력을 행사하려면 그들에게는 책임이 없다는 확신을 주어야만 한다. 이와 같은 고도의 전략 게임을 보려면 정치판을 살펴보라.

○ **두려움을 가라앉히기**: 두려움을 줄이거나 잠재우고 희망을 준다면, 사람들은 당신을 따르기 위해 무슨 일이든 한다.

두려움을 느낄 때는 다른 일에 집중하기가 어렵다. 누구나 이 사실을 안다. 두려움에 빠진 사람에게서 관심을 얻고자 할 때 우리는 보통 어떻게 할까? "두려워하지 마세요"라고 조언하며 그 말이 효과가 있으리라 기대한다. 정말 효과가 있을까? 거의 없다. 그럼에도 이를 알아채지 못하고, 마치 문제를 해결했다는 듯 하던 일을 계속한다. 그렇게 우리는 그들에게서 점점 더 멀어진다. 하지만 이런 문제를 깨닫고 두려움에 특별한 관심을 기울이는 사람들이 있다. 그들은 두려워 말라고 하지 않는다. 두려움이 가라앉을 때까지 함께 일한다. 그들은 단서를 제시하고 이야기를 들려준다. 하지만 어떻게 느껴야 한다고 지시하지 않으며, 도움을 받는 사람도 그런 기대를 하지 않는다. 만약 당신이 두려움을 느낀다면 어떤 유형의 사람과 함께 있고 싶은가?

○ **의심을 풀어주기**: 청중은 당신에게, 당신 시장에 속한 사람들에게 의심을 품고 있다. 변화할 수 있으리라 믿고 싶지만 정말로 도약할 수 있을지를 확신하지 못한다. 당신도 마찬가지로 의심했다는 사실

을 이야기로 들려주고 이를 어떻게 극복했는지 설명하면, 사람들은 당신에게 유대감을 느낄 것이다.

우리는 늘 이렇게 말한다. "그럴 줄 알았어." 기존에 했던 의심이 풀리고 확신이 서면 정말 기분이 좋다. 누군가 우리의 의심을 확신으로 바꿔주면 우월감이 치솟을 뿐 아니라 그렇게 해준 사람에게 호감을 느끼게 된다. 히틀러는 독일이 안았던 문제의 원인에 대한 의심을 해소해주어 국민을 끌어들였고 권력을 잡았다. 종교 집단은 의심하는 구성원들을 숭배자로 바꾸기 위해 그들에게 당신 가족이 당신을 방해하려 한다고 말하며 확신을 심어준다. 간절히 믿고 싶어 하는 자들의 의심을 풀어주는 것은 간단한 일이다.

○ **적에게 돌을 던지기**: 추종자를 늘리는 한 가지 중요한 열쇠는 커뮤니티 내부에 '우리편 대 상대편'의 구도를 만드는 것이다. 당신의 신념이 무엇이고 당신이 남들과 어떤 이유에서 다른지 말해야 한다. 또 당신이 싸우는 상대가 누구인지도 밝혀야 한다. 당신이 하는 활동이 다른 대안보다 더 좋은 점은 무엇인가?

공통의 적만큼 사람들을 결속시키는 것은 없다. 정말로 추하다고 생각할 수도 있지만, 사실은 사실이다. 내 말을 이해한 사람들은 이 사실을 활용할 수 있다. 이해하지 못하거나, 이해는 하지만 활용하길 거부하는 사람들은 고객과 가까워지는 가장 효과적인 방법을 내던지는 셈이다. 장담컨대 사람들에게는 열이면 열 모두 적이 있다. 만나는 사람마다 모두 자기가 위대한 투쟁에 참여하는 중이라고들 한다. 이들의 투쟁 대상이 바로 적이다. 그 대상이 또 다른 개인이든, 집단이든, 질병이든, 좌절이든, 경쟁하는 철학이나 종교든 다 마찬가지다. 사람들은 투쟁에 들어가면 다른 사람들이 자기편에 합류하기를 간절히 바란다. 합류하는 사람과는 친구 이상, 다시 말해 동반자 관계를 맺는다.

6단계　(정성껏) 보살핀다

　전문가가 되는 다음 단계는 당신이 얼마나 사람들을 신경 쓰는지 보여주는 것이다. 시어도어 루스벨트는 "내가 먼저 관심을 보여야 상대도 나를 신경 쓴다"라고 말했다. 당신이 그저 돈을 벌기 위해 여기 있다고 청중이 생각하면, 당신의 매개체는 지속하지 못하며 팔로워가 늘어나지 않고 아주 빨리 사라질 것이다. 당신이 꿈의 고객을 올바로 선택했다면, 당신은 돈을 받지 않더라도 기꺼이 그들에게 봉사하며, 그들을 가르치고 훈련할 것이다. 그만큼 아끼기 때문이다.

　우리가 청중에게 봉사하려고 할 때 맞닥트리는 어려움이 있다. 돈을 받는다는 죄책감이다. 하지만 그들이 당신에게 돈을 지불하는 것은 성공에 필수적이며 여기에는 두 가지 이유가 있다.

　첫째, 돈을 지불하면 관심을 기울이게 된다. 지난 10년 동안 나는 친구와 가족을 행사에 무료로 초대했다. 남들은 무려 5만 달러를 내야 하는데 말이다. 10년 동안 공짜로 참석했던 사람 중에 성공적으로 창업한 사람은 단 한 명도 없다. 하지만 같은 방에는 참가비를 기꺼이 지불한 사람들도 앉아 있었다. 그들은 똑같은 정보를 듣고 활용해 연간 수백만 달러를 벌어들이는 기업을 일구었다. 자신에게 돈을 투자했기에 성공한 것이다. 그렇다, 돈을 낸 사람들은 집중한다(그리고 많이 낼수록 더욱 세심하게 주의를 기울인다). 당신이 파는 것을 과소평가하는 짓은 청중에게 큰 폐가 된다.

　둘째, 성공할수록 당신의 시간은 줄어든다. 처음 창업했을 때 나는 고객이 보낸 이메일에 모두 답을 해주고 질문하는 모든 사람과 통화(대개 몇 시간씩)했다. 정말 자랑스러웠다. 내가 청중에게 봉사하고 있다고 생각했다. 하지만 누구든지 쉽게 연락하면서 나는 오히려 더 많은 사람에게 봉사할 기회를 놓치게 되었다. 더 많은 사람에게 봉사할 수 있도록 일종의 벽을 세워 시간을 아껴야 한다. 당신의 서비스에 비용을 청구하는 것은 투자하는 사람에게 당신이 그들의 성공에 얼마나 신경 쓰는지 보여주는 일이다.

지금까지 설명한 내용은 당신의 목소리를 찾고 집단을 구성하여 세상을 바꾸는 몇 가지 단계 중 일부다. 하지만 하루아침에 리더가 되지는 않는다는 사실을 이해해야 한다. 당신의 메시지를 공유하고 일관성을 유지하여 당신만의 목소리를 찾아야 한다. 당신의 메시지에 사람들을 진성 팬과 안티로 양극화할 만한 대목이 있는지 알아내야 한다. 배경 이야기와 실수를 공유하고, 투명해야 한다. 그렇게 시간이 흐르면서 자연스럽게 집단에 필요한 리더가 될 것이다.

프레임워크 가르치기

딘 그라지오시의 새 책 『백만장자의 아주 작은 성공 습관』이 출간되고 몇 주가 지났을 때, 나는 큰 성공을 거둔 인사들이 모인 작은 방에 앉아 있었다. 출간 당시 저자와 제휴하여 책의 판매고를 높인 마케팅 리더들의 모임이었다. 주위를 둘러보니 다들 마케팅과 자기계발 분야의 유명 인사임을 확연히 알 수 있었다.

모임 도중 딘은 브렌든 버처드를 발견하고는 그의 '7일의 시작seven-day launch' 프레임워크를 안에 있는 모든 사람에게 공유해줄 수 있겠느냐고 물었다. 브렌든은 그러겠다고 하며 마커를 들고 2분 정도 말 한 마디 없이 사각형과 상자, 화살표 등을 그려 보이고는 말문을 열었다. "이것이 저의 프레임워크입니다."

그런 다음 브렌든은 '7일의 시작' 프레임워크를 만들게 된 이야기를 들려주며 사람들 사이를 헤집고 다니면서 프로세스를 간단히 보여주었다. 이어 자신이 그린 그림에서 첫 번째 부분을 가리키며 첫 단계를 실행하는 데 필요한 전략을 알려주기 시작했다.

이어서 다음 단계로 넘어갔고, 우리 사이를 걸어 다니며 해당 과정을 보여주었다. 방에 있던 사람들은 쉴 새 없이 메모를 했고, 이때 누군가 질문을 했다. 브렌든은 말을 멈추고 답을 한 다음 그의 프레임워크를 되돌아보았다.

"오, 이런. 죄송합니다. 방해하려던 것은 아닙니다." 질문했던 사람이 말했다.

브렌든은 그를 돌아보며 걱정하지 말라고 말했다. 프레임워크에 따라 강의하기 때문에 중단한 지점으로 돌아가기만 하면 된다고, 자신은 괜찮다고 설명했다. 그러고는 그날 이후 내 마음속에서 잊히지 않는 말을 던졌다.

"프레임워크가 구세주입니다."

알다시피 프레임워크는 당신이 어디로 가는지 알려주는 지도다. 곤란한 상황에 처하거나 다음 해야 할 일을 잊었을 때는 프레임워크에 해답이 있다.

프레임워크의 또 하나 강력한 장점은 각 단계에 세부 사항을 얼마나 상세히 입력하는지에 따라 필요한 만큼 빠르게 혹은 체계적으로 이해하고 학습할 수 있다는 것이다. 예를 들어 2분 정도면 유튜브 영상을 훑어볼 수 있고, 2시간이면 웨비나를 깊이 이해할 수 있으며, 이틀이면 워크숍에서 정말 깊은 내용까지 파고들 수 있다. 나는 동일한 프레임워크를 사용하여 '완벽한 웨비나Perfect Webinar' 프레임워크를 설명하는 간략한 영상을 만들기도 했고, 사흘간 진행되는 라이브 행사에서 더 자세히 강의하기도 했다.

나중에 보겠지만, 정보 제품을 빠르게 만드는 방법을 논할 때도 프레임워크가 답을 줄 수 있다. 프레임워크는 인스타그램 포스트가 될 수 있고, 유튜브 영상, 팟캐스트 에피소드, 리드 마그넷lead magnet(잠재고객의 세부 정보를 수집하기 위해 무료로 제공하는 물품이나 서비스―옮긴이), 책의 한 챕터, 강좌, 회원 사이트, 코칭 프로그램, 리더 집단 등이 될 수 있다. 우리는 꿈의 고객을 우리가 고대하는 성과로 이끌어주는 도구로 프레임워크를 반복 사용할 수 있다.

하지만 이 장에서 당신의 프레임워크를 하나로 묶는 다양한 방법을 설명하지는 않을 것이다. 우선 새로운 기회와 제안을 내놓는 방법을 이야기하고 나서 하겠다. 여기서는 프레임워크를 가르치는 프레임워크에 집중할 것이다. 이는 전문가로서 꿈의 고객이 원하는 성과를 올릴 수 있게 해주는 주요한 기술이기 때문이다.

프레임워크를 가르치는 방법

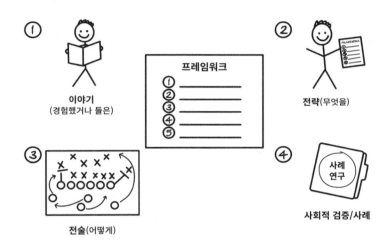

도표 2-1 당신의 프레임워크를 가르치고 싶다면, 프레임워크를 소개하고, 이를 알게 된 사연을 이야기하고, 전략(무엇을 할 것인지)을 공유하고, 전술(어떻게 할 것인지)을 가르치고, 어떻게 작동하는지 설명해주어야 한다.

봉사할 사람들을 앞에 둔 무대 위에서 가장 속상한 순간은 삶을 바꿀 개념이나 프레임워크를 들려주는데도 그들의 눈에 졸음이 가득할 때다. 그런 때가 얼마나 많았는지 모른다. 나는 다 때려치우고 그들의 어깨를 흔들면서 소리 치고 싶었다. 그들이 찾으려는 열쇠는 가지고 있었지만, 내 말에 관심을 기울이게 하는 방법은 몰랐던 것이다. 하지만 나는 내 메시지가 중요하다고 생각했기에 계속 시도했다. 많은 경우 사각형 구멍에 둥근 못을 박는 기분이 들었다. 하지만 나는 레슬링 선수였고, 결코 지고 싶지 않았다. 그래서 쉼 없이 공격하다 보면 결국 상대를 쓰러트릴 수 있으리라 생각하며 계속 시도했다.

계속해서 다른 결과를 기대하면서 다양한 방법으로 프레임워크를 가르쳤다. 몇 가지는 효과가 있어서 계속 시도했고, 효과가 없는 것은 다시는 시도하지 않으려고 기록을 남겼다. 더불어 다른 연사들의 발표를 관찰하는 데 많은 시간을 보냈고, 어떻게 해서 확신을 주었는지 기록하여 내가 발표할 때 적용해보았다. 소규모 집단 앞에 서는 일은 일종의 오디션이었다. 매번 내 메시지를 테스트하고 사람들이 클릭하게 할 수 있는지 확인했다. 몇 년이 흐르면서 나는 갈수록 나아졌고, 결국 '프레임워크를 가르치는 프레임워크Framework for Teaching Frameworks'를 개발했다. 이 프레임워크는 내 말이 효과가 있으므로 사람들이 듣고 배워서 기억할 거라는 사실을 확인하는 4단계 시스템이다. 어떻게 작동하는지 설명하겠다.

○ **프레임워크를 소개하기:** 프레임워크를 가르치기 전에 먼저 프레임워크를 소개해야 한다. 나는 간단히 청중에게 프레임워크의 이름을 말한다.

> "이것은 저의 '후크, 스토리, 제안' 프레임워크입니다" 또는
> "저의 '완벽한 웨비나' 프레임워크입니다."

그런 다음 내 프레임워크를 설명한다.

_____(성과를 삽입할 것)을 위한

저의 ___(숫자를 넣을 것)단계 프레임워크(아니면 시스템, 프로세스)입니다.

그리하여 내가 완벽한 '웨비나 프레임워크'를 설명할 경우 이렇게 말한다.

"이것은 소극적인 청중에게 90분 안에
어떤 상품이든 팔 수 있는
웨비나를 만드는 5단계 프레임워크입니다."

1단계 어떻게 배우고 얻었는지 공유하기

대다수가 저지르는 큰 실수는 프레임워크를 소개하자마자 곧바로 전략과 작전을 가르치려 든다는 것이다. 나는 몇 년 동안 이런 실수를 저질렀다. 내가 수년 동안 학습하고 터득하여 가르친 개념이 사람들의 인생을 바꿀 수 있다는 생각에 너무 흥분했다. 나는 이 프레임워크를 만드는 데 시간을 정말 많이 들였다. 이거야말로 사람들에게 줄 수 있는 가장 특별한 선물이라 여겼고 이런 기분을 나누고 싶었다.

마침내 프레임워크를 공유할 기회가 생겼다. 내게는 아주 신성한 개념이었으나 사람들은 받아들이긴커녕 무시할 뿐이었다. 그럴 때마다 이런 말씀이 생각났다. "너희 진주를 돼지 앞에 던지지 말라. 그들이 그것을 발로 밟고 돌이켜 너희를 찢어 상하게 할까 염려하라." 신약성서 마태복음 7장 6절에 나오는 구절이다. 나도 그런 기분을 느꼈다. 사람들에게 진주를 주었는데 사람들은 그걸 돌려주고 가버린 것이다.

언젠가 사람들 앞에서 실망하여 작게 소리를 질렀다.

"내가 방금 무엇을 주었는지 모르시나요? 제가 오늘 여러분과 공유한 이 개념을 얻으려고 무슨 일을 겪었는지 말씀드리겠습니다."

그런 다음 약 15분간 내가 겪은 고통과 사용한 돈, 잃어버린 시간, 자신을 기니피그 삼아 했던 테스트, 개념이 효과가 있는지 확인하려고 다른 사람에게 했던 테스트, 이 개념을 완벽하게 다듬기 위해 반복 적용한 일 등을 이야기했다.

이야기를 들려준 뒤 동일한 진주를 다시 설명하자 이번에는 청중이
이해했다. 처음 진주를 주었을 때 사람들은 존중하지 않았다. 두 번째로
공유할 때는 프레임워크가 중요한 이유를 설명해야 한다는 점을 명심
하고 준비했다. 이런 방식으로 진주를 건네주자 모든 것이 바뀌었다.

내가 프레임워크를 소개한 뒤에 맨 먼저 하는 일은 어떻게 해당 프
레임워크를 알게 되었는지(지식) 혹은 얻게 되었는지(경험)를 설명하
는 것이다. 당신은 이 책의 모든 장(그리고 나의 모든 책) ─ 그리고 내가
만드는 모든 발표 자료, 팟캐스트 에피소드, 블로그 포스트, 영상 등 ─
에서 내가 어떻게 깨달았거나 얻었는지부터 설명한다는 사실을 눈치
챘을 것이다. 이렇게 미리 설명하면 내가 공유하는 전략과 전술에 가
치가 생겨난다. 이런 가치가 없으면 전략 전술도 쓸모가 없어진다.

전체 프로세스 가운데 이 대목에서, 프레임워크의 일부라도 구축하
는 데 도움을 주었던 거인들의 공을 인정해야 한다. 당신은 프레임워
크를 구축하기 위해 다른 사람들에게서 배우고 연구하는 데 시간을 들
였다. 그리고 무수히 많은 전문가와 인터뷰를 했다. 남들 덕분에 알게
된 것을 나눌 때는 언제나 그들의 공을 인정해야 한다. 사람들은 대체
로 자기 지식의 출처를 밝히면 듣는 사람이 자신을 낮잡아 보리라 생
각하지만, 사실은 반대다. 나는 누군가에게 배운 지식이라면 항상 이
를 공유하기 전에 그들에게 공을 돌리려고 노력한다. 이런 행동은 내
가 처음 시작할 때 가르침을 주었던 사람과 좋은 관계를 유지하는 데
도움이 되었다. 여정에서 나를 도와주었던 사람들이 베푼 친절을 갚아
주는 것이다. 청중은 내가 다른 사람의 아이디어를 훔치지 않는다는
사실을 알고 나를 더 존경할 것이다.

　전략 공유하기(무엇을 할 것인가)

　다음에 해야 할 일은 프레임워크의 전략을 공유하는 것이다. 사람들은 전략strategy과 전술tactics의 차이를 많이 혼동한다. 하지만 이 단계에서 양자의 차이를 이해하는 것은 정말 중요하다. 블로그 '파넘 스트리트Farnam Street'에서는 전략과 전술의 차이를 이렇게 설명했다.

　전략은 대단히 중요한 계획 또는 목표의 집합이다. 전략을 바꾸는 것은 여객기를 회항하는 것과 비슷하다(회항을 할 수는 있지만, 쉬운 일은 아니다). 전술은 전략을 성취하기 위해 수행해야 하는 특별한 행동이나 단계다. 예를 들면, 전쟁을 하는 국가의 전략은 적국 민간인들의 지지를 얻는 것일 수 있다. 이를 성취하기 위해 라디오 방송이나 병원 건설 같은 전술을 사용할 수 있다. 개인이 세우는 전략은 특정 직업을 가지는 것일 수 있다. 직업을 얻기 위해 교육 받기, 도움이 되는 멘토 찾기, 혹은 경쟁에서 두각을 나타내기 등은 전술에 해당한다.

　이 대목에서 나는 프레임워크의 개요를 알려준다. 프레임워크의 개요는 책에 나오는 차례와 비슷하다. 차례란 우리가 현재 읽는 페이지와 앞으로 읽어야 할 페이지의 내용을 이해하는 전략이기 때문이다. 다음은 '완벽한 웨비나' 프레임워크의 개요다.

- 1단계: 사람들의 주목을 끌고 재빠르게 유대 관계를 구축한다.
- 2단계: 어떻게 새로운 기회를 얻었는지 성공담을 이야기한다.
- 3단계: 세 가지 핵심 사례(매개체, 내부, 외부)로 사람들의 오해 패턴을 깨고 재구성한다.
- 4단계: 스택을 이용하여 제안을 올바르게 포지셔닝한다.
- 5단계: 구매 전환율을 높이는 기법을 사용하여 마무리한다.

시각 자료 제작에 능숙하다면 내가 이 책에서 프레임워크를 설명하거나 행사에서 강의할 때처럼 그림을 이용할 수도 있지만, 반드시 그래야 하는 것은 아니다. 나는 '완벽한 웨비나'를 설명할 때 먼저 프레임워크를 보여준 다음 다섯 단계로 넘어간다. 눈치 챘겠지만, 이 책의 대부분의 장에서 나는 도입부에 전략을 묘사하는 그림을 제시하고서, 전략을 이루는 각 단계 – 전술적 계획(혹은 방법) – 를 설명했다.

3단계 전술 알려주기(어떻게 할 것인가)

이 대목에서 많은 내용을 가르친다. 당신이 깨달은 원칙과 손에 넣은 도구는 무엇이고, 그것을 청중의 삶에 어떻게 적용하는가? 당신이 처음 시작할 때 스스로 공부했던 대로 사람들에게 단계별 과정을 설명한다.

나는 클릭퍼널스의 '30일 서밋' 프로그램에서 다음과 같은 질문을 던졌다.

> 상상해보자. 당신은 갑자기 전 재산을 잃었다. 명성과 평판도 사라졌다. 남은 것은 마케팅 노하우뿐이다. 청구서는 수북이 쌓였고, 돈을 갚으라는 사람들의 전화에 시달리고 있다. 다행히도 살 집과 전화와 인터넷, 그리고 1달짜리 클릭퍼널스 계정이 남아 있다. 전문가로서의 명성은 사라지고 추종자들, 합작 투자자들도 없다. 폭넓은 마케팅 경험을 제외하면 당신은 무명의 풋내기일 뿐이다. 자신을 구하기 위해 첫날부터 30일째 되는 날까지 무엇을 할 것인가?

나는 이런 질문으로 나의 전술 강의를 살펴보는 것을 매우 좋아한다. 당신도 스스로에게 다음과 같이 물어보라.

이 질문은 아무런 기초 없이 시작하는 사람이 따를 수 있는 단순한 기존에 얻었던 ___[사람들이 내게 배우려고 하는 성과]를 갑자기 잃어버리고 프레임워크만 남은 상황에서, 유리한 조건이라곤 전혀 없이 다시 시작해야 한다면 첫날부터 30일째 되는 날까지 ___[큰 성과]를 얻기 위해서 무엇을 해야 할까?

프로세스로 프레임워크의 원칙을 가르치는 데 도움을 준다.

사람들에게 가르쳐야 하는 시간에 따라 당신의 프레임워크 각 단계에서 나의 '프레임워크를 가르치는 프레임워크'를 일부 이용할 수 있다. 예를 들어 당신 전략의 첫 단계를 가르칠 때, 더 많은 가치를 생성하기 위한 '1단계: 어떻게 배우고 얻었는지 공유하기'를 프레임워크에 포함할 수 있다. 그리고 사례연구를 제시하는 '4단계: 사람들에게 얼마나 효과가 있는지 설명하기'를 넣을 수도 있다.

프레임워크에 속한 단계가 또 하나의 프레임워크가 되는 경우도 많다(이 장도 『브랜드 설계자』라는 프레임워크 안에 있는 하나의 프레임워크다). 그런 경우 1~4단계를 프레임워크의 한 단계 내에서 여러 번 공유할 수도 있다.

복잡하게 들리겠지만, 이 책의 차례를 보면 어떻게 1부 '운동 만들기'가 하나의 프레임워크인지 이해할 수 있다. 다음은 '운동 만들기' 프레임워크의 세 가지 단계(전략)이다.

- 1단계: 전문가 되기
- 2단계: 새로운 기회 창출하기
- 3단계: 사람들에게 미래지향적인 대의명분 주기

하지만 그 프레임워크에서 나는 이미 자신의 목소리를 찾는 프레임워크를 보여주었다. 이제 우리는 '자신의 프레임워크 가르치기'를 알아볼 것이다. '자신의 프레임워크 가르치기'는 핵심 프레임워크에 내재한 프레임워크이며 시간이 허락하면 살펴볼 수 있다.

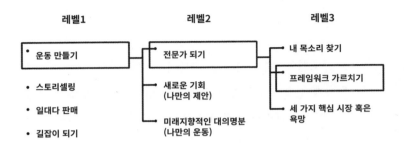

도표 2-2 시간이 충분하다면 프레임워크들을 깊게 알아볼 것이다. 레벨이 오를수록 프레임워크를 가르치는 데 시간이 많이 걸릴 수 있다.

그런 이유로 단순한 프레임워크를 이용해 2분짜리 유튜브 영상(레벨1), 2시간짜리 웨비나(레벨2), 또는 이틀 동안 열리는 라이브 행사(레벨3) 형식으로 프레임워크를 가르칠 수 있다. 당신은 여전히 동일한 프레임워크를 가르치겠지만, 시간이 더 많다면 내장된 프레임워크를 깊이 파고들 수 있을 것이다.

4단계 사람들에게 얼마나 효과가 있는지 설명하기

1단계에서 당신은 어떻게 이 프레임워크를 알게 되었는지를 이야기했다. 그리하여 사람들은 당신에게 이 프레임워크가 얼마나 효과가 있는지 이해하게 되었다. 이제 마지막 단계에서는 이 프레임워크가 다른 사람에게도 효과가 있을 뿐만 아니라 당신이 그들에게 이 프레임워크를 전할 능력이 있음을 보여준다.

그러려면 '내 목소리 찾기' 프레임워크에서 꿈의 고객에게 봉사하는

단계를 빠트리지 말아야 한다. 그렇게 봉사하며 프레임워크를 테스트하는 데 시간을 많이 들일수록 좋은 결과를 얻는다. 다른 사람에게도 원활하게 작동하도록 하려면 프레임워크를 약간 조정할 필요가 있다. 그들에게는 없는 당신만의 경험과 재능은 분명한 강점이다. 그런데 프레임워크를 다른 사람에게 맞추었을 때 그런 강점이 사라진다면 프로세스를 조정해야 한다.

또한 사람들은 언제나 전문가를 회의적인 눈으로 본다. 물론 당신을 믿을 수도 있지만, 그런 경우에도 당신에게 특별한 능력이 있어서 프레임워크가 유효했다고 여길 뿐 자신도 도움을 받을 수 있으리라고는 생각하지 못할 것이다. 단지 당신뿐만 아니라 남들에게도 효과가 있음을 보여주는 것이 프레임워크를 믿게 하는 열쇠다.

당신이 프레임워크를 사람들에게 적용하고 공유하기 시작한 날부터 매일 스토리, 사례연구, 사용 후기(추천 글), 본보기 등 프레임워크로 사람들이 기대하는 성과를 얻을 수 있음을 뒷받침하는 증거를 수집해야 한다.

지금까지는 당신이 전문가로 성장하고 시장에 도입하는 프레임워크에 초점을 맞춰왔다. 이제는 꿈의 고객을 유치하도록 시장 자체에, 그리고 시장에서의 포지셔닝 방법에 눈을 돌리자.

세 가지 핵심 시장 또는 욕망

이따금 클릭퍼널스 본사에서는 '퍼널 해커톤Funnel Hack-a-Thon, FHAT'이라는 행사를 연다. 보통 한 가지 주제를 선정해 개념을 설명한 다음 모든 사람이 퍼널에 매달린다. 이러한 해커톤 행사는 대개 밤늦게까지 이어져 새벽 2~3시에 끝나는 경우도 많다.

어느 날 밤 스티브 J 라슨이 해커톤 행사를 진행하던 때였다. 스티브가 막 강의를 마치고 모든 사람이 퍼널에서 작업하고 있을 때 참가자한 명이 무대 왼편으로 다가왔다.

"저기, 제 제안을 보여드려도 될까요?" 그가 물었다.

"물론입니다!" 스티브가 대답했다.

그는 설명을 늘어놓기 시작했고 제안에 넣을 요소를 모두 설명했다. "그런데… 어떻게 생각하시나요? 괜찮아 보이나요?"

스티브는 대답했다. "상황에 따라 다르겠죠. 어떤 시장에 서비스하려고 하시나요?"

"음, 잘 모르겠습니다."

"그렇다면 이 제안은 제가 평생 본 것 중에 가장 위험한 아이디어입니다."

"잠시만요, 뭐라고요?"

"생각해보세요. 서비스할 대상을 모른다면 무엇을 제시하든 추측일 수밖에 없어요. 당신이 물건을 사는 게 아니니까요. 먼저 누구에게 서비스할지를 파악해야 합니다. 그래야만 고객이 원하는 제안을 할 수 있어요."

세 가지 핵심 시장/욕망

모든 제품은 세 가지 핵심 시장 혹은 욕망을 통해 판매된다. 세 가지 욕망은 건강, 부, 관계다(특별한 순서는 없다). 고객은 제품이나 서비스를 구입하여 삶에서 이들 세 영역에 있는 특정 열매를 얻으려 한다.

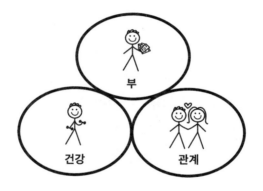

도표 3-1 모든 제품 혹은 서비스는 세 가지 핵심 시장/욕망 중 하나와 관련이 있다.

그러므로 당신이 답을 내놓아야 하는 첫 번째 질문은 다음과 같다.

미래의 꿈의 고객들이 내 제품이나 서비스를 구입하려 할 때, 채우길 바라는 욕망은 세 가지 중에 무엇인가?

대다수가 매우 간단히 답할 수 있는 질문이지만, 때로는 다음과 같은 한두 가지 이유로 답을 하지 못한다.

첫째, 내 제품은 이들 욕망 가운데 한 가지 이상에 적합하다. 많은 제품이 한 가지 이상의 욕망을 채워주기 위해 시장에 출시된다. 하지만 당신이 보내는 마케팅 메시지는 단 하나의 욕망에 집중할 수 있다. 잠재고객이 두 가지 욕망을 지닌다고 당신이 믿을 때, 구매 전환율은 절반으로(대개 90퍼센트 이상) 줄어든다. 시장에 메시지를 내보낼 때는 한 가지 욕망에만 집중해야 한다.

둘째, 내 제품은 이러한 욕망에 적합하지 않다. 이런 오해는 최근 우리가 행사를 진행하면서 해소되었다. 이 행사에서 누군가 스티브 J 라슨에게 똑같은 이야기를 했다. 스티브는 질레트 면도날 이야기를 했고, 면도날이 과연 어떤 욕망을 충족시키는지 물었다.

처음에는 아무도 말을 하지 않았다. 그때 몇 명이 추측하기 시작했다. "건강?" 또 다른 사람이 중얼거렸다. "아니면, 흠…"

그때 스티브가 질레트의 광고를 틀었다. 먼저 한 남자가 면도를 하고 있다. 면도를 마치자 아름다운 여성이 다가온다. 그런 다음 두 사람은 시내에 가서 즐거운 시간을 보낸다. 광고는 두 사람이 함께 집으로 돌아오는 장면으로 끝난다. 광고를 다 보여준 스티브는 질문을 약간 다르게 했다.

"이 마케팅 메시지는 어떤 욕망을 불러일으키려고 만들었을까요?"

잠시 후 모든 사람이 대답했다. "관계!"

대다수 제품은 둘 이상의 카테고리에 포함될 수 있다. 비록 어떤 카테고리에도 속하지 않는 것처럼 보일지라도, 당신의 마케팅 메시지는 반드시 세 가지 핵심 욕망 중 하나에 초점을 맞춰야 한다는 사실을 기억하라. 스티브는 자주 이렇게 말한다.

"당신의 제품이 세 가지 핵심 욕망에 들어맞지 않는다 하더라도 판매 메시지만큼은 맞춰야 합니다!"

하부 시장
·············

처음에는 시장이 세 가지에 불과했다. 개별 시장에서 제품을 파는 기업들은 거의 경쟁을 하지 않았다. 김위찬과 르네 마보안은『블루오션 전략』에서 경쟁이 없는 시장을 '블루오션'이라고 불렀다. 하지만 이 블루오션에 먼저 뛰어든 자들이 성공을 거두자 다른 기업들도 뛰어들어 서비스를 제공했다. 얼마 지나지 않아 경쟁하는 상어 수십 마리가 우글거리며 블루오션의 바닷물은 붉게 변했다. 이를 두고 김위찬과 마보안은 '레드오션'이라 불렀다.

세 가지 핵심 시장이 레드오션이 되자 기업들은 이 시장 내부에 그들만의 하부 시장(새로운 블루오션)을 만들 방법을 찾기 시작했다. 개별 욕망을 해소할 방법은 여럿 있으며 여기서 하부 시장이 만들어진다.

예를 들어 '건강'이라는 욕망을 충족시킬 방법은 수백 가지 있다. 건강해지고 싶다면 체중 감량이나 근력 운동을 할 수 있다. 마찬가지로 부자가 되고 싶다면 부동산 사업이나 온라인 마케팅을 해서 목적을 달

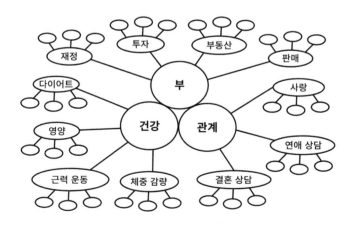

도표 3-2 시장이 포화되면 하부 시장이 만들어진다.

성할 수 있다. 진지한 관계를 원한다면 결혼 상담이나 연애 상담이 필요할지도 모르겠다. 세 가지 핵심 시장에서 하부 시장은 실질적으로 무한하다. 그래서 기업들은 고유의 블루오션을 만들기 시작했고, 고객들의 새로운 욕망을 파악해 곧바로 마케팅했다. 다음은 당신이 스스로에게 할 질문들이다.

사람들이 핵심 욕망을 충족하기 위해 이용하는 하부 시장은 무엇인가?
내 제품이나 서비스가 속한 하부 시장은 무엇인가?

올바른 하부 시장을 선택할 때 고려해야 할 세 가지 질문이 있다.

질문-1 이 시장에 있는 사람들은 내가 제공하려는 새로운 기회/프레임워크에 흥미를 보일까?
당신이 만들려고 하는 새로운 프레임워크를 생각하라. 하부 시장에 있는 사람들을 새로운 틈새시장으로 끌고 가려면 당신이 공유하려는 것에 사람들이 흥미를 보이는지 확인해야 한다. 새로운 기회는 사람들이 행동에 나설 만큼 흥미로워야 한다.

질문-2 이곳 사람들은 이성을 잃을 정도로 충분히 열정적인가?
이렇게 묻기 전에 개인적인 질문을 해야겠다. 당신은 자신이 선택한 주제에 이성을 잃을 정도로 열정적인가? 친구들이나 가족 중 아무도 관심이 없는 주제인데도 항상 이에 대해 떠드는가? 그렇다면 해당 주제에 이해하기 어려울 정도로 열정적일 가능성이 크다. 하지만 다른 사람들도 당신만큼 이성을 잃을 정도로 열정적일지 생각해봐야 한다. 다음은 내가 선택한 시장이 정말 열정적인지 판단할 때 찾아보는 것들이다.

○ **커뮤니티:** 이 주제를 다루는 온라인 포럼, 게시판, 동호회가 있는가? 페이스북 그룹이나 팬 페이지, 유튜브 채널, 팟캐스트, 블로그 등 내가 너무나 사랑하는 이 주제를 두고 남들과 함께 열정을 불태울 커뮤니티가 있는가?

○ **언어:** 이 시장만의 특별하고 고유한 언어가 있는가? 인터넷 마케팅 세계에는 '자동 응답기autoresponder', '분할 테스트split testing', '스퀴즈 페이지squeeze page' 같은 말이 있다. 건강 및 바이오해킹 시장에는 '혈액 검사'와 '케톤' 같은 용어가 있다. 이성을 잃을 정도로 열정적인 시장에 모여든 사람들은 늘 자신만의 언어를 만든다. 당신의 시장 참여자들에게도 언어가 있는가?

○ **이벤트:** 이 시장에서는 고유한 이벤트가 열리는가? 이벤트로는 온오프라인 회의, 세미나, 서밋, 마스터마인드 등이 있다. 당신의 시장에서 이벤트가 열리지 않는다면 웨비나나 훈련 과정에 참여할 사람을 모으기 힘들지도 모른다. 사람들이 이미 이벤트에 참석하는 데 익숙하다면 한결 수월하게 진행할 수 있을 것이다.

○ **다른 전문가:** 이 시장과 관련된 유명 인사나 권위자가 있는가? 이미 시장에서 정보 제품을 팔며 크게 인기를 얻은 전문가들이 있을 것이다. 당신이 최초의 유명 인사가 되길 바라지 말라. 기존의 하부 문화와 관련이 있는 주제나 틈새시장이 생기길 바라야 할 것이다.

| 질문 - 3 | 이곳 사람들은 정보에 돈을 쓸 의사나 능력이 있는가?

때때로 돈을 쓸 의사는 있지만 능력이 없는 사람들이 있다. 빈털터리라서 그렇다. 세상에 돈이란 돈은 다 가지며 능력은 있지만 한 푼도

나누려 하지 않는 사람들도 있다.

예를 들어 비디오게임 시장의 가능성을 발견한 친구가 있었다. 그는 이 틈새시장에서 자기 제품을 출시하려고 거금을 썼다. 그런데 비디오게임을 하는 아이들은 많았지만 아이들에게는 신용카드가 없었다. 비디오게임을 더 잘하도록 가르치는 유료 강좌를 듣게 해달라고 부모를 설득하기란 매우 힘든 일이다. 비록 판매 대상으로 삼았던 아이들에게 구매 의사가 있을지도 모르지만 구매력은 없었다.

하지만 반대의 경우도 마찬가지다. 이너서클 회원 중 조엘 어웨이는 번듯한 직업이 있는 엔지니어들을 상대로 전문 비즈니스 과정을 가르치는 사업을 시작했다. 조엘의 고객들은 대부분 돈은 있었지만 코칭에 돈을 쓰려 하지 않았다. 조엘은 1년 내내 다양한 방법을 시도했지만 거의 성과를 올리지 못했다. 구매 의사도 능력도 있는 어느 시장을 찾아 판매를 시작하자 조엘은 하루아침에 큰 성공을 거두었다.

틈새시장

일부 기업이 핵심 시장에서 그랬듯이 자신만의 하부 시장을 개척하기 시작하자, 다른 기업들 역시 하부 시장에서 기회를 찾았다. 얼마 지

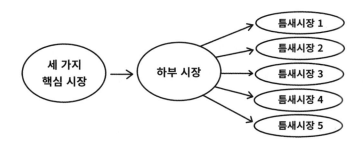

도표 3-3 핵심 시장과 하부 시장이 모두 레드오션이 되었기 때문에 아직 블루오션으로 남은 틈새시장을 찾아 한 단계 더 깊이 들어가야 한다.

나지 않아 다수의 블루오션은 치열한 경쟁의 장이 되었다.

현재 우리는 그러한 시장을 물려받았다. 핵심 시장과 하부 시장은 레드오션이다. 이제 '틈새시장niche'으로 한 단계 더 깊이 들어가보자. 틈새시장은 모두 하부 시장 안에 있으며, 특별한 방식으로 하부 시장의 욕구를 충족한다. 그리고 이는 다시 핵심 시장의 욕구를 충족한다.

각각의 핵심 시장 안에는 틈새시장이 무수히 많다. 다음은 널리 알려진 하부 시장 안에 있는 몇 가지 틈새시장의 사례다.

핵심 시장 → 하부 시장 → 틈새시장

건강 → 영양 → 키토제닉 다이어트
건강 → 영양 → 팔레오 다이어트
건강 → 영양 → 카니보어 다이어트

건강 → 체중 감량 → 여성의 다이어트
건강 → 체중 감량 → 대학생의 다이어트
건강 → 체중 감량 → 커플의 다이어트

부 → 부동산 → 공매 주택
부 → 부동산 → 주택 개량
부 → 부동산 → 이베이를 통한 개량 주택 판매

부 → 온라인 비즈니스 → 아마존을 통한 판매
부 → 온라인 비즈니스 → 쇼피파이를 통한 판매
부 → 온라인 비즈니스 → 페이스북 광고 운영

관계 → 양육 → 유아

관계 → 양육 → 십대

관계 → 양육 → 자녀가 떠난 뒤의 결혼 생활

관계 → 교제 → 여성과 대화하는 방법

관계 → 교제 → 헤어진 후에 관계를 회복하는 법

관계 → 교제 → 사랑에 빠졌는지 아는 법

개별 하부 시장이 수백 가지 틈새시장으로 나뉠 수 있다. 이제 다음 질문이다.

내가 선택한 하부 시장 안에는 어떤 틈새시장이 있는가?

나만의 카테고리 만들기(카테고리의 왕이 되기)

많은 사람이 저지르는 실수는 들어갈 수 있는 모든 틈새를 바라보면서 어느 블루오션으로 갈지 결정한다는 것이다. 문제는 기존 틈새시장에 진입하는 건 다른 사람의 블루오션에서 수영하는 것과 같다는 사실이다. 그리고 당신이 이 틈새시장에 세 번째나 네 번째 혹은 다섯 번째로 진입했다면, 바다는 이미 붉은 피로 물든 뒤일 것이다.

내 인생에서 만난 최고의 책 중 하나인 『카테고리 킹』에서 저자들은 틈새시장이나 카테고리의 리더를 '카테고리의 왕'이라 정의한다. 왕이란 시장에 있는 거물급 기업을 말한다. 카테고리의 왕은 보통 그 분야 이익과 시장 가치의 70~80퍼센트를 차지한다. 꼭 1등은 아닐 수도 있지만, 카테고리의 왕은 최고의 마케터이자 시장의 알짜배기를 차지하는 기업이다. 역사적으로 보면 카테고리의 왕을 몰아내기란 거의 불가능하다. 이 카테고리에 들어오는 다른 기업들은 대개 남은 20~30퍼센트의 몫을 놓고 다투게 된다. 당신이 기존의 틈새시장 중 어디로 들어가야 할지 알아내려고 노력하는 중이라면, 가장 현실적인 선택지는 카테고리의 일부를 놓고 싸우는 기업들 가운데 하나가 되어 시장을 피로 물들이는 것이다.

클릭퍼널스를 출시할 당시 회사를 포지셔닝할 방법이 많았다. 우리는 랜딩 페이지(잠재고객이 인터넷에서 검색 엔진이나 광고 등을 통해 들어와 최초로 보게 되는 판매자의 웹페이지 — 옮긴이) 제작 소프트웨어를 정말 잘 만들었지만, 이 틈새시장에는 이미 카테고리의 왕이 있었다. 우리에겐 정말 좋은 마케팅 자동화 소프트웨어가 있었지만, 이 시장에도 이미 카테고리의 왕이 있었다. 이메일 마케팅이나 분할 테스트 등도 마찬가지였다. 이들 틈새시장 모두 이미 카테고리의 왕이 있었다. 그래서 우리는 '세일즈 퍼널'이라는 우리만의 카테고리를 만들었고, 덕분에 곧 카테고리의 왕이 되어 시장의 다수를 차지하게 되었다.

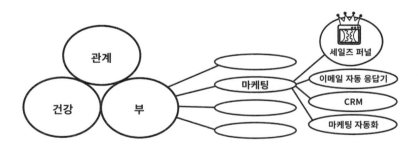

도표 3-4 다른 사람의 블루오션 틈새시장에 합류하는 대신 나만의 카테고리를 만들어 카테고리의 왕이 되자!

지금까지 기업들은 자신의 몫을 차지하려고 시장에 뛰어들어 치열하게 경쟁했지만, 지금은 단지 남은 찌꺼기를 놓고 싸움을 벌이고 있다. 내 마지막 질문은 다음과 같다.

당신은 어떤 새로운 카테고리를 만들어서 그 분야의 왕이 될 수 있는가?

당신의 목표는 하부 시장 안에서 틈새시장을 찾아내 새로운 시장을 만들 수 있는지를 보는 것이다. 다음 장에서 우리는 어떻게 하면 새로운 기회를 만들 수 있을지를 알아내는 데 더 많은 시간을 투자할 것이다.

시장 선택과 포지셔닝

이 책의 초판을 출간하고 나서 나는 전 세계 수천 개 기업을 대상으로 이러한 개념을 더 깊이 파고드는 강연 행사를 시작했다. 앞서 소개한 스티브 J 라슨은 대다수 강연에서 나와 함께했다. 사람들이 시장을 이해하기 어려워하자 스티브는 시장 선택과 포지셔닝을 더 잘 설명해주는 프레임워크를 개발하기 시작했다. 이 책에서 그의 프레임워크를 공유할 것이다. 스티브가 말한 대로 마케팅 포지셔닝을 올바로 한다면 퍼널과 영업 능력이 C 혹은 D 등급이라 할지라도 실패하는 일은 거의 없을 것이다.

스티브 J 라슨이 말하는 시장 선택의 비결
(이하의 내용은 라슨이 직접 설명한다.)

2014년 러셀 브런슨과 토드 디커슨, 딜런 존스가 클릭퍼널스를 만들었는데, 그들보다 먼저 동일한 시도를 한 사람들이 있었다. 그동안 여러 사람이 세일즈 퍼널 환경에서 드래그앤드드롭 에디터를 개발하려 했다. 하지만 러셀, 토드, 딜런 세 사람은 각자 자신만의 재능이 있었고 활기가 넘쳤다. 다른 사람들의 실패를 딛고 개발에 성공하면, 다음에는 새 소프트웨어를 파는 방법을 배워야 했다.

사람들은 대부분 클릭퍼널스가 실패할 뻔했다는 사실을 알지 못한다. 소프트웨어가 좋지 않아서가 아니라 새 소프트웨어를 파는 방법을 몰랐기 때문에 그들은 실패할 뻔했다. 러셀은 클릭퍼널스를 출시하려고 여섯 차례 시도한 끝에 파는 '방법'을 배웠다고 말했다. 여섯 번째 시도에서 러셀이 시장 포지셔닝을 제대로 하자 주변에 있는 레드오션 고객들의 불만이 눈에 보였고, 러셀은 그들에게 새로운 기회를 주었다.

이제 클릭퍼널스가 작동하는 방식 이면에 있는 세부 사항을 설명하겠다. 그다음에는 이미 진입한 시장에서 러셀이 고객을 찾기 위해 사용한 원칙과, 그리하여 역사상 가장 빠르게 성장한 소프트웨어 기업의 성장 과정을 설명할 것이다.

○ **시장은 사람이 아니라 장소다**: 당신이 어부라고 해보자. 당신은 큰 마을에서 떨어진 곳에 살고 있다. 잠에서 깨어, 오두막을 나와, 샌들을 신고, 오늘 팔아치울 생선이 담긴 양동이를 손에 든다. 산기슭에는 오두막이 가득하다. 가족들은 당신이 생선을 팔아 돈을 손에 쥐고 오리라 믿는다. 마을들은 상당히 멀리 있어서 자리를 잡고 생선을 팔 시간을 고려하면 오직 한 군데밖에 들를 수 없다. 그렇다면 생선 양동이를 들고 어디로 갈 것인가? 여러 상황을 염두에 두고 이 질문을 했는데, 사람들은 대부분 이렇게 대답했다.

"사람이 가장 많은 데로 가죠!"

맞는 말이다! 습관적으로 사람들이 많이 찾는 장소로 가면 된다. 이를 시장이라고 하는데, 구매자와 판매자가 만나서 재화와 서비스를 교환하는 곳이다.

인터넷은 다르다고 생각한다면 착각이다. 나는 마케팅 학위를 따는 동안 틈만 나면 이런 질문을 받았다. "누가 여러분의 표적 시장입니까?" 그러나 지금부터 소개할 사례에서 밝혀지겠지만, 시장은 사람이 아니다. 시장은 장소다.

예를 들어 아내와 나는 아이다호주의 보이시에 있는 클릭퍼널스 본사에서 남쪽으로 5킬로미터 정도 떨어진 데 산다. 우리는 토요일 아침에 일어나 세 아이를 차에 태우고 보이시 농산물 시장에 여러 번 갔다.

내가 하려는 말을 알아듣겠는가? 우리는 그 자체로 시장이 아니다. 상인들에게 꿈의 고객으로서 농산물 시장으로 간 것이다. 당신이 해야 할 일은 먼저 누가 당신의 꿈의 고객인지 알아내는 것이다. 그후에 그들이 돈을 내고 제품이나 서비스(온라인 혹은 오프라인)를 교환하는 곳을 찾아라. 누가 꿈의 고객이고 꿈의 고객이 어디로 가는지 명확히 알아야 한다. 바로 이것이 효과적인 마케팅의 지름길이다.

그러므로 "누가 시장입니까?"가 아니라 "어디가 시장이고 누가 이 시장의 꿈의 고객입니까?"라고 물어야 한다. 예를 들어 클릭퍼널스는 나의 개인 시장이고, 나의 꿈의 고객은 이미 클릭퍼널스를 사용하고 있는 기존 기업인들이다. 고객을 찾아 마을을 이리저리 돌아다니지 않

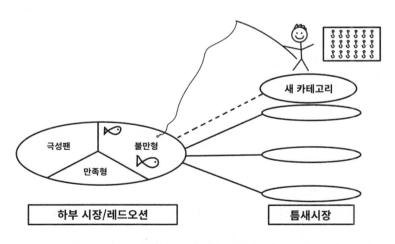

도표 3-5 아직 나만의 시장을 만들지 못했다면 하부 시장의 불만이 가득한 고객에게 가라.

더라도 같은 시장에서 단지 꿈의 고객의 욕구만 충족시킨다면 수익성은 더 높아질 것이다.

당신의 최종 목표는 당신만의 시장을 만드는 것이지만, 시간이 필요하다. 그렇다면 그런 시장이 생기기 전까지 어디로 가야 하는가? 당신의 꿈의 고객이 이미 존재하는 하부 시장/레드오션에 가서 불만 있는 고객들에게 팔아야 한다.

○ 레드오션에서 물고기 잡기: 모든 레드오션은 특정한 문제의 해결책을 찾기 위해 모여든 사람들로 가득한 시장이다. 당신이 그들에게 새로운 방법을 제공한다면, 이 고객들을 새로운 카테고리, 즉 블루오션으로 데려가는 것이 바람직하다고 생각하지 않는가? 먼저 이해해야 하는 것은 레드오션에 있는 사람들이 모두 당신에게 오진 않는다는 점이다. 하지만 이건 문제가 되지 않는다. 모든 시장에는 세 가지 핵심 부류의 사람들이 있고 우리는 그들 가운데 한 집단만 목표로 삼을 것이다.

첫 번째 집단은 **극성팬**이다. 현재 사용하는 제품에 대한 믿음이 너무 깊어서 이마에 제품 로고를 문신으로 새겨 넣을지도 모를 사람들이다. 이런 극성팬에게 물건을 팔려는 행위는 응원하는 팀이 서로 다른 두 사람과 함께 축구를 보려고 앉아 있는 것과 같다. 두 사람이 자기네 팀이 더 잘한다고 서로 우기는 상황에서 말이다. 승자는 없고 모두 열만 받는다.

퍼널과 제안을 통해 수천 개 기업을 코칭한 내가 가장 흔히 보는 오류인데, 사람들은 극성팬을 대상으로 광고 카피를 쓴다. 나는 클릭퍼널스의 극성팬이다. 아무리 설득해도 나는 계속 클릭퍼널스만 쓸 것이다. 나는 클릭퍼널스의 사명에 전적으로 동감하기 때문에 내 관에 클릭퍼널스 로고라도 붙일 수 있다.

나는 누가 나한테 다른 무언가를 써보라고 권할 때가 정말 좋다. 두 가지 이유 때문이다. 첫째, 나는 다른 어떤 선택지가 있는지 모른다. 둘째, 나는 나한테 다른 것을 쓰게 하려는 사람과 싸우기를 좋아한다.

바로 이것이 요점이다. 서비스할 시장을 선택할 때 해당 시장의 극성팬에게는 물건을 팔 생각을 하지 말자. 이건 헛수고다. 비용도 많이 든다. 극성팬들은 자기들이 사용하는 제품과 사랑에 빠져 있기 때문에 다른 선택지가 있다는 사실을 모를 수도 있을뿐더러 싸우길 좋아한다.

극성팬에게 물건을 팔려는 시도는 한바탕 전쟁을 시작하는 거나 다름없다. 극성팬이 새로운 제품을 사용하게 하려면 정체성의 대 변화가 필요하다.

다음 집단은 **만족하는 사람들**이다. 만족하는 사람들은 제품을 사용하지만 극성팬과 달리 사랑에 빠지지는 않는다. 그들은 해당 제품을 계속 곁에 둘 만큼 충분히 만족스러운 결과를 얻었다. 새로운 제품으로 바꿀 때 느낄지 모를 고통이 현재 제품을 계속 사용하면서 느끼는 불편함보다 크다고 생각할 수 있다.

일반적으로 사람들은 대부분 이 카테고리에 해당된다. 그들은 만족하지만 광팬은 아니다. 만족하는 사람들이 당신의 물건을 산다면, 가격을 알아보고, 당신이 내놓은 제안의 가치를 일일이 따져보고, 당신 제품으로 바꾸기까지 시간이 얼마나 걸릴지 가늠해본다. 그들이 기존 제품을 버리고 당신의 새 제품을 사게 하려면 가격이 상당히 싸거나 가격에 비해 큰 혜택을 주어야 한다.

마지막 집단은 우리가 가장 중요하게 여기는 **불만 있는 사람들**이다. 이 사람들 역시 현재 구입한 제품을 사용은 하지만, 싫어한다. 물건에 만족할 때도 있었지만 지금은 불만이 너무 많아서 기꺼이 새 제품을 들이려고 한다. 그들은 능동적으로 자신들의 욕구를 채워줄 더 나은 제품을 찾아 나선다. 또한 구매 주기가 가장 짧고, 제품 소개를 마치기도 전에 돈을 지불하려는 경우가 많다.

대체로 불만 있는 사람들은 다른 제품이 있는지 몰라서 선택지가 아예 없다고 느낄 수 있다. 이들이 당신의 꿈의 고객이다. 이들은 물건을 산 뒤에 당신 제품을 간절히 원했던 것처럼 행동한다.

불만이 많은 사람에게 무언가를 팔려고 한다면 그가 지금 사용하는 제품의 단점들을 (딱히 물은 적 없더라도) 나열하면 된다. 불만형 고객이 새로운 제품을 사용하게 하려면 그들을 찾아가 신뢰를 얻고 약간의 교육을 해야 한다.

나는 첫 제품을 팔면서 많은 고객이 극성팬이나 만족형 고객임을 깨달았다. 그들을 만족시키기가 너무 어려웠다. 먼저 불만형 고객에게 판매하기로 했다면 훨씬 즐거운 비즈니스 경험과 좋은 고객들을 얻었을 것이다.

○ **경쟁 혹은 보완:** 당신이 내놓는 제안은 이미 존재하는 시장의 기존 제안과 경쟁하거나 이를 보완해줄 것이다.

· **경쟁:** 데이비드 오길비는 1900년대에 활동한 유명 광고인으로 '광고의 아버지'라 불렸다. 1950년대에 세면도구 회사 도브는 오길비에게 새로운 비누 판매를 맡겼다. 처음에 주저하던 오길비는 도브가 자신이 생각하지 못했던 방식으로 새 비누를 포지셔닝해 판매할 거라는 말을 듣고는 일을 받아들였다.

오길비는 직접 연구하고 광고 카피를 쓴 다음 "비누가 아니다, 도브다!"라는 태그라인으로 신제품 출시를 도왔다. 근데, 잠깐. 도브는 비누잖아. 그런데 왜 이 광고가 성공했을까? 한 문장으로 도브는 경쟁적인 '비누' 시장에서 벗어나, 그 시장에 있던 사람들에게 자사 제품을 팔았다. "비누가 아니다, 도브다!" 도브는 일반 비누 시장에 돌을 던지며 모든 사람에게 거길 떠나 도브로 가라고 말한 것이다.

그런 다음 오길비는 모두에게 도브는 원래 보습제지만 비누처럼 깨끗하게 씻어주는 효과도 있다고 했다. 따라서 보습제를 구매하면서 비누 효과도 누리게 된다는 것이다. 정말 영리하다.

시장 포지셔닝이란 사람들이 이미 알고 있는 것에 당신을 '끼워 맞추는' 방법을 말한다. 사람들은 이미 비누가 무엇인지 알았고 오길비는 그것을 공략했을 뿐이다. 이를 '경쟁적 시장 포지셔닝 competitive market positioning'이라고 부른다.

· 보완: 1900년대 초반에는 아무도 오렌지 주스를 마시지 않았다. 그런 게 없었기 때문이다. 오렌지 주스는 '현대 광고의 아버지'라 불리는 앨버트 래스커가 만들었다. 캘리포니아의 과일 재배자와 거래소는 한 가지 중대한 문제를 해결하기 위해 앨버트에게 연락했다. 오렌지 나무를 베어버려야 할 정도로 그해에 오렌지가 너무 많이 생산된 것이다. 앨버트는 오렌지 소비를 급격히 늘리는 임무를 맡았다.

앨버트는 맨 먼저 회사 이름을 선키스트로 바꿨다. 오렌지에서 나오는 과즙을 사람이 마실 수 있고 이 주스 한 잔에 오렌지 두세 개가 들어간다는 사실을 알아낸 앨버트는 오렌지 주스 마시기가 건강한 미국인의 아침 식사 루틴으로 인식되도록 하는 일에 착수했다.

선키스트에서는 '오렌지 착즙기'를 만든 다음, 고객에게 한 가지를 제안했다. 10센트만 있으면 오렌지 착즙기를 살 수 있고 공짜로 오렌지 한 봉지를 받을 수 있다는 것이었다! 효과가 뛰어났다. 쌓인 재고가 사라졌으며 기업이 살아남았다. '오렌지를 마시자'라는 캠페인은 오늘날까지 실시되는 중이다.

당신은 앨버트가 새 오렌지 착즙기를 팔기 위해 어떻게 '보완적 시장 포지셔닝complementary market positioning'을 이용했는지 이해했는가? 그는 오길비처럼 기존 상품을 비판하는 대신 보완하는 제품을 만들었다.

내가 이 이야기를 꺼낸 이유는 많은 사람이 새로운 시장을 만들기 위해서는 기존 시장에 돌을 던지는 방법밖에 없다고 믿기 때문이다. 결코 사실이 아니다.

시장 포지셔닝의 이러한 기본 원칙이 어떻게 도움이 되는지 알겠는가? 시장이 사람이 아니라 장소임을 이해하고 레드오션에서 현재의 기회에 불만인 사람들을 낚아 올려 새로운 기회를 제공하라.

이는 클릭퍼널스가 여섯 번째 출시 만에 성공을 일궈낸 비결이다. 러셀은 클릭퍼널스의 포지션을 경쟁적인 웹사이트 시장으로 설정했다. 이제 영업팀은 불만이 많은 웹사이트 사용자들을 대상으로 더 좋은 방법이 있다며 알리고 다녔다. 새로운 세일즈 스크립트의 태그라인은 불만 가득한 웹사이트의 사용자들에게 '웹사이트의 죽음'을 경고하며 비효율적인 웹사이트와 세일즈 퍼널을 비교했다.

훌륭한 시장 포지셔닝 태그라인은 고객들이 기존에 알고 있는 것에 당신의 제품이 얼마나 적합한지 말해줄 뿐 아니라 "비누가 아니다, 도브다!" 같은 자연스러운 영업 메시지를 창출한다. "웹사이트가 아니다, 퍼널이다!"는 웹사이트 시장에 대한 경쟁 선언으로 들린다. 그리고 웹사이트 시장은 퍼널 시장을 구축했다.

단언컨대 클릭퍼널스는 기술의 힘을 다시 기업가에게 돌려줌으로써 세상을 바꾸었다. 하지만 기업가들이 '기술자'가 될 필요는 없었다. 클릭퍼널스 덕분에 기업가들은 다시 마케터가 되었다.

성공하지 못한 제품 중에는 지금 보아도 훌륭한 것이 많다. 문제는 제품이 아니다. 문제는 기업주들이 자신의 회사에서 팔려는 것이 무엇인지, 어디서 살 수 있는지 모르고, 어떤 유형의 시장 포지셔닝을 할지도 전혀 생각하지 않는다는 점이다. 꿈의 고객을 선정하고, 시장을 선택하고, 포지셔닝을 개발한다면 내가 처음 34가지 제품을 판매하려 했을 때보다 훨씬 탄탄하게 기반을 다질 수 있을 것이다. 나는 지금까지의 설명에 따라 마케터가 되는 방법을 깨닫고 나서야 지갑이 두툼해지기 시작했다. 지니어스 네트워크의 설립자 조 폴리시가 이미 말한 바 있다.

"아무거나 그냥 잘해서는 돈을 벌지 못한다. 돈을 벌려면 마케팅을 잘해야 한다."

과제 수행하기

나(러셀)는 시장 선택과 포지셔닝을 이야기할 때 스티브의 아이디어를 즐겨 공유한다. 꿈의 고객을 막연히 추측해서 찾지 않아도 되기 때문이다. 이 점을 이해하면 재빠르게 꿈의 고객을 식별하고 새로운 카테고리로 데려오는 데 도움이 된다.

몇 년 전 부동산 투자에서 큰 성공을 거둔 사람이 코칭 프로그램에 가입했다. 부동산 전문가가 되어 사람들에게 자신이 아는 바를 가르치고 싶다는 것이었다. 나는 신이 났다. 비록 부동산 시장에서 일하지는 않지만 이 시장에서 일하는 친구가 수십 명 있었기 때문이다. 하지만 그는 내 친구들과 관련 업계 관계자라면 누구나 알 법한 사람들을 전혀 알지 못했다. 나는 당신이 일하는 시장에 대해 내가 더 잘 안다면 문제가 있다고 말했다. 그런 다음 이 시장에서 일하는 20~30명의 전문가를 찾아 그들이 제공하는 것을 모두 사용해보고, 가르치는 바를 이해하고, 그러한 생태계에서 자신만의 장소를 개척할 수 있는지 알아보라는 과제를 내주었다.

사업을 시작하려는 사람은 정말 많다. 한데 그들은 해당 시장의 역사가 어떻게 되는지, 경쟁의 생태계는 어떠한지, 그곳에서 일하기 적합한 영역은 어디인지 이해하지 않고 무턱대고 시작한다. 진정 성공하고 싶다면 앞서 말한 과제를 수행한 다음, 진입해서 당신만의 카테고리를 만들 수 있는 시장을 이해해야 한다. 일단 이해하고 나면 불만이 많은 꿈의 고객들이 지금 어디에 모였는지 손쉽게 알아낼 수 있을 것이다.

새로운 기회
(나만의 제안)

새로운 기회

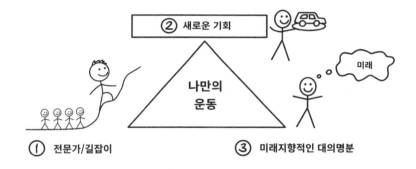

도표 4-1 전문가 되기의 두 번째 단계는 새로운 기회를 만드는 것이다.

2001년 10월 23일 애플의 '매력적인 캐릭터' 스티브 잡스는 디지털 음악 시장이라는 새 카테고리를 만들어 문을 열었다. 그는 음악 산업(그가 구축하고 있는 카테고리가 속한 하부 시장)을 개혁하고 싶은 전 세계의 모든 사람을 향해 이 하부 시장에 있는 틈새시장에 대해 말했다. 10~15곡을 담을 수 있는 CD, 150곡 정도를 담을 수 있는 MP3 플레이어, 약 1000곡을 저장할 수 있는 무거운 하드 드라이브 이야기였다.

그때 잡스는 역사적으로 모든 운동의 모든 리더가 했던 일을 했다. 그들에게 '개선안'(더 좋고 더 빠르고 등등 '더'라는 단어로 범벅이 된)을 제시하지 않았다. 대신 새로운 카테고리를 만들어 우리가 말하는 '새로운 기회'를 제안했다.

그는 사람들이 좋아하는 음악을 어디서나 듣게 하는 것이 목표라고 말했다. 그러더니 뒷주머니에서 최초의 아이팟을 꺼내 세상에 공개했다. 이로 인해 잡스의 새 카테고리가 탄생했고, 음악 업계가 영원히 변화했으며, 애플은 카테고리의 왕이 되었다.

잡스는 또 다른 새 카테고리(스마트폰)를 만들 때 이와 똑같은 패턴을 따랐다. 그리고 애플의 '새로운' 카테고리를 세상에 알렸다. 바로 아이폰이었다. 훗날 그는 아이패드로 또 다른 새 기회를 만들었다.

잡스는 소비자들이 더 빠른 CD나 더 좋은 전화기를 찾지 않는다는 사실을 알았다. 소비자들은 새로운 무언가를 원했고, 그는 만들어주었다.

역사를 통틀어 성공적인 운동(긍정적이든 부정적이든)을 연구해보면 리더들은 모두 추종자들에게 새로운 기회를 제공했다.

그리스도는 추종자들에게 모세의 율법을 따를 더 좋은 방법을 제공하지 않았다. 그는 옛 약속이 아니라 새 약속을 제시했다. 이제는 동물을 제물로 바치고 율법을 따른다고 구원을 얻지 못했다. 잘못을 깊이 뉘우치고 회개해야 했다.

히틀러는 독일인들에게 더 잘 살거나 전쟁배상금을 빨리 갚는 방법을 제안하지 않았다. 독일은 제1차 세계대전에 책임이 없으며, 베르사유 조약을 갈기갈기 찢어버리고 자신이 제시하는 '새로운 질서'를 구현하자고 말했다.

테슬라도 이런 기업이다. 매력적인 캐릭터 일론 머스크가 만든 상품은 더 좋은 자동차가 아니다. 새 카테고리이자 새로운 기회인 전기자동차다. 페이스북의 마크 저커버그, 구글의 래리 페이지와 세르게이 브린도 그들이 속한 하부 시장에서 같은 일을 했다. 스냅챗의 에번 스피걸과 트위터의 잭 도시도 새 카테고리를 만들어 새로운 기회를 제공했다. 토니 로빈스도 자기계발 콘텐츠를 이용해 같은 일을 했고, 세일즈 퍼널을 이용한 나 역시 마찬가지다. 패턴은 계속 반복된다.

『맹신자들』에서 철학자 에릭 호퍼는 이렇게 썼다. "실용적인 조직은 자기계발 기회를 제공한다. (…) 대중운동의 목적은 소중한 자아를 강화하고 발전시키는 게 아니다. 원치 않는 자아를 없애버리려는 마음이 간절한 사람들이 이에 반응한다."

우리는 작동하지 않는 것을 고치기보다는 완전히 다른 무언가로 바꾸려 한다.

사람들은 어떤 제품이나 서비스를 제공하려 할 때 세상에 이미 존재하는 것을 둘러보기 시작한다. 그리고 '매력적인 신제품을 만들기 위해' 노력한다. 하지만 그들이 제공하는 것은 사실 새로운 기회가 아닌 개선안이다. 누군가 이미 장악해버린 시장에 뛰어들어 함께 헤엄치는 상어 중 하나가 되어 그냥 먹다 남은 찌꺼기를 놓고 다투게 될 뿐이다.

당신만의 카테고리를 만들어 추종자들에게 새로운 기회를 제공한다면, 카테고리의 왕이 되어 그들의 삶에 커다란 영향을 미치게 될 것이다.

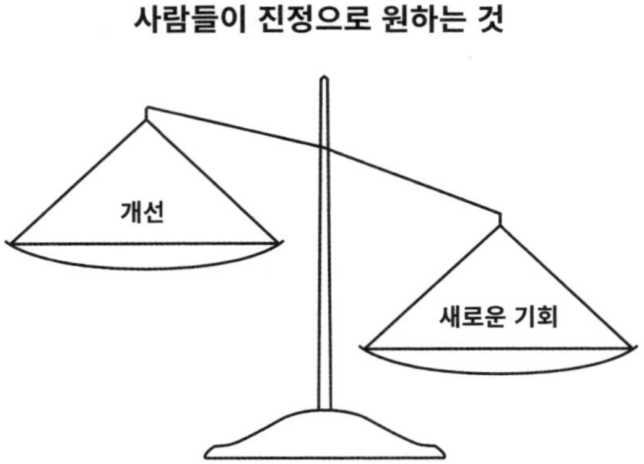

사람들이 진정으로 원하는 것

도표 4-2 누군가의 제품이나 서비스를 개선하려고 노력하기보다는 경쟁에서 자신을 차별화하는 나만의 기회를 만들어야 한다.

왜 사람들은 개선안을 원하지 않는가

개선안은 여러 이유로 환영받기가 어렵다. 다음은 사람들이 어떤 희생을 치르더라도 개선을 피하려고 하는 몇 가지 주요한 이유다.

○ **개선은 어렵다**: 사람들은 대부분 무언가를 개선하려고 노력한 적이 있다. 하지만 몇 가지 이유로 성공하지 못했다. 살을 빼고, 돈을 벌고, 관계를 좋아지게 하려고 노력했지만 알 수 없는 이유로 성공하지 못했다. 사람들은 어려움을 겪었을 뿐만 아니라 고통을 받았다.

새로운 기회를 경험하면 사람들은 이런 과정이 어떻게 진행될지 알지 못한다. 따라서 결과를 얻기까지 이미 알려진 고통을 경험하지 않아도 된다. 다음은 『맹신자들』에 나오는 또 하나의 멋진 문장이다.

[여러분의 고객은] 거대한 사업을 수행하는 어려움을 전혀 몰라야 한다. 경험은 불리한 조건이다.

○ **욕망 대 야망**: 누구에게나 욕망이 있지만, 야망이 있는 사람은 드물다. 추측건대 전체 인구 중 야망이 있는 사람은 2퍼센트 이하일 것이다. 개선안은 성취욕이 강하거나 야망이 넘치는 사람에게나 환영받는다. 개선안을 팔아야 한다면 자동으로 전 세계 인구의 98퍼센트는 고객에서 제외된다. 상당히 힘겨운 싸움이다. 반면 새로운 기회는 인생을 살면서 사람들이 원하는 변화의 욕망을 이용한다.

○ **과거의 잘못된 결정에 대한 기억**: 개선이 필요하다면 먼저 지난 실패를 받아들여야 한다. 당신의 제안을 수락하려면 과거의 선택이 잘못되었다는 사실을 인정해야 한다. 하지만 자기 잘못을 인정하고 싶은

사람은 없다. 그런데 개선안은 그들이 실패했음을 받아들이라고 말한다. 이 책의 초반부에 소개했던 『한 문장으로 설득하는 법』을 기억하는가? 우리는 고객들이 과거에 저지른 실패를 정당화하고 싶다. 새로운 기회는 그렇게 해준다.

○ **상품 가격 책정**: 지금 개선안을 팔고 있다면 당신은 세상에 있는 수십·수백 가지의 다른 개선안과 싸우는 것이다. 비슷한 상품을 파는 수많은 사람과 경쟁하면서 붉디붉은 레드오션 한복판에서 벗어나지 못하는 상황이다. 이러한 경쟁은 당신 제품을 흔하디흔한 상품으로 바꾸고 가격을 곤두박질치게 한다.

댄 케네디가 내게 이런 말을 한 적이 있다. "당신이 속한 시장에서 최저가가 아닌 두 번째로 낮은 가격은 전략적인 우위를 결코 차지할 수 없다. 하지만 가장 비싼 가격은 어마어마한 이점이 된다." 즉, 가장 싸게 팔지 못한다면 가장 비싸게 팔아야 한다는 말이다. 레드오션에서 싸울 때는 비싼 가격에 팔 수 없다. 그러나 새로운 기회를 제공하고 있다면, 당신은 블루오션을 만드는 중이며 여기서는 가격 저항도 나타나지 않는다.

그런데 사람들이 개선안을 원치 않는 가장 큰 이유는 뭘까? 이는 매우 중요하기 때문에 따로 설명해야 할 것 같다. 사람들이 개선된 제품을 원하지 않는 중요한 이유, 그리고 사람들이 그것을 구매 혹은 불매하는 이유는 '지위'다.

지위: 사람들을 움직이게 (또는 움직이지 않게) 하는 유일한 것

몇 년 전, 마케팅 전략가 페리 벨처가 이 개념을 설명해주었다. 나는 이를 이해하고는 바로 사람을 대하는 방식을 바꾸었다. 그는 지위야말로 사람들이 나를 향해 움직이거나 전혀 움직이지 않는 유일한 이유이라고 말했다. 맞다. 지위는 이 업계에서 마법의 주문이다. 사람들은 기회가 주어졌을 때 무의식 중에 다음과 같은 질문의 답을 열심히 궁리한다.

지금 내가 고려하는 것은 내 지위를 높여줄까, 아니면 깎아내릴까?

도표 4-3 제품이나 서비스를 사람들이 구매하길 원하는가? 그렇다면 그것들이 어떻게 지위를 높이는지 보여주라.

여기서 지위란 실제로 남이 나를 어떻게 인지하는가와 전혀 관계가 없다. 오히려 스스로를 어떻게 인지하는가와 관련이 있다.

인생의 모든 선택은 거의 지위를 중심으로 이루어진다. 예를 들어, 당신은 어느 학교를 다녔는가? 당신이(혹은 당신의 부모가) 그 학교를 선택한 이유는 지위를 높여주기 때문이다. 데이트 상대는? 헤어진 사람은? 누구와 결혼했는가? 당신은 누가 내 지위를 높여줄 것인가라는 기준에 따라 이들을 선택했다. 당신은 아이들을 어떤 학교에 보내는가? 어떤 책을 읽는가? 어떤 차를 타고 다니는가? 어떤 차는 타지 않는가? 이러한 모든 것이 지위와 연관된다.

지위 향상

도표 4-4 마케팅을 할 때는 핵심 시장 한 곳 혹은 한 가지 욕망에만 집중해야 하며, 당신이 상품이나 서비스로 고객의 지위를 향상할 수 있는지에 초점을 맞춰야 한다.

우리가 어떤 기회를 찾는다면, 그것이 우리를 더 똑똑하고, 행복하고, 가진 것이 많고, 우아하고, 영향력이 있고, 매력적으로 보이게 하는지 판단해야 한다. 이 모든 것이 지위를 향상시킨다. 소비자들이 "그래, 이건 내 지위를 향상시킬 거야"라고 생각하면 손에 넣기 위해 움직일 것이다.

그렇다면 사람들이 새로운 기회를 잡지 않는 이유는 무엇일까? 역시 지위 하락에 대한 공포 때문이다. '이걸 샀는데 내 지위가 떨어지면 어떡하지? 무기력한 기분이 들 거야.' 이런 생각은 판매를 감소시킨다. 우리 뇌는 늘 이처럼 갈등을 조정한다. 지위가 향상되기를 바라는 마음과 지위가 하락할까 두려워하는 마음이 균형을 이루는 것이다. 다이어트 비결을 팔고 있는데, 이미 스물일곱 가지나 되는 다이어트 방법을 선택했지만 실패한 사람이 있다고 해보자. 그는 새로운 방법을 시도하기가 매우 두려울 것이다. 이 사람에게 다이어트 비결을 팔기란 아주 힘들다.

어떤 행동이 지위를 떨어트린다고 생각한다면, 뇌는 그 일을 하지 않겠다고 판단할 것이다. 일시적으로 지위가 떨어지더라도(새로운 기회를 잡기 위해 돈을 쓰느라) 언젠가 향상한다는 희망이 없다면 말이다. 우리 뇌는 항상 이렇게 묻는다. "하락이 일시적일까? 그렇다면 언젠가 다시 지위가 높아질까?"

지위 하락

도표 4-5 우리 뇌는 지위가 하락할 수도 있는 기회를 멀리하려고 끊임없이 애쓴다.

사람들이 당신을 찾아와 제안을 받으려 한다면 그것이 문제를 해결하려는 첫 번째 시도는 아닐 것이다. 그들은 살 빼기나 돈벌이를 비롯해 어떤 문제든 해결하려 했을 것이다. 여기서 엄청난 두려움이 밀려온다. '만일 이 전문가에게 1달러 혹은 1만이나 10만 달러를 투자했음에도 아무런 효과를 얻지 못한다면 어쩌지? 내가 정말 멍청해 보일 거야. 돈을 잃거나, 실수를 저지르거나, 인간관계를 해치든가 아예 무너 트리거나, 친구나 동료들 앞에서 창피를 당하겠지. 아내와 자식들도 날 바보라고 생각할 거고.'

누군가 5만 달러짜리 내 이너서클 프로그램에 투자한다면 큰돈이 수중에서 사라지면서 곧 지위가 하락할 것이다. 하지만 우리 회원들은 일시적인 지위 하락을 감수하며 이너서클에서 배우고 성취함으로써 지위가 상승하리라는 사실을 알고 있다.

사람들은 성공 가능성 및 성공으로 인해 상승한 지위를, 실패 위험 성 및 여기에 들인 비용과 저울질할 것이다. 당신이 전문가로서 해야 할 일은 저울 눈금에서 지위 상승이 차지하는 비율을 보여주고 실패 위험성을 낮춰주는 것이다. 이를 위해서 몇 가지를 고객에게 제안할 수 있다. 환불 보장, 리스크 리버설(주가 변동을 예측하여 풋옵션·콜옵션으로 위험을 회피하는 투자 전략 — 옮긴이), 돈포유done for you, DFY 옵션(고객이 방법 을 배워서 직접 문제를 해결하는 DIYdo it yourself와 대비하여 전문가에게 모든 작업을

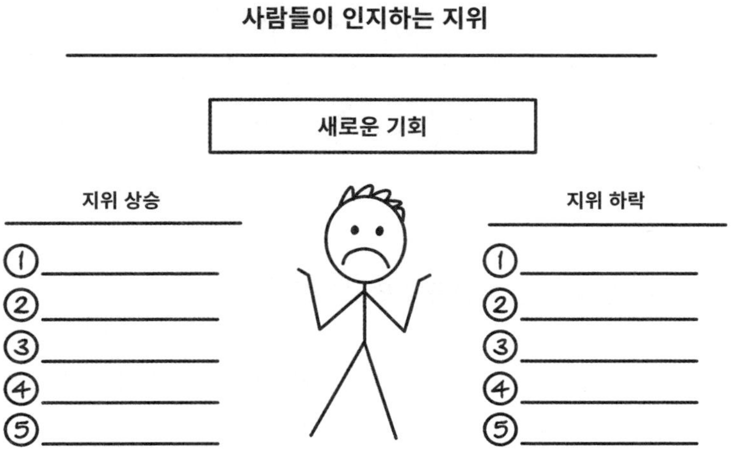

사람들이 인지하는 지위

도표 4-6 당신이 해야 할 일은 지위 상승 요인을 보여주고 돈포유와 환불 보장 등을 제 안하여 지위 하락을 최소화하는 것이다.

위임하는 것 ― 옮긴이) 등으로 고객은 위험을 최소화한다.

그렇다면 어떤 요인이 지위를 높여주는가? 사람에 따라 다르지만, 다음은 아주 보편적인 몇 가지 요인이다.

- 지성적인 외모(사람이 똑똑해 보임)
- 부, 권력, 행복이 드러나는 외모
- 신체(체중 감량, 메이크업, 보조제 등)
- 스타일(맥북과 데스크톱의 차이를 생각해보라)

당신은 이렇게 생각할지도 모른다. '나는 지위에 영향을 받지 않아. 나는 합리적인 가격대의 차를 운전하면서 검소한 집에서 살지.' 만일 그렇다면 한 가지 질문을 하겠다. 왜? 왜 여러분은 합리적인 가격대의 차를 운전하길 좋아할까? 어느 날 페라리를 몰고 귀가하면 친구나 가족, 이웃 사람들이 뭐라고 하지 않을까 두렵지는 않은가? 그들이 손가락질한다는 사실이 당신의 지위에 얼마나 큰 영향을 미치는가?

지위는 양극단에서 작용한다. 그래서 재산을 늘리려고 싸우는 사람이 있는 반면, 돈 보기를 돌멩이같이 하는 사람도 있다. 인정하기 싫다 해도 우리는 '다른 사람들이 나를 이렇게 생각할 거야'라는 자신의 믿음에 매달린다.

왜 인간은 새로운 기회를 갈망하는가

이제 왜 개선안이 효과가 없는지 알게 되었다. 그렇다면 새로운 기회는 왜 효과가 있는 걸까?

○ 새로운 발견: 새로운 기회를 처음 발견하면, 사람들은 공유하고

싫어 한다. 자기 지위가 향상되기 때문이다. 유튜브나 페이스북 영상들이 입소문이 나는 경우를 생각해보라. 이면에서는 어떤 일이 벌어질까? 나는 유명 동영상을 만드는 팀과 일을 한 적이 있다. 그들은 멋지고 새로운 영상일수록 많이 공유된다는 사실을 발견했다. 사람들은 얼른 친구들에게 그런 영상을 보여주길 원하기 때문이다. 새로운 발견은 결국 지위를 높여준다.

○ **단절되는 고통이 없다**: 과거에 잘못된 결정을 내렸음을 인정할 필요가 없어서 현재 하는 일에서 단절되는 어마어마한 고통을 더 이상 겪지 않는다. 완전히 새로운 무언가로 옮겨 타기만 하면 된다. 단절의 고통이 없다는 말은 지위 하락이 없다는 말과 같은 뜻이다. 고객이 개선안을 살 경우 고통받지만, 새로운 기회는 고통 없이 살 수 있다.

○ **꿈의 교체**: 많은 사람이 간절히 변화하길 원하지만 그렇게 하기기 힘든 이유는 실패에 대한 두려움 때문이다. 변화를 시도해봤자 소용이 없다면 사람들은 꿈을 잃어버린다. 그리하여 꿈을 잃을까 두려워 자신을 기다리고 있을지도 모를 성공을 포기할 것이다. 새로운 기회란 곧 사람들이 다가갈 수 있는 새로운 꿈이다.

○ **남의 떡**: 모두들 "남의 떡이 더 커 보인다" 혹은 "남의 집 잔디밭이 더 푸르다"는 말을 수없이 들어보았을 것이다. 사람들에게 지금의 잔디밭도 충분히 푸르며 더 손볼 수 있다고 설득하는 대신, 그들을 울타리 너머로 데려가라. 그토록 선망했던 남의 잔디밭으로 말이다. 아무리 애써도 좋아지지 않는 무언가를 붙들고 더 좋게 만들려 하지 말고, 신선하고, 흥미롭고, 새로운 아이디어에 집중하여 당신을 따르게 하라.

어떻게 새로운 기회를 만들까?

지금쯤 모두가 새로운 기회의 창출이 얼마나 중요한지 깨달았기를 바라지만, 대부분의 사람들은 여기서 더 나아가지 못한다. 실제로 어떻게 새로운 기회를 만들 것인가? 당신이 이미 무언가를 팔고 있다면, 어떻게 이를 새롭게 포지셔닝하여 당신의 운동에서 새로운 기회로 창출할까?

1단계 꿈의 고객이 원하는 성과는 무엇인가?

첫 단계는 꿈의 고객과 함께 그들이 이루려는 성과를 보는 것이다. 나는 먼저 세 가지 핵심 시장 혹은 욕망을 보며 스스로 물을 것이다. "저들은 건강해지려는 걸까, 부자가 되려는 걸까, 관계를 맺으려고 하는 걸까?" 저들이 가장 간절히 바라는 성과는 무엇일까? 만일 꿈의 고객들과 함께 앉아 있다면 나는 이렇게 물을 것이다.

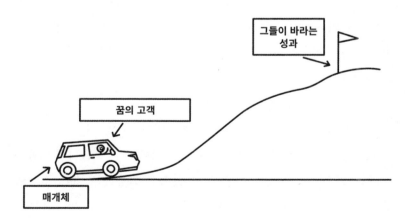

도표 4-7 새로운 기회를 만드는 일은 꿈의 고객이 바라는 성과를 얻는 새로운 방법을 만드는 것만큼이나 단순하다.

우리가 3년 후 지난 세월을 돌아보며 이 논의를 다시 이어갈 때, 개인적으로 나 직업적으로 만족하려면 어떤 발전을 이루어야 할까요?

『댄 설리번의 질문The Dan Sullivan Question』에 나오는 질문으로, 사람들이 진정으로 바라는 성과의 근원을 재빠르게 파고든다. 새로운 기회를 만들려면 꿈의 고객이 진정으로 원하는 것을 아주 깊은 수준까지 이해해야 한다.

> 과제: 꿈의 고객이 가장 간절히 바라는 성과가 무엇인지 알아내기 위해 대화한다.

2단계 꿈의 고객이 그러한 성과를 얻기 위해서 현재 이용하는 '매개체'는 무엇인가?

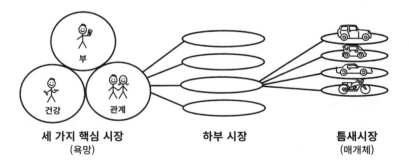

세 가지 핵심 시장　　　　　　하부 시장　　　　　　틈새시장
(욕망)　　　　　　　　　　　　　　　　　　　　　(매개체)

도표 4-8　당신의 꿈의 고객은 다른 매개체를 이용해서 원하는 성과를 얻으려고 시도했지만 그러한 매개체(틈새시장)는 효과가 없었다.

고객이 원하는 바를 아는 당신은 이제 그러한 성과를 얻으려고 현재 이용하는 '매개체'가 무엇인지 파악해야 한다. 그런데 누군가 특정한 성과를 거두려고 할 때 최초의 해결책이 당신의 제안일 가능성은 희박하다. 꿈의 고객은 이 길에 들어서기까지 문제를 해결하기 위해 다양한 시도를 했다.

꿈의 고객이 살을 빼려고 당신을 찾았다면 그게 첫 번째 시도는 아닐 가능성이 크다. 블로그 레이디보스에 따르면 일반적인 여성은 매년 다섯 차례 다이어트를 시도하지만 여전히 체중은 줄지 않는다. 추가 소득을 올리고 싶어서 이베이나 크레이그리스트, 아마존, 쇼피파이 등에서 물건을 팔아봤지만 성공하지 못한 사람도 있을 것이다.

관계나 다른 시장의 경우도 마찬가지다. 소비자들은 자신이 무엇을 원하는지 알고 있다. 이미 그런 결과를 얻기 위해 수십 차례 다른 매개체를 사용했다. 이렇게 생각해보자. 당신에게 오지 않은 사람들은 시작도 하지 않은 사람이다. 당신에게 온 사람들은 지금껏 이용한 매개체가 그들을 목적지까지 데려다주지 않았기에 당신을 찾아왔다.

> **과제:** 꿈의 고객이 정말 간절히 원하는 것을 얻기 위해 사용했던 매개체
> (성공하지 못한)를 모두 적으라.

3단계 기회의 전환

그런데 많은 전문가가 다른 매개체를 보고 '더 좋은', '더 빠른' 개선안을 만들려는 실수를 저지른다. 현재 매개체로 성공하지 못한 사람들은 이보다 더 좋은 버전을 원하지 않는다. 새로운 것을 원한다.

우리 회사는 세일즈 퍼널이라는 새로운 기회를 만들며 고객들이 회사를 키우기 위해 사용하는 매개체를 모두 살펴보았다. 상당히 많았다. 다음은 우리와 유사한 틈새시장에서 꿈의 고객들이 사용한 매개체들이다.

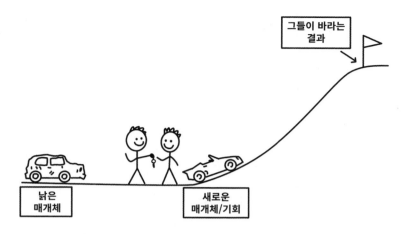

도표 4-9 꿈의 고객들이 이미 시도한 매개체를 개선하기보다는 완전히 새로운 매개체(새로운 기회)를 만들어서 제공하라.

- 웹사이트
- 이메일 자동 응답기
- 문자 메시지 자동 응답기
- 마케팅 자동화
- CRM(고객 관계 관리)
- 랜딩 페이지 빌더

나는 사람들에게 더 좋은 웹사이트를 제안하지 않았다. 대신 "웹사이트는 끝났다"라고 말했다. 이건 파산한 개념이라고 설명하며, 웹사이트 제작에 얼마나 많은 비용이 들어가는지, 이로 인해 얻는 수익은 얼마나 적은지 보여주었다. 그들이 회사를 성장시키기 위해 사용한 여러 매개체와 기회를 두고 비판을 퍼부으며 이건 당신들 잘못이 아니며 속은 거라고 말했다. 그리고 나서 퍼널을 소개하며 낡은 매개체를 내다버리고 새로운 기회로 갈아타라고 했다. 이것이 '기회의 전환'이다.

기회의 전환은 소비자들을 현재 겪고 있는 고통에서 구해내서 새로운 매개체를 이용하게 한다. 새로운 미래로 이어질 수 있다는 희망을 주는 것이다.

때로는 그들이 한 틈새시장에서 다른 틈새시장(카테고리)으로 이동할 때 기회의 전환이 일어난다.

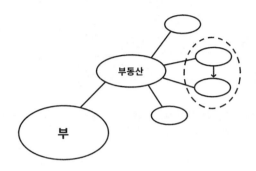

도표 4-10 꿈의 고객을 한 틈새시장에서 다른 틈새시장으로 옮김으로써 기회의 전환을 만들 수 있다.

실제로 한 하부 시장에서 다른 하부 시장으로 전환하기도 한다. 예를 들어 부동산에서 수입을 올리다가 인터넷 마케팅으로 생계를 꾸려갈 수도 있다.

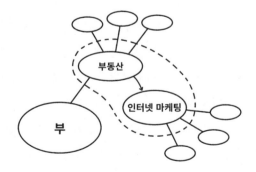

도표 4-11 꿈의 고객을 한 하부 시장에서 다른 하부 시장으로 옮김으로써 기회의 전환을 만들 수 있다.

책, 영상, 웨비나, 팟캐스트 등 내가 사업 초기(가치 사다리의 아랫 단계)에 하는 활동은 기회의 전환과 관련이 있다. 여기서 내가 시장에 내놓는 제안의 목적은 현재의 낡은 매개체를 퍼널이라는 새롭고 도발적인 매개체로 전환하는 것이다. 이것이 나의 새로운 기회다.

우리의 많은 퍼널이 손익분기점에 도달한 덕분에 대개 세일즈 퍼널을 잘 모르는 하부 시장에서도 좋은 결과를 얻게 된다. 이는 우리 회사가 그토록 빠르게 성장한 주요 이유이기도 하다. 우리의 시작front-end 제안은, 특히 서로 다른 기업주들이 퍼널을 이용하여 온라인 비즈니스를 어떻게 성장시킬 수 있는지를 보여준다.

그리고 우리는 시작 제안을 계속 추가하여 시장의 새로운 영역을 확보할 것이다. 당신의 회사를 성장시키고 싶다면, 호의적인 틈새시장 고객들에게 단순히 서비스하는 데서 과감히 벗어나 차갑고 냉정한 하부 시장 고객의 관심을 불러일으키는 시작 퍼널을 만드는 것이 좋다.

광고나 홍보용 선물, 서비스 같은 시작 퍼널을 만들 때, 사람들이 기회를 알아보고 낡은 매개체에서 새로운 기회로 옮겨가게 해야 한다. 그러면 모든 것이 바뀐다.

4단계 기회의 스택

모든 비즈니스에서 기회의 전환은 유일해야 한다. 처음 몇 년간 나는 능숙하게 새로운 제안을 만들었고, 내 제안은 모두 기회의 전환을 이끌었다. 처음에는 효과가 대단했다. 나는 사람들에게 새로운 제안을 보여주었고 팀원들은 매출을 많이 올렸다. 그리고 나서 몇 달이 지나면 다시 새로운 기회를 제안했다. 그러자 사람들은 혼란스러워했다. 불과 몇 달 전만 해도 자신의 첫 '새로운 기회'가 가장 좋다고 설득하던 사람이 다시 나타나 새로운 무언가를 말하고 있으니 말이다. 많은 사람이 마지못해 두 번째 새로운 기회로 옮겼지만, 내가 그해에 출시할 세 번째 새로운 기회를 만들고 있다는 사실은 아무도 알지 못했다.

처음 새로운 기회를 출시한 이후, 다시 새로운 기회를 출시할 때마다 꿈의 고객에게서 신뢰를 조금씩 잃어버렸다. 홍보를 할 때마다 꿈의 고객들의 반응은 줄어들었고, 결국 사업은 망하기 일보직전이 되었다.

이제 당신은 이러한 상황이 내가 가치 사다리에 관해 알려준 바와 모순되지 않나 생각할지도 모르겠다. 나는 고객을 모은 다음 고객에게 더 많은 가치를 제공하는 새로운 제안을 만드는 것이 내 일이라고 생각했다. 그것이 바로 내가 앞으로 해야 하는 일이자 지금까지 해온 일이라고 여겼다.

클릭퍼널스를 출시하고 나서야 내가 잘못 생각했음을 알게 되었다. 우리가 클릭퍼널스를 출시하고 몇 주가 지나 동업자인 토드 디커슨이 내게 우려를 표했다. 오랫동안 공들인 소프트웨어 대신, 몇 달 안에 방향을 바꾸어 다른 무언가를 팔려고 하지 않을까 걱정된다고 말이다. 그는 적어도 12개월 동안은 퍼널 판매에만 전념해달라고 부탁했다. 나는 불안했다. 내게는 사람들에게 팔릴 만한 수많은 아이디어가 있었다. 하지만 토드와 우리의 작은 팀에 집중해야 할 의무도 있었으므로 그의 말에 동의했다.

다음 12개월 동안 나는 퍼널 이야기만 했다. 사람들에게 새로운 기회를 보여주는 퍼널에 관한 웨비나를 하고 이를 소개하는 '닷컴의 비밀DotCom Secrets'을 출시했다. 나는 사람들이 성과를 얻기 위해 아무리 낡은 매개체를 사용하든 이를 퍼널이라는 새로운 매개체/기회로 전환하는 일에 집중했다.

이 무렵 우리는 라스베이거스에서 최초의 퍼널 해킹 라이브 행사를 열었다. 600여 명이 참가했다. 행사를 기획하면서 우리는 현장에서 사람들에게 한 가지 제안을 해야 한다고 생각했다. 우리가 여는 행사였기에 거기 있는 모든 사람은 이미 클릭퍼널스 계정을 가진, 클릭퍼널스의 신봉자들이었다. 나는 그들에게 줄 만한 새로운 기회를 창안하려고 노력했지만, 팀원들은 내가 어떤 아이디어를 내놓는다 해도 우리의 주제인 퍼널에서 벗어날 거라고 생각했다.

행사가 열리기 몇 주 전 어느 날 밤 나는 참석자들을 위해 완전히 새로운 기회를 만들 필요가 없음을 깨달았다. 그렇게 하면 혼란을 야기하고 신뢰를 무너트릴 터였다. 대신 나는 참석자들이 이미 옮겨온 새로운 기회에 무언가를 추가해야만 했다! 퍼널이 정말 대단한 것이라고 믿는 그들을 위해(지금도 변함없는 사실이다), 나는 어떤 유형의 기회를 만들어 그 새로운 기회에 쌓아 올려야 할까?

'기회의 스택opportunity stack'이라는 관점에서 답을 찾을 수 있었다. 참석자들은 이미 퍼널을 신뢰했다. 그래서 우리는 퍼널 인증 프로그램을 만들어 그들이 다른 사람들을 위해 퍼널을 구축하는 일을 도와주어야 했다! 이는 완전히 새로운 기회가 아니라 기존의 기회 안에 있는 한 단계 높은 수준의 기회였다.

그래서 우리는 첫 번째 행사의 퍼널 해커스 무대에서 인증 프로그램을 발표했다. 목표는 이 프로그램에 50명을 등록시키는 것이었다. 내가 가격을 공지하자 150명 넘는 사람들이 방 뒤로 달려가서 프로그램에 등록하려고 줄을 섰다! 내가 무대에서 강연을 시작한 이래 사람들이 그때처럼 열광하며 접수대로 달려가는 광경은 보지 못했다.

그 당시 나는 가치 사다리 안에 있는 다른 제안이 수행해야 할 역할을 깨달았다. 그런 제안은 사람들에게 계속해서 또 다른 새로운 기회를 주기 위한 것이 아니라, 꿈의 고객이 이미 믿는 기회를 잡고, 우리는 더 높은 수준에서 서비스할 수 있도록 그 기회를 다양한 방식으로 제시하기 위한 것이었다.

따라서 클릭퍼널스의 가치 사다리 안에서 광고, 기념품, 책, 웨비나 등은 모두 사람들을 새로운 기회(퍼널)로 전환시킨다. 잠재고객이 유

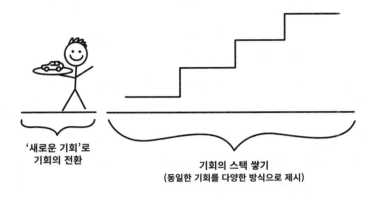

**'새로운 기회'로
기회의 전환**

**기회의 스택 쌓기
(동일한 기회를 다양한 방식으로 제시)**

도표 4-12　기회의 전환(새로운 기회)은 유일해야 한다. 하지만 동일한 기회를 한데 묶어
다양한 방식으로 제공할 수 있다.

입된 후에는 이들이 성과를 달성할 수 있게 해줄 퍼널을 다양한 방식
으로 제시한다. 다음은 우리의 가치 사다리 안에서 제공하는 일부 기
회의 스택들이다.

- 클릭퍼널스: 실제로 퍼널을 제작하는 데 필요한 소프트웨어(Click-
  Funnels.com)
- 원 퍼널 어웨이 챌린지: 첫 퍼널 혹은 다음 퍼널을 시작하는 데 도움이
  되는 30일짜리 도전 프로그램(OneFunnelAway.com)
- 퍼널 스크립트: 퍼널 안에 있는 페이지에 올릴 카피를 작성해주는 소프
  트웨어(FunnelScripts.com)
- 퍼널 해킹 라이브: 사업에서 퍼널을 이용하여 더 큰 성공을 거두는 데
  도움이 되는 라이브 이벤트. 실시간으로 교육받고 인맥을 넓힐 수 있는
  행사(FunnelHackingLive.com)
- 퍼널 에이전시의 비밀: 다른 사업주에게 퍼널을 판매하는 당신의 에이
  전시를 시작하는 방법을 보여주는 강좌

- 퍼널플릭스: 퍼널 빌더를 마스터할 수 있는 교육 자료를 이용하는 회원제 사이트(FunnelFlix.com)
- 퍼널 대학교: 온라인에서 가장 많이 팔린 퍼널의 배경 이야기를 들려주는 월간 뉴스레터(FunnelU.com/the-newsletter)
- 클릭퍼널스 통합 플랜: 퍼널을 키우고 확장하는 데 도움이 되는 코칭 프로그램(Clickfunnels-Collective-Plan)
- 『트래픽 설계자』: 더 많은 사람이 퍼널에 찾아오도록 하는 방법을 가르쳐주는 책(TrafficSecrets.com)

알겠는가? 이 제안 중 어느 것도 새로운 기회가 아니라는 사실 말이다. 퍼널은 여전히 대단하며, 나는 이제 당신의 회사에서 퍼널을 구현하는 다양한 방법을 제시하여 당신을 돕는다.

내가 만일 헬스클럽을 운영한다면, (내가 창안한 새로운 기회가 무엇이든) 고객을 기회의 전환으로 이끈 다음 기회의 스택 쌓기를 이용해서 보충제, 코칭, 식단 계획 등을 판매할 것이다. 이들 모두 새로운 기회를 접한 사람을 더 잘 도우려는 제안이다.

모든 사업이 마찬가지다. 꿈의 고객들이 바라는 성과와 당신이 그들에게 제공한 새로운 기회를 살펴보고, 고객이 원하는 곳에 도달할 다양한 방법으로 관련 기회를 제시해야 한다.

똑같은 프레임워크에
더 많은 돈을 쓰게 하기

젠장, 티셔츠 몇 장 가져올걸. 내가 너무 멍청해 보였다. 난생처음 가보
는 비즈니스 행사였고, 회사원처럼 셔츠와 타이 차림으로 들어서는 순
간 그런 차림을 한 사람이 나 혼자임을 깨달았다. 다른 온라인 기업가
들은 모두 청바지에 티셔츠를 입어 편안해 보였고, 나는 더욱 긴장되
었다. 성격이 내성적이어서 어색하지 않게 이야기를 나눌 사람이 있길
바랐지만 너무 긴장해서 대화 나눌 상대를 찾지 못했다.

모두 자신의 자리를 찾고 나서 불이 꺼지자, 첫 번째 강연자가 무대
에 오르기까지 이제 누구도 나를 볼 수 없을 거라 생각하니 어깨에 얹
힌 커다란 짐을 내려놓은 듯했다. 그날 연사가 한 말은 대부분 기억나
지 않지만, 강연 내내 줄곧 이야기했던, 내가 한 번도 들어보지 못한 책
의 제목은 적어놓았다. 바로 『생각하라 그리고 부자가 되어라』였다.

행사 내내 여러 강연자가 그 책을 언급했기에, 나는 호텔방에 들어
가자마자 아마존에서 9.97달러 문고본 한 권을 구매했다. 일주일이 안
돼 도착한 소포의 포장을 뜯어내고 책을 꺼내 쳐다보았다. 이 안에 부
자가 되는 비결이 있다니!

매일 밤 침대에 누워서 책을 읽으려고 했지만 피곤해서 '내일'부터

읽으리라 다짐했다. 하루가 이틀이 되고, 한 달이 되고, 반년이 되었다. 내 문제의 해답이 책 안에 있다고 생각했기에, 매일 약간의 죄책감을 느꼈다. 그저 책을 펴고 읽기만 하면 되는데 말이다.

약 6개월 뒤에 두 번째로 비즈니스 회의에 참석했다. 이번에는 청바지와 티셔츠 차림으로 가서 훨씬 편안했다. 방에 앉아서 부자가 되는 비결을 배우려고 기다리고 있었다. 아니나 다를까, 첫 번째 연사가 강연을 시작한 지 한 시간이 되지 않아 그 책을 다시 언급했다. 거의 반년 전에 침대 옆에 놓아두고 펼쳐보지도 않았다는 사실에 죄책감이 밀려왔다.

'나는 왜 행사에 참석하는 데 돈을 쓰는 걸까? 성공하기 위해서 해야 할 일을 하지도 않으면서.' 나는 자문했다. 그날 밤에 "생각하라, 그리고 부자가 되어라"는 말을 수도 없이 들었기 때문에 그 책을 읽을 더 좋은 방법을 알아내야만 했다. 나는 컴퓨터 앞으로 달려가 책 제목을 다시 검색했다. 그런데 이번에는 뭔가 다른 게 튀어나왔다. 『생각하라 그리고 부자가 되어라』의 오디오 CD 광고였다(그렇다, 이것은 출판 시장에 본격적으로 오디오북이 등장하기 전 이야기다. 나는 정말 기뻤다)! 광고를 클릭하자 10장짜리 CD 세트를 97달러에 살 수 있는 이베이 사이트가 나타났다. 나는 신이 나서 바로 구입했다. 행사가 끝나고 집에 갔을 때 CD는 도착해 있었다! 나는 운전하며 CD를 듣기 시작했고 행사가 끝난 지 일주일 만에 책을 다 '읽었다!'

이 일화를 들려주는 이유는 내가 아주 중요한 원칙을 깨달았기 때문이다. 사람들은 다양한 방법으로 포장된 똑같은 콘텐츠(혹은 프레임워크)에 더 많은 돈을 지불한다. 생각해보라. 『생각하라 그리고 부자가 되어라』라는 책과 오디오 CD의 내용에 무슨 차이가 있는가? 없다. 토씨 하나 다르지 않은 동일한 책이다. 그런데 나는 똑같은 내용을 다르게 포장한 상품에 10배 가까운 돈(종이책은 9.97달러, CD는 97달러)을 지불했다. 오디오 CD 덕분에 책을 읽기가 쉬워졌기에, 나는 제품 사용자로서 다양한 경험을 하는 데 기꺼이 더 많은 돈을 지불한 것이다.

어떠한 기업이든 성장시키는 '정보 제품' 이용법

이 장에서는 책이나 강좌, 세미나, 마스터마인드 그룹, 코칭 프로그램 같은 정보 제품을 만드는 방법을 가르친다. 기존의 '전문가'(일반적으로 작가, 강연자, 코치, 컨설턴트) 비즈니스를 하지 않는 사람들도 걱정할 필요 없다. 이 과정은 당신에게도 도움이 될 것이다.

새로운 기회를 만드는 한 가지 중요한 비결이 있다. 제품이 새로운 기회가 될 필요는 없지만 프레임워크는 새로운 기회가 되어야 한다는 것이다. 클릭퍼널스는 드래그앤드드롭 웹사이트 제작 플랫폼이다. 클릭퍼널스 자체는 새로운 기회가 아니다. 클릭퍼널스는 개선안(웹사이트를 만드는 더 좋은 방법)이다. 우리가 소개한 퍼널 프레임워크가 새로운 기회가 되었다. 그리고 클릭퍼널스라는 소프트웨어는 새로운 기회를 단순화하는 도구가 되었다. 이 책을 읽는 사람들은 대부분 진정으로 새로운 기회를 얻지 못한 상황이다. 당신이 파는 것이 매력적인 신제품일 수도 있지만 개선안에 불과하기 때문이다. 프레임워크를 만들어 핵심 제안을 감싸야만 당신의 제안들이 진정한 기회가 된다. 처음에는 이상해 보일 수 있다. 하지만 마케팅과 영업은 훨씬 수월해질 것이다. 다음은 고유한 프레임워크로 제품을 감쌀 때 일어나는 몇 가지 놀라운 일이다.

- 복잡한 영업이 쉬워진다. 정보 제품이 잠재 소비자들에게 당신의 제품이나 서비스가 왜 필요한지를 가르쳐주기 때문이다.
- 당신은 상품이 아니라 한 명의 전문가로 포지셔닝된다. 사람들은 다른

데서 동일한 상품을 얻을 수 있음에도 당신에게 더 많은 돈을 지불하고 구입한다. 다른 선택지는 문제가 되지 않는다. 가격 저항은 사라지고, 앞으로의 영업은 수월해진다.

- 공짜로 무한대의 고객을 확보할 수 있기에 모든 마지막 퍼널 판매로 수익을 올릴 수 있다.
- 훨씬 빠르게 성장한다.

더 깊이 들어가기 전에, 전문가 비즈니스에는 두 가지 형태가 있다는 사실을 지적하고 싶다. 두 가지 모두 이면의 전술은 동일하지만, 전략은 약간 다르다. 당신이 만들고자 하는 것이 무엇에 가장 잘 어울리는지 이해할 수 있도록 두 가지 전략을 설명하겠다.

○ **전문가 비즈니스 1－정보 제품 판매:** 전문가 비즈니스의 첫 번째 유형은 친숙할 것이다. 당신이 터득한 프레임워크를 정보 제품, 코칭, 컨설팅으로 포장하는 것이다. 전문가가 되어 정보 제품을 파는 것은

도표 5-1 창업 자금이 없어도 정보 제품을 팔 수 있다. 가르침에 대한 열정과 사람들에게 이야기로 감동을 주는 능력만 있으면 된다.

세상에서 가장 훌륭한 스타트업이다. 벤처 자금이나 스타트업 자금도 필요 없다. 단지 가르치려는 열정과 사람들이 흥미를 느낄 수 있게 이야기하는 방법을 배우려는 의지만 있으면 된다.

○ **전문가 비즈니스 2 — 정보 제품을 에너지로 활용하기**: 물리적인 제품이나 서비스를 판매하는 회사를 운영한다면 이러한 정보 제품을 에너지로 활용하여 빠르게 회사를 성장시킬 수 있기 때문에 더욱 좋다. 말했듯이 내가 운영하는 회사는 소프트웨어 회사지만 빠르게 성장하려고 정보 제품을 활용했다. 먼저 프레임워크를 판매하는 데 주력했고, 이는 고객이 우리의 핵심 상품을 이용하려는 욕구를 불러일으켰다.

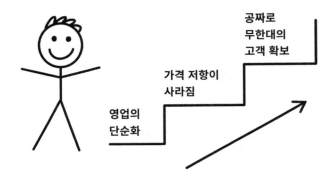

도표 5-2 당신이 파는 상품과 서비스에 대한 욕구를 불러일으키기 위해 정보 제품을 이용할 수 있다. 정보 제품을 활용하여 공짜로 고객을 확보함으로써 마음대로 확장할 수 있다.

우리는 정보 제품을 판매해 공짜로 고객을 확보했다. 또한 정보 제품과 우리의 소프트웨어를 하나로 묶어서 서비스의 인지 가치perceived value(어떤 상품에 대해서 소비자가 주관적으로 느끼는 가치 — 옮긴이)를 높일 수 있다. 첫 해에 1만 명이 1000달러를 지불해 퍼널 사용법 강좌를 들었고 여기에 포함된 무료 평가판 소프트웨어를 받았다. 다음 장에서는 스택 슬라이드와 제안 방법을 자세히 알아볼 것이다. 물론 프레임워크에 기반한 정보 제품이 거부할 수 없을 정도로 완벽하고 새로운 기회와 제안을 만드는 비결임을 이해해야 한다.

프레임워크   **도구**

도표 5-3   프레임워크는 정보 혹은 도구가 된다.

1단계 프레임워크의 가치를 높이는 법

경험을 잘 활용하고 포장법을 바꾸면 프레임워크의 가치를 높일 수 있다는 원칙을 알게 되었다. 이제 동일한 프레임워크를 가치 사다리의 각 단계에 다시 포장하는 방법을 보여주겠다.

프레임워크의 인지 가치를 높이는 가장 간단한 방법은 소비하는 방식을 바꾸는 것이다. 이는 일반적으로 사물이 한 형태에서 다른 형태로 변화할 때 일어난다.

- 문자 → 음성
- 음성 → 영상
- 영상 → 체험

이런 일은 업무를 할 때 매일 볼 수 있다. 누군가 내 책을 구입하면 관련 퍼널을 판매하며 우리는 오디오북을 권할 것이다. 훗날 고객들 중 누군가는 책에 나온 것과 똑같은 내용이지만 훨씬 상세한 영상 통신교육 강좌를 구입할 것이다. 그런 다음 워크숍이나 세미나에 참석하여 직접 도움을 받아 프레임워크를 구현해볼 것이다. 이 과정에서 프레임워크는 동일하지만 각 단계에서 우리가 제공하는 가치는 점점 상승한다.

프레임워크의 가치를 높이는 다른 방법은 수행하는 방식을 바꾸는 것이다. 프레임워크에서 수행할 수 있는 세 가지 방식은 다음과 같다.

1. 고객이 직접 하기(프레임워크를 주고 알아서 구현하게 한다)
2. 고객과 함께 하기(프레임워크를 함께 구현한다)
3. 고객을 위해 제공하기(당신이 프레임워크를 구현해준다)

가치 사다리의 밑바닥에서 나는 대개 누군가에게 프레임워크를 주거나 파는데, 고객들에게 직접 터득하고 구현할 책임이 있다. 가치 사다리 위로 올라갈수록 나는 함께 일하거나 그들을 위해 일하게 된다.

프레임워크를 포장하는 방법은 수백 가지가 있지만, 거의 모든 업계에서 전문가들이 사용하는 가장 인기 있는 방법 여덟 가지를 여기서 공유한다.

○ **퍼널 이전의 콘텐츠(무료)**: 프레임워크의 단계들은 사람들을 퍼널로 끌어 모으는 광고의 후크로서 정말 효과가 있다. 대개 사람들은 하나의 후크로 프레임워크 가운데 하나를 포스팅한다. 톰과 리사 빌리유 커플은 인스타그램에서 이를 가장 잘한다. 다음은 그들이 인스타그램에 올린 몇 가지 프레임워크 사례다.

"인간관계에서 건강하게 거리를 두는 법"   **"매력적인 파트너가 되는 법"**

도표 5-4   프레임워크를 후크로 사용하는 광고나 소셜 미디어 포스트를 만들 수 있다.

또한 프레임워크를 유튜브 영상, 팟캐스트 에피소드, 블로그 포스트 등에 있는 퍼널 이전의 콘텐츠로 가르칠 수 있다.

○ 리드 마그넷(무료): 프레임워크를 리드 마그넷으로 사용할 수도 있다. 때로 나는 프레임워크를 설명하는 2~20분짜리 영상을 촬영하여 이메일 주소를 알려준 사람들에게 리드 마그넷으로 준다.

○ 책(무료+배송): 책을 이용해 프레임워크를 상세히 설명하고 깊게 들어갈 수 있다. 이 책에서 보듯이, 책 한 권은 무수히 많은 프레임워크가 내장된 커다란 프레임워크다. 책의 단점은 최소한의 수익을 얻기 위해 책을 만들어 팔기가 정말 어렵다는 점이다. 하지만 책의 인지 가치와 당신을 전문가로 포지셔닝하는 능력은 프레임워크를 포장하는 최고의 도구이자 방법이다.

도표 5-5 프레임워크를 짧은 영상으로 설명하고, 이메일 주소를 제공한 사람에게 그 영상을 리드 마그넷으로 줄 수 있다.

○ **회원제 사이트(월 10~100달러):** 회원제 사이트는 보통 다양한 학습 형태를 하나로 섞는다. 대부분 문자 콘텐츠, 음성, 영상 트레이닝 등과 회원 간의 교류를 위한 커뮤니티(체험)로 구성된다. 회원제 사이트가 온라인 강좌보다 좋은 점은 매달 수강료가 청구되기 때문에 고객이 한꺼번에 모두 지불하지 않아도 되고 시간이 지나면서 조금씩 프레임워크를 배울 수 있다는 점이다.

○ **온라인 강좌(100~1000달러):** 다양한 형태로 콘텐츠를 모아놓았다는 점에서 회원제 사이트와 매우 유사하다. 가장 큰 차이는 수강료 지불 방식과 콘텐츠 전달 방식이다. 강좌는 유한하다. 회원들에게 콘텐츠를 조금씩 전달한다 하더라도 언젠가는 끝날 수밖에 없다. 반면, 회원제 사이트에 가입한 사람들은 계속해서 수강료를 지불한다.

○ **세미나 혹은 워크숍(500~5000달러):** 이제 당신의 프레임워크가

오프라인에서 진행되는 단계에 이르렀다. 나에게 워크숍이란 내가 만든 프레임워크를 며칠 동안 강의하는 행사다. 이런 유형의 행사는 규모가 작지만 더 친밀감을 느낄 수 있다. 퍼널 해커톤 행사는 사흘 동안 약 100명에게 내가 만든 웨비나와 판매 프레임워크를 강의하는 워크숍이다. 세미나에서는 다수의 강사가 한 가지 주제를 다룬 프레임워크를 만들어 가르친다. 대규모 퍼널 해킹 라이브 행사는 약 5000명이 참석하며 다수의 강사가 직접 만든 프레임워크를 강의한다.

○ **마스터마인드**(1만~10만 달러): 일반적으로 새로운 프레임워크를 가르치는 데 집중하지 않고, 대신 그들이 이미 알고 있는 프레임워크를 구현하는 데 집중하는 소규모 행사다. 내가 운영하는 이너서클 마스터마인드 그룹에는 약 30명이 참여한다. 모든 참여자가 자신이 하는 일을 소개하고, 기존 프레임워크에서 구현하기 힘든 것을 말하며 다른 사람들의 도움을 받는다.

○ **일대일 강좌**(1만 달러 이상): 대체로 프레임워크 응용의 최고 수준이며, 여기서는 일대일로 그들을 위해(서비스), 혹은 그들과 함께(코칭) 프레임워크를 구현한다. 시간을 돈으로 바꾸기 때문에 이 수준에서는 지름길이 없다. 그래서 가격이 상당히 비싸다.

프레임워크를 포장하는 방법에 따라 가격이 달라지긴 하지만 모든 수준에서 새로운 프레임워크를 강의할 필요는 없다는 사실을 알아차렸나? 당신은 사람들이 프레임워크를 소비하고 구현하는 방식에서 다른 경험을 선사하며, 그 가치는 개별 서비스 수준에서 높아진다. 대부분의 사람들이 만든 가치 사다리에서 그저 프레임워크의 전달 방식만 바뀐다는 점을 볼 수 있다.

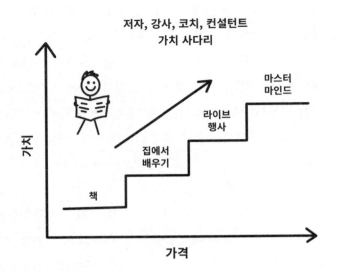

도표 5-6 프레임워크는 일반적으로 변함이 없지만, 색다른 방식으로 프레임워크를 전달하면 더 많은 비용을 청구할 수 있다.

2단계 프레임워크를 도구로 바꾸어 훨씬 많은 가치를 창출하는 방법

19세기 중반 샌프란시스코에서 어마어마한 양의 금이 발견되며 골드러시가 일어났다. 샘 브래넌이라는 시골 상점 주인은 주변에서 벌어지는 일을 어떻게 돈벌이에 이용할지 고심하다 독창적인 생각을 했다. 눈에 보이는 곡괭이와 삽, 냄비를 모두 사들인 다음 이렇게 소리치며 돌아다녔다. "아메리칸강에서 금이 나왔어요!" 그는 개당 20센트에 사들인 냄비를 15달러에 되팔았다.

주변 사람들이 모두 금을 찾고 있을 때, 브래넌은 금을 찾는 데 쓰는 도구를 팔아 샌프란시스코 최고의 부자가 된 것이다.

이 이야기에는 유용한 교훈이 많다. 이 책 『브랜드 설계자』에서 배우는 관점으로 교훈을 살펴본다면, 샘의 꿈의 고객(금에 눈먼 사람들)이

원하는 성과는 금을 찾는 것임을 알 수 있다. 샘은 금을 찾는 데 필요한 프레임워크를 제공했다.

1단계: 아메리칸강에 금이 있다.

2단계: 금을 캐려면 세 가지 도구(곡괭이, 삽, 냄비)가 필요하다.

3단계: 필요한 도구를 살 수 있는 곳은 내 상점뿐이다.

샘은 이러한 프레임워크를 주고 사람들이 바라는 성과를 얻는 데 필요한 도구를 팔았다. 내 비즈니스도 크게 다르지 않다. 내가 고객에게 약속하는 최종 목표는 세일즈 퍼널을 이용한 기업의 성장이다. 나는 이러한 성과를 올리는 방법을 가르쳐주는 다수의 프레임워크를 한데 모았다(일부는 공짜로 나누어주고, 나머지는 책이나 강좌, 행사 등으로 판매한다). 그런 다음 프레임워크에서 가르치는 과정을 단순화하는 소프트웨어(혹은 도구)를 만든다.

레이디보스의 설립자인 브랜든과 케일린 폴린은 체중 감량에 관한 프레임워크를 만들어 팔지만, 꿈의 고객을 성공의 지름길로 안내하는 도구(보충제, 코칭, 식단, 옷)도 판다.

하나의 사업으로 얼마나 많은 돈을 벌 수 있을까? 이는 고객을 위해서 해당 과정을 얼마나 단순화할 수 있는지가 관건이다. 프레임워크는 그 과정을 단순화하는 한 가지 방법이다. 이로써 당신은 보상을 받게 될 것이다. 소프트웨어나 보충제, 물리적인 제품, 서비스 등은 프레임워크 안에 있는 과정을 더욱 단순화하는 방법이다.

프레임워크를 볼 때 어떤 도구를 사용하여 어떻게 프로세스를 단순화할지 생각하기 바란다. 다음은 프레임워크에서 도구를 만들 때 내가 찾는 몇 가지 아이디어다.

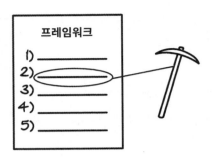

도표 5-7 프레임워크에서 마련된 도구를 제공하여 고객이 성공으로 향하는 지름길을 만들라.

○ **소프트웨어**: 프레임워크로 만들 수 있는 최고의 도구는 소프트웨어다. 소프트웨어의 가치는 어마어마하다. 그리고 (복잡도에 따라) 만드는 데 비용이 꽤 많이 들 수 있다. 내가 감자총 DVD보다 앞서 처음으로 만든 것은 집브랜더Zip Brander라는 소프트웨어다. 구현하고 싶은 아이디어를 종이에 스케치한 다음, 루마니아에 사는 사람을 120달러에 고용해 소프트웨어를 만들게 했다. 그는 프로그래밍을 했고 며칠이 지나 판매할 수 있는 무언가가 내 손에 들어왔다.

클릭퍼널스는 여러 퍼널을 만드는 내 프레임워크를 가장 잘 표현하는 브랜드가 되었다. 퍼널 스크립트는『마케팅 설계자』와 이 책의 세일즈 스크립트를 간단히 제작하려고 만든 소프트웨어로 빈칸을 채우면 알아서 세일즈 카피 초안을 작성해준다.

당신만의 소프트웨어를 만든다면 프레임워크의 어떤 부분을 자동화할 수 있을까? 처음부터 클릭퍼널스 규모의 아이디어를 바라면 안된다. 몇백 달러를 주고 프로그래밍할 수 있는 작은 규모의 아이디어를 찾아서 시작하자.

○ **보충제**: 모든 비즈니스에 적용되지는 않지만, 보충제는 어떤 성

과를 올리기 위한 궁극의 '만능 버튼'이다. 당신의 프레임워크 내부에 있는 무언가의 속도를 높일 수 있다면, 보충제는 프레임워크의 가치를 높이는 가장 강력한 방법이 될 것이다.

○ **물리적인 제품**: 우리 커뮤니티에서 물리적인 제품을 가진 사람들은 대부분 여기서 시작한 다음, 제품을 중심으로 한 결과 기반의 프레임워크를 구축한다. 예를 들어 비상용 손전등을 판다면 재난을 당했을 때 생존하는 방법에 관한 전체 프레임워크를 구축할 수 있으며, 이 경우에 손전등은 프레임워크 안에서 도움을 주는 도구가 된다.

다른 방법은 기존 프레임워크를 살펴보고 이걸 더 쉽게 구현하게 해 주는 물리적인 제품이 있는지 찾는 것이다. 정보 제품을 파는 많은 기업은 프레임워크를 쉽게 구현하는 데 도움이 되는 저널을 만든다.

○ **부산물**: 직접 만든 프레임워크를 사용하면서 꿈의 고객들이 요긴하게 쓰도록 만든 부산물은 무엇인가? 예를 들어 전화로 고가의 제품을 판매할 때 우리는 영업사원이 사용할 스크립트와 우리 팀을 교육할 영상을 만들고, 고객은 물론 직원들을 위해 계약 문제를 처리하는 변호사를 구해야 했다. 이 모든 것이 우리의 프레임워크를 사용해 만들어야 했던 부산물이다. 훗날 '고가 상품의 비밀High Ticket Secrets' 코칭 프로그램을 시작했을 때 우리는 프레임워크(교육)를 팔았는데, 거기에 모든 부산물을 함께 넣었다. 이 프레임워크를 구입하면 영업 스크립트와 사원 교육 자료, 우리가 돈을 주고 구입한 계약서를 모두 볼 수 있었다. 이러한 도구들은 해당 제안에서 가장 가치 있는 부분이 되었다.

이너서클의 회원인 리즈 베니는 소셜 미디어 관리자가 되려는 사람들을 위한 마스터클래스를 판매한다. 리즈는 수강생들이 값비싼 변호사를 고용하거나 직접 계약서를 작성하지 않아도 되도록 계약서를 나누어준다. 수강생들이 직접 계약서 초안을 작성하거나 리즈 자신이 교육 시간에 작성법을 가르쳐주기도 하지만, 이미 작성된 계약서가 훨씬 소중하다.

기본적으로 리즈는 자신이 하는 일에서 발생하는 부산물을 판다. 이미 계약서를 만들어놓았기 때문에 동일한 과정을 배우는 다른 사람에게 계약서를 주는 데 노동이 더 투입되지 않는다. 당신은 고객에게 어떤 부산물을 제공할 수 있는가?

사람들은 핵심 교육 과정을 더 쉽게 구현해주는 유형자산을 원한다. 스크립트, 템플릿, 체크리스트, 타임라인, 일정 등은 모두 당신이 만들 수 있는 소중한 도구다.

○ 정보 제품/서비스: 모든 도구는 제안의 가치를 높이는 데 쓰이지만 사람들이 가치 사다리의 다음 단계로 올라가는 데 도움을 주기도 한다. 엄밀히 말하자면 앞서 이야기한 모든 유형의 정보 제품은 도구다. 회원제 사이트도 마찬가지다. 행사와 코칭 역시 프레임워크를 더 잘 구현하는 데 도움이 되는 도구다. 가치 사다리의 가장 높은 곳에는 이전에 당신이 누군가에게 주었던 프레임워크를 구현하는 데 도움이 되는 서비스가 있다.

얼마나 많은 돈을 버는가는 당신의 꿈의 고객이 성과를 내는 과정이 얼마나 단순한가에 달렸다는 사실을 떠올려보라. 고객에게 성공으로 가는 지름길을 안내해줄 도구의 제작도 일련의 과정을 단순화하는 방법이다. 다음 단계에서는 당신의 제품과 프레임워크, 도구를 모두 포함해 꿈의 고객들이 거절할 수 없는 제안을 만들 것이다.

3단계 프레임워크를 스택 슬라이드가 있는 '제안'으로 바꾸기

다음 단계는 이러한 모든 아이디어를 당신이 팔 수 있는 무언가로 바꾸는 것이다. 『마케팅 설계자』에서는 핵심 프레임워크로 '후크, 스토리, 제안'을 소개했다. 여기서 우리는 대부분의 기업들처럼 상품을 팔기만 하지 말고 실제 제안으로 바꾸어 고유한 무언가를 만드는 일이 중요한 이유를 두고 이야기를 나누었다. 제안의 목표를 간단히 표현하면 다음과 같다.

- 판매되는 것의 인지 가치를 높이기
- 당신의 특별한 제안으로만 판매되도록 하기

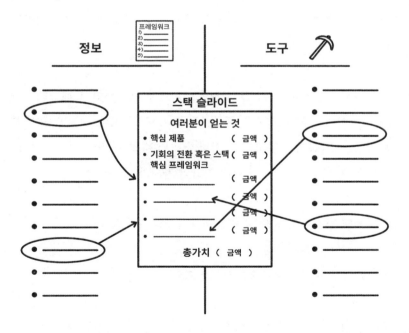

도표 5-8 제안의 가치를 높이려면 고객을 성공의 지름길로 이끄는 정보 프레임워크와 도구를 포함해야 한다.

당신의 상품을 제안으로 바꾼 다음 그 인지 가치를 높여 새롭고 진정한 기회로 만드는 가장 단순한 방법은 당신의 제품이나 서비스를 프레임워크에 포함하는 것이다. 이 과정에서 우리가 만들어 팔고 있는 것을 구체화하여 프레임워크를 포장하는 방법과 제안에 필요한 도구가 무엇인지 정확히 알아보자.

이를 위해 '스택 슬라이드Stack Slide'라는 도구를 사용할 것이다. 우리는 2부와 3부, 4부에서 배울 이야기 형식의 세일즈 스크립트를 만드는데 이 스택 슬라이드를 이용할 것이다. 스택 슬라이드는 이 책에서 설명하는 일들의 핵심 기반이다. 새로운 제안을 만들려고 할 때 나는 맨 먼저 스택 슬라이드에 집중한다.

내 스택 슬라이드 중 첫 번째 아이템은 핵심 제품이며, 두 번째 아이템은 고객에게 제공할 '기회의 전환' 혹은 '기회의 스택' 핵심 프레임워크다.

○ 클릭퍼널스의 사례: 클릭퍼널스를 판매하기 위한 프레젠테이션에서 제시하는 핵심 제품은 클릭퍼널스 소프트웨어의 사용법이며, 기회의 전환 핵심 프레임워크는 '퍼널 빌더의 비밀' 온라인 강좌다. 프레임워크를 전달하는 방식에 따라 제안의 가치가 달라진다.

- 9997달러: 사무실에서 열리는 이틀 동안의 라이브 행사
- 1997달러: 온라인 강좌
- 97달러: 소규모 강좌 혹은 오디오 프로그램

○ 물리적인 제품 혹은 서비스: 핵심 제품으로 물리적인 제품이나 서비스를 판다면 해당 제안의 가격에 걸맞은 방식으로 핵심 프레임워크를 강의할 수 있다.

○ **정보 제품 혹은 이벤트:** 판매 중인 핵심 제품이 강좌나 이벤트라면, 핵심 제품과 핵심 프레임워크는 동일한 것이 될 가능성이 크다.

그다음으로는 인지 가치를 더욱 높이기 위해 스택에 더할 것들을 알아내야 한다. 나는 팀원들과 함께 브레인스토밍을 한다. 우리는 화이트보드 앞에 앉아 몇 시간에 걸쳐 제안에 포함할 만한 것을 모두 이야기하고, 그리하여 구매하기로 한 고객이 실제로 받을 상품을 정한다. 이것들은 스택 슬라이드에 쌓일 것이다.

나는 대개 화이트보드 왼쪽에 무언가를 적으며 우리가 만들 수 있는 다양한 정보 제품에 대해 브레인스토밍을 한다.

- 문자: 책(전자책)을 집필해야 할까?
- 음성: 오디오 프로그램을 만들어야 할까?
- 영상: 회원제 사이트를 만들어야 할까? 온라인 강좌가 더 좋을까?
- 라이브 체험: 세미나나 워크숍을 열어야 할까? 이것이 마스터마인드 그룹이나 일대일 방식보다 효과가 더 좋을까?

그런 다음 우리가 실제로 만들었을 때 어떻게 보일지를 두고 이야기한다. 회원제 사이트에는 무엇이 들어갈까? 기록하기 위해서 필요한 모듈은 무엇일까? 이벤트를 할 경우 어디서 열 것인가? 우리의 프레임워크를 이용해 고객에게 봉사할 다른 방법은 무엇일까?

나는 스택 안에 한두 가지 정보 제품만 있길 원한다. 너무 많은 정보는 제안의 가치를 떨어트린다. '일'이 너무 많아 보이기 때문이다. 때로는 스택에 한 가지 정보 제품만 포함해야 하는데, 실질적인 기회의 전환 혹은 기회의 스택 핵심 프레임워크가 여기에 해당한다.

그런 다음 화이트보드 오른쪽으로 가서 우리가 만들 수 있는 이미지와 브레인스토밍에서 사용할 수 있는 도구를 찾는다. 도구는 대개 인지 가치가 더 높기 때문에 나는 스택의 초점을 최대한 많은 도구에 맞추려고 한다.

- 우리의 프레임워크를 더 쉽게 해줄 소프트웨어를 만들 수 있는가?
- 제안에 보충제를 추가할 수 있는가?
- 제안의 가치를 높이기 위해 어떤 물리적인 제품을 만들 수 있을까?
- 프레임워크를 구현하는 동안 시간이나 돈이 들어간 부산물은 무엇인가? 그중 고객에게 전달할 만한 것이 있는가?
- 우리가 함께 제공할 만한 정보 제품이나 서비스가 있을까?

3부에서 사람들이 당신의 제품을 사지 않는 세 가지 이유(잘못된 믿음)를 배울 것이다. 이후 더 자세히 다루겠지만, 그 세 가지 잘못된 믿음을 타파하는 데 도움이 될 스택에서 문제를 해결하고 싶기 때문에 여기서 간략히 언급하겠다.

○ 잘못된 믿음 1― 이 매개체(새로운 기회)는 나한테 안 맞아요: 당신이 제공하는 매개체/새로운 기회에 고객들은 어떤 잘못된 믿음을 갖는가? 무엇 때문에 고객들은 이 매개체가 자신에게 안 맞는다고 믿는 걸까? 고객들의 믿음을 바꿀 물리적인 제품이 있을까?

나는 뜻밖의 선물 같은 사례연구나 예제 만들기를 좋아한다. 만일 이베이에서 주택을 개량하여 되파는 상품을 만든다면 이에 대한 20~30가지 사례나 내가 가르친 학생들이 성공했던 경우를 찾아볼 것이다. 이어 그러한 매개체에 효과가 있다는 증거로서 사례연구 책자나 영상을 만들고, 다른 사람들의 방식에 깃든 통찰을 제공할 것이다. 내가 만들 수 있는 새로운 기회를 더 크게 믿을수록 사람들이 동일한 결과를 달성할 가능성이 커진다.

○ **잘못된 믿음 2 – 어떤 사람한테는 적절하겠지만, 내가 잘 해낼 것
같지 않아요**: 일단 매개체를 믿기로 했음에도 고객들이 스스로 성공하
지 못하리라 생각하게 만드는 잘못된 믿음이 무엇일까? 예를 들어 베
타 테스터 그룹에 있는 누군가가 "아주 멋진데, ____하는 방법을 모르
겠어" 혹은 "난 ____을 못하겠어"라고 말했다고 해보자. 그들은 새로
운 매개체를 믿을지라도 자신을 믿지 못한다. 따라서 그 잘못된 믿음
을 극복할 특별한 무기가 필요하다.

그들은 기술적인 면에는 관심이 없다고 말할지 모른다. 그들에게 적
절한 기술 인력을 채용하는 방법을 보여주기 위해 무엇을 할 수 있을
까? 혹은 다이어트 성공 경험이 없어 불안할지도 모른다. 이런 사람들
을 돕기 위해 어떤 유형자산을 만들 수 있을까? 이러한 요소는 마스터
클래스를 능가하는 특별한 교육이 될 수도 있다. 또한 실제로 가능하
다는 확신을 심어주는 도구 혹은 템플릿이 될 수도 있다.

가장 많이 팔린 내 제안(퍼널 빌더의 비밀)은 사람들에게 퍼널을 구
축하는 방법을 가르치는 것이다. 사람들에게 퍼널이 미래라고 믿게 하
기는 쉬웠지만, 자신이 **직접** 세일즈 퍼널을 구축할 수 있다고 믿지 못
하는 사람이 많았다. 무엇보다 퍼널 페이지 문구 작성을 가장 두려워
했다. 이 점을 해결하기 위해 카피 작성 강좌를 개설하고 내가 만든 템
플릿과 스와이프 파일swipe file, 즉 검증된 광고 및 판매 서신 모음을 나
눠주었다.

○ **잘못된 믿음 3 – 내가 할 수 있다고 생각하지만, 성공에서 멀어지게
하는 외부의 힘이 있어요**: 어떤 사람들은 매개체도 적절하며 해낼 수
있다고 믿지만, 외부에 도사린 어떤 힘이 성공을 가로막는다고 생각한

다. 외부의 힘은 경제적 어려움, 시간 부족 등 자신이 통제하지 못하는 무언가가 될 수 있다.

내가 내놓은 '퍼널 핵스Funnel Hacks' 제안에서는 트래픽 높이기(방문자 늘리기)가 가장 어려웠다. 매개체도 믿고 자신도 믿었지만, 퍼널을 클릭하는 사람이 한 명도 없으면 어쩌나 하고 다들 두려워했다. 그래서 우리는 퍼널로 트래픽을 유도하는 방법을 알려주는 영상 강좌를 만들었다.

사람들을 성공에서 멀어지게 하는 외부 요인이 무엇인지 생각해보고 이를 제거하거나 최소화하는 도구를 만들면 당신도 기회를 잡을 것이다.

스택 슬라이드에 있는 모든 아이템에는 가격이 붙는다. 당신의 목표는 아이템의 가치가, 요구되는 가격보다 10배가 넘음을 보여주는 것이다. 따라서 97달러짜리 상품을 판다면 적어도 997달러의 가치가 있어

도표 5-9 가치 사다리의 단계마다 해당 제안을 보여주는 스택 슬라이드가 있다.

야 한다(가치가 높을수록 좋다). 997달러에 어떤 상품을 판다면 9997달러 이상의 가치가 있어야 한다. 가치가 가격보다 10배 이상 크지 않다면 원점으로 돌아가 프레임워크를 다시 포장하거나 가치를 높이는 새로운 도구를 만들 방법을 알아보아야 한다.

제안을 하고 스택 슬라이드를 구축하는 방법은 당신이 배울 수 있는 가장 중요한 것이다. 이는 일회성 활동이 아니다. 당신은 새로운 제안을 할 때마다 이 훈련 과정을 다시 거쳐야 한다. 가치 사다리의 모든 단계에 제안과 스택 슬라이드가 있을 것이다.

퍼널 해커로서 나는 최대한 많은 시장에서 사람들의 제안을 관찰하라고 말하고 싶다. 그 제안들에 포함된 내용을 보면 프레임워크를 제시하는 데 필요한 아이디어를 얻을 수 있을 것이다.

미래지향적인 대의명분
(나만의 운동)

미래지향적인 대의명분

미래지향적인 대의명분

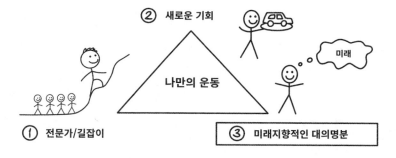

도표 6-1   전문가가 되는 세 번째 단계는 미래지향적인 대의명분을 만드는 것이다.

오랫동안 사람들은 1600미터(1마일)를 4분 안에 달리기란 불가능하다고 믿었다. 인간의 몸은 그렇게 빨리 달릴 수 없으며 시도했다간 견디지 못하고 쓰러질 거라고 생각했다. 일부 의사와 과학자들은 물리적으로 불가능한 일이라고 말했다. 그동안 누구도 1600미터를 4분 이내에 달리지 못했다.

어느 쌀쌀하고 비가 내리는 날(1954년 5월 6일), 영국 옥스퍼드의 이플리 로드에서 육상경기가 열렸다. 선수 중에는 신경과 의사 로저 배니스터가 있었다. 그는 오랫동안 불가능하다고 여기던 일을 해내고 말았다. 확성기에서 결과를 발표하는 소리가 들려왔다.

"신사 숙녀 여러분, 1600미터 경기의 결과가 나왔습니다. 세계 신기록으로 인정될 역사적인 기록은 무려 3분대입니다."

배니스터가 4분의 벽을 깼음을 알리자 경기장은 함성으로 뒤덮였다. 기록은 3분 59초 4였다! 그는 많은 사람이 불가능하다고 믿었던 일을 해내고 말았다.

일단 기존 기록이 깨지자 불과 46일 만에 존 랜디가 새 기록을 수립했다. 가능하다는 사실을 알고 나니 나도 할 수 있다는 믿음이 생긴 결과였다. 그후 선수들 1400명 이상이 4분의 벽을 넘었다.

내게도 2004년 8월 17일에 비슷한 일이 있었다. 이 일로 꿈을 좇겠다는 믿음을 가지게 되었다. 나는 2002년에 온라인 비즈니스를 시작했다. 레슬링을 하며 학교에 다닐 때였다. 이제 막 나와 결혼한 아내는 학생 신분의 운동선수였던 남편을 대신해 생계를 꾸리고 있었다. 나는 가계에 보탬이 되고 싶었지만 그러지 못해 죄책감에 시달렸다. 하지만 미국대학체육협회 규정 때문에 제대로 된 일자리를 얻지 못했다. 그래서 한 달에 추가 소득을 1000달러 올리겠다는 목표를 세우고 인터넷에 관심을 가지게 되었다. 이 정도만 벌어도 성공이었다.

2년이 흐르는 동안 나는 이 업계가 어떻게 돌아가는지 이해했고 감자총 DVD 판매를 비롯해 몇 차례 작은 성공을 거두었다. 하지만 규모가 큰 사업은 시도한 적이 없었다. 그때쯤 존 리스라는 온라인 마케터가 '트래픽의 비밀'이라는 새로운 제품을 만들어 출시한다는 소식을 들었다. 소문에 의하면 강좌를 팔아 100만 달러를 벌어들이는 것이 목표라고 했다. 처음엔 그리 깊이 생각하지 않았지만, 그의 새로운 강좌를 하나 구입해 듣고는 점점 흥분되기 시작했다.

그가 강좌를 출시하기 며칠 전 나는 아이다호주 남쪽에 있는 베어호수로 가족 여행을 떠났다. 도착한 후에야 인터넷에 접속할 수 없다는 것을 알게 되었다. 작은 도서관에 모뎀이 하나 있었지만 정말 느렸다. 여행 일정이 반쯤 지났을 때 나는 이메일을 확인하기 위해 시내로 나가 줄을 서야 했다. 내 차례가 되어 계정에 들어가니 존 리스가 보낸 이메일이 와 있었다. 제목은 "우리가 해냈어!"였다.

제목만으로는 정확히 무슨 소리인지 알 수 없었기 때문에 이메일을 열었고, 내 인생을 바꾼 이야기를 읽게 되었다. 그는 앞서 말한 2004년 8월 17일에 새 강좌를 출시했고, 불과 18시간 만에 1000부 이상을 팔아 업계 최초로 하루에 100만 달러를 벌었다. 나는 이메일을 읽으면서 의자에 등을 기댔다. 주위에 있는 모든 것이 천천히 움직이다가 멈춰버렸다. 100만 달러는 총매출이 아니었다. 고작 하루도 안 되는 기간에 벌어들인 돈이 100만 달러인 것이다! 인터넷 마케팅에서 4분의 벽을 깬 기록이었다.

더 깊이 생각해보니 한 달에 1000달러를 벌겠다는 내 목표가 너무 작아 보였다. 그때 존 리스가 100만 달러를 벌기 위해서 1000달러짜리 강좌 1000부를 팔아야 했다는 사실을 깨달았다. 이런 사실이 너무나 구체적이고 현실적으로 다가왔다. 나는 100만 달러를 벌고 싶었다. 그 후 가능성에 대한 생각이 완전히 뒤바뀌어 다르게 행동하기 시작했다.

리스의 이메일을 읽고 1년이 지날 때까지 100만 달러를 벌지는 못했지만 거의 근접했다. 이듬해에도 도전했으나 실패했다. 하지만 3년째가 되는 해에 1년에 100만 달러를 벌었다! 훗날 한 달 만에 100만 달러를 벌어들였고, 여러 차례 하루에 100만 달러를 벌었다! 이전에는 불가능하다고 생각했던 터무니없는 일이었다. 학교에 다닐 때는 하루에 100만 달러 매출을 꿈도 꾸지 못했지만, 존이 그걸 해내고 나니 나도 할 수 있다는 생각이 들었다.

고객을 위해 전문가와 길잡이로서 우리는 가능성을 제시하고 사람들을 더 높은 곳으로 데려가, 지금 있는 데서 앞으로 가고 싶은 데로 나아가도록 도와주어야 한다. (전문가가 되어 새로운 기회를 만든 후) 운동을 일구는 마지막 단계는 미래지향적인 대의명분을 만드는 것이다. 역사를 통틀어 모든 정치, 사회, 종교 운동에는 카리스마 넘치는 리더들이 있었고 그들은 새로운 삶의 비전을 제시했다.

호퍼는 『맹신자들』에서 이렇게 썼다. "미래에 대한 두려움 탓에 우리는 현재에 의지하고 거기서 벗어나지 못한다. 반면 미래에 대한 신념을 가지면 우리는 변화를 감지하게 된다." 미래를 두려워하는 환경에서 사람들은 앞으로 나아가려 하지 않는다. 온라인 비즈니스에서 성공하려면 당신을 따르는 사람들이 당신이 제시하려는 변화를 지각할 수 있도록, 앞으로 더 나아질 거라는 희망을 주어야 한다. 이렇게 하려면 사람들이 바라는 미래에 대한 비전을 그려주고 가능성을 보여주어야 한다.

사람들은 자신보다 더 위대한 존재를 믿고 나름의 책무를 지고 싶어 한다. 그들의 의지는 종교계, 정치계, 직장에서 자주 보이고, 마찬가지로 당신의 운동에서도 나타날 것이다. 사람들은 자신보다 더 큰 무언가에 연결되고 싶어 한다. 당신은 그러한 비전을 만들어야 한다. 다음은 미래지향적인 대의명분을 만드는 데 도움이 될 주요한 원칙이다.

도표 6-2 전문가로서 해야 할 일은 꿈의 고객을 성취와 변혁의 여정으로 인도하는 것이다.

첫 번째 단계: 꿈의 고객이 성과를 올리는 데
길잡이가 되어줄 '플랫폼'을 만든다

운동을 일구겠다고 결심했다 해서 끝난 게 아니다. 겨우 절반을 나아갔을 뿐이다. 나머지 절반에서는 당신이 꿈의 고객을 이끌어야 하는 이유를 이야기한다. 나는 집단을 만들면서 시장에는 불필요한 말과 기회, 그리고 고객의 이목을 끌려고 목소리를 높이는 전문가들이 많다는 사실을 깨달았다. 사람들의 이목을 끌기 위해서는 국회의원이나 대통령 후보가 선거사무소를 차리듯 전문가나 길잡이가 되어 운영할 수 있는 플랫폼을 구축해야 했다.

'퍼널 해커스' 커뮤니티의 회장 선거에 출마하기로 결심하면서 나는 정치 캠페인이 얼마나 성공적으로 운영되는지 자세히 들여다보고 싶어졌다. 먼저 당선된 미국 대통령 후보들과 그들이 운영했던 플랫폼을 상세히 연구했다.

이때 대부분의 사람들이 파악하지 못한 흥미로운 패턴을 발견했다. 당선된 대통령들은 거의 모두 사람들이 가장 좋아하는 미래를 보여주는 비전을 만들어냈다. 더 흥미롭게도 낙선자들은 그저 '개선안'을 제시하는 데 그쳤다.

흥미롭지 않은가? 승자들은 미래에 대한 설득력 있는 비전을 제시한 반면, 패자들은 현재를 더 중시했다. '더 나은' 인물이라거나 '더 강한' 미국을 만들겠다는 말처럼 '더'가 들어가면 전체 캠페인이 그저 제안에 그치고 만다.

클릭퍼널스 안에 커뮤니티를 꾸리면서, 나는 우리 회원들이 함께할 미래에 대한 믿음과 희망을 주는 무언가를 만들고 싶었다. 솔직히 말하면 처음에는 이런 것이 필요한지도 몰랐다. 어느 날 우연한 발견으로 회원들에게 설득력 있는 미래의 비전을 제시하여 사람들을 하나로

연도	낙선자: 현재에 집중 (개선안)	당선자: 미래지향적인 대의명분 (새로운 기회)
1980	지미 카터: 검증되고 신뢰할 수 있는 팀	로널드 레이건: 미국을 다시 위대한 나라로 만들자
1984	월터 먼데일: 새로운 리더십을 위하여	로널드 레이건: 다시 미국의 아침이 밝았습니다
1988	밥 돌: 미국을 위한 리더	조지 H. W. 부시: 약속하겠습니다. 새로운 세금은 없습니다
1992	조지 H. W. 부시: 자랑스러운 전통	빌 클린턴: 미국이 바뀌어야 할 때입니다
1996	밥 돌: 더 나은 미국을 위한 더 나은 인물	빌 클린턴: 21세기로 가는 다리를 건설하자
2000	앨 고어: 새천년을 위한 리더십	조지 W. 부시: 성과 있는 개혁
2004	존 케리: 더 강한 미국	조지 W. 부시: 훨씬 희망찬 미국
2008	존 매케인: 국가가 먼저다	버락 오바마: 우리가 믿을 수 있는 변화
2012	밋 롬니: 미국에 대한 믿음	버락 오바마: 전진
2016	힐러리 클린턴: 함께하면 더 강하다. 나는 그녀를 지지한다	도널드 트럼프: 미국을 다시 위대한 나라로

도표 6-3 승리를 거둔 캠페인은 모두 새로운 기회나 미래지향적인 대의명분과 관련이 있었다. 반면 패배한 캠페인은 주로 개선에 관한 슬로건을 내걸었다.

묶었다.

우리는 세 번째 연례행사로 퍼널 해킹 라이브 이벤트를 시작하려 하고 있었다. 나는 판매 페이지의 헤드라인을 어떻게 적을까 고민 중이었다. 처음 사업을 시작하던 시절에 들었던 고故 게리 핼버트에 관한 이야기가 기억났다. 카피라이터인 그는 "세일즈레터 하나만 잘 써도 큰돈을 벌 수 있다"고 말했다. 이 말에 나는 흥분했고 비전이 보이는 듯했다. 어떤 세일즈레터 혹은 상품이 큰돈을 안겨줄지는 알 수 없었지만 계속 시도하면 성공할 거라는 희망이 생겼다. 나의 길이 있다고 믿었으며, 비록 계속 실패하긴 했지만 이런 믿음 덕분에 사회생활의 우여곡절을 헤치고 앞으로 나아갈 수 있었다.

지난 일을 생생히 기억하며 핼버트의 말을 단초 삼아 회원들을 위해 비슷한 말을 만들어내려 애썼다. 얼마간 고민한 끝에 마침내 다음과 같은 헤드라인을 써냈다.

퍼널 하나만 잘 만들어도 부자가 될 수 있다.

그런데 아무리 봐도 이렇다 할 느낌이 오지 않았다. 부자가 되고 싶어서 창업하고 세일즈 퍼널을 만드는 사람도 있지만 우리 회원들은 부자가 되는 것보다 고객의 삶을 바꾸는 일을 더 중요하게 생각했다. 그래서 처음으로 돌아가 헤드라인을 수십 번 고쳐 썼다.

퍼널 하나만 잘 만들어도 직장을 때려치울 수 있다.
퍼널 하나만 잘 만들어도 경제적 자유를 얻을 수 있다.
퍼널 하나만 잘 만들어도 사업 수준을 한 단계 높일 수 있다.
퍼널 하나만 잘 만들어도 내 메시지를 더 많은 사람에게 공유할 수 있다.

헤드라인을 쓰면 쓸수록 극소수 회원만 반응할 것 같았다. 그래서 문장 뒷부분을 잘라내고, 영감이 떠오르길 바랐다. 15분 정도 가만히 앉아 있다가 다시 바라보니 뭔가 흥미로운 점이 발견됐다. 헤드라인은 이렇게 쓰여 있었다.

퍼널 하나만 잘 만들어도…

바로 이거였다! 모두 자신만의 퍼널을 가진다는 것은 다들 목적이 다르다는 이야기다. 그래서 문장 뒷부분을 공백으로 두고 해석의 여지를 두었다. 그러면 각자 자신의 상황에 맞게 문장을 완성할 것이다.

최근에 있었던 퍼널 해킹 라이브 행사에서, 중요한 실패를 겪을 때마다 퍼널이 나를 어떻게 구원했는지 이야기했다. 두 번씩이나 파산 일보직전에 갔을 때도 퍼널이 날 구원해주었다. 여러 차례 잘못된 의사결정으로 몰락할 뻔했지만 퍼널 하나가 사람을 구했다. 나는 퍼널의 놀라운 가능성이 모두에게 희망을 불러일으키길 기대하며 이야기를 들려주었다.

요즘은 사람들과 소통할 때 항상 그 메시지를 사용한다. 영상은 이 말로 끝맺는다. "잊지 마세요. 퍼널 하나만 잘 만들면 됩니다!" 내가 보

전문가	운동	슬로건/ 만트라	의미
라이언 D. 리, 브래드 깁, 지미 브리랜드 (Cashflow Tactics 설립자)	우리는 모든 사람이 나이, 소득, 경험과 무관하게 10년 혹은 더 일찍 경제적으로 자유로워질 수 있다는 사실을 입증한다. 이는 우리가 메시지를 만들고 분명히 선을 긋는 데 도움이 된다. 단순히 돈을 버는 것만으로는 충분치 않다. 10년 혹은 그보다 일찍 경제적으로 자유로워지는 데 직접 기여하지 않는 전략이나 기회는 아무런 소용이 없다. 따라서 폐기해야 한다.	일어서자. 자유로운 삶을 살자.	우리는 돈을 더 벌게 하거나, 어떤 주식을 사야 하는지 알려주거나, 더 많은 연금을 받도록 도와주려는 것이 아니다. 우리는 당신이 자유롭게 주관대로 살도록 도우려 한다. 당신은 목적을 찾고 진심으로 사랑하는 삶을 구축할 수 있다.
스테이시, 폴 마티노 (Relationship Development 설립자)	우리는 관계를 뒤바꾸는 데 한쪽 파트너만 있으면 된다는 사실을 입증한다. 어떤 관계라 할지라도 말이다! 우리의 사명은 사람들이 그들의 관계에서 흔들리지 않는 사랑과 해방된 열정을 얻도록 하는 것이다. 우리는 당신의 결혼, 육아, 가족, 일 등 모든 관계를 바꾸는 데 도움을 줄 것이다.	관계 맺는 방식 바꾸기	우리는 함께 관계 맺는 방식을 바꾸고 있다. 당신이 우리와 함께한다면, 계산적으로 주고받기만 하는 가족 관계의 사슬을 깨트릴 수 있다. 자녀들은 마흔 살이 되면 우리를 필요로 하지 않는다. 우리가 사는 모습을 봤기 때문이다. 당신은 아이들에게 경고 대신 본보기가 된다.
제이미 크로스 (MIG Soap 설립자)	우리는 마음과 몸, 영혼을 바꾸어주는 야생의 아름다운 경험을 전달한다. 아름다움은 의도와, 안에서 밖으로 나오는 광채에서 생긴다고 믿기에, 도구를 이용해 피부 깊은 곳과 인간의 잠재력을 활성화한다.	씨앗에서 피부로, 피부에서 영혼으로	우리는 피부를 더 부드럽게 해주려는 것이 아니다. 우리는 인간의 영혼을 활성화하여, 일어나서 달리게 해준다. 획기적인 플랫폼을 통해 우리는 당신을 일깨워 진정한 '삶'으로 이끌어준다. 당신은 이 여정에서 스스로 아름답고 유능하다고 느낄 것이다.

도표 6-4 우리의 퍼널 해커들은 집단 구성원을 하나로 묶을 공통 비전이 완벽하게 준비된 자신들만의 운동을 만들었다.

내는 모든 이메일의 끝에는 이 말이 덧붙는다. 이는 우리가 여는 행사의 주제이기도 하다. 또한 우리 커뮤니티를 상징하며 사람들의 믿음과 희망이 담긴, 변치 않고 일관된 메시지다.

> 과제: 플랫폼을 만들기 위해, 당신이 참여한 운동 집단의 회장 선거에 출마했다고 상상해보라. 어떤 슬로건을 사용해야 할까. 사람들이 정말 좋아하는 것은 무엇일까? 어디에 가고 싶어 할까? 어떻게 그런 내용을 캠페인 표지판에 담을 수 있을까?

두 번째 단계: 사람들의 정체성을 바꾼다
··

도표 6-5 고객들에게 새로운 정체성을 부여하면 그들은 당신의 진정한 팬이 될 것이다.

누군가가 당신의 운동에 참여해서 새로운 기회를 경험했다면, 이제 당신이 할 수 있는 가장 중요한 일은 그의 정체성을 바꾸는 것이다. 고객과 함께 성공을 거두는 힘은 다른 무엇보다 정체성의 변화에서 온다. 고객은 현실에 존재하는 사람이고 우리 일은 계속해서 물건을 파는 것임을 잊지 말아야 한다. 그러지 않으면 예전 방식이나 습관으로 돌아갈 것이다. 더 안 좋은 상황은 우리 고객들이 다른 사람이 제안하는 새로운 기회로 떠나는 것이다. 비즈니스 컨설턴트 마이런 골든은 항상 말한다. "그들을 시장에서 제거해야 한다."

고객에게 계속 물건을 팔지 못하면 어떤 일이 벌어질까? 당신이 판매하는 상품에 따라 고객은 건강을 잃거나, 돈을 버리거나, 시간을 낭비하게 될지 모른다. 제이 에이브러햄이 한 말을 떠올려보라. "내가 가진 것이 고객에게 유용할 뿐 아니라 가치 있다고 확신하면, 무슨 수를 써서라도 고객에게 봉사해야 한다는 도덕적인 의무가 생깁니다."

누군가에게 무언가를 한 번 팔기는 쉽지만, 그가 계속해서 제품을 (신나게) 사도록 하려면 정체성을 변화시켜야 한다. 정체성은 어떻게 행동을 바꾸는가. 경영 컨설턴트 제임스 P. 프리엘의 이야기가 이를 잘 보여준다.

제임스 P. 프리엘이 말하는 정체성의 변화
·····································
(이하의 내용은 프리엘이 직접 설명한다.)

나는 일찍 일을 마치고 나서 사무실 문을 열어놓은 채, 30미터도 떨어지지 않은 대서양의 멋진 파도에 매료되어 있었다. 그리고 '번개처럼 번뜩인다' 말고는 달리 표현할 길이 없는 영감이 떠올라, 채 5분도 알아보지 않고 온라인에서 드럼 세트를 주문했다.

내 마음은 순식간에 걷잡을 수 없는 상태가 되었다. 드럼 연주가 멋있다고 생각한 지 40초도 안 돼 록 스타가 되어 있었다. 심지어 드럼이 도착하지도 않았지만 내가 멋있어 보였다.

드럼을 구입하는 사람이 분명 한둘이 아닐 테지만, 논리적으로 볼 때 나에겐 드럼을 살 만한 이유가 하나도 없었다. 우선 나는 박자 감각이 전혀 없었다. 살아오는 동안 최악의 성적표는 초등학교 6학년 음악시간에 리코더를 연주했을 때 받았다. 아직도 나는 리코더로 끽끽거리며 〈떴다 떴다 비행기〉를 연주한다. 선생님은 성적으로 D를 주셨는데 분명 내가 불쌍해보여서 그나마 F를 안 주셨을 것이다.

친구들의 비웃음 소리가 상처로 남았음에도, 드럼을 앞에 두고 내 심장이 뛰는 소리에 박자를 맞추는 꿈을 꾸며 구매 확인서를 바라보고 있었다. 이미 드러머가 된 기분이 들었다. 어려워봤자지, 얼마나 어렵겠어? 나도 할 수 있을 거야.

노트북을 닫고 곧장 다른 방에 있는 여자친구 야라를 찾았다. 그때까지만 해도 야라는 자신이 나의 첫 팬이 되리라고는 꿈에도 생각지 못했을 것이다.

"방금 무슨 일이 일어났는지 짐작도 못할 거야." 나는 소리쳤다. "모르지, 모를 거야. 전혀 상상도 못 할 일이거든."

야라는 우려와 흥분이 반반 섞인 표정으로 눈썹을 치켜떴다.

"나는 이제부터 드러머야." 나는 자랑스럽게 말했다.

"그게 대체 무슨 말이야?" 그녀가 물었다. "드럼 친다는 말은 한 번도 안 했잖아."

"놀랐겠지. 나도 놀랐으니까. 그런데 목요일에 내 드럼이 도착한다고!" 나는 대답했다.

"잠깐만, 드럼을 샀다고?!" 얼굴에 혼란스러운 표정이 비쳤다.

나는 드럼 치는 시늉을 하며 미소를 띤 채로 고개를 끄덕였다.

야라는 못 믿겠다면서 피식 웃었고, 나는 방을 나왔다. 내 머릿속은 필 콜린스의 〈인 디 에어 투나잇In the Air Tonight〉 드럼 독주 부분을 연주하는 생각으로 가득했다.

사흘이라는 길고 지루한 시간이 흐르는 동안 이제 곧 내 손에 들어올 드럼을 치는 상상만 했을 뿐이다. 드럼이 어찌나 갖고 싶었는지 도착했을 때는 상자에서 필 콜린스의 연주가 들려오는 것 같았다.

상자를 여니 2000조각짜리 직소퍼즐 같은 것이 보였다. 혈압이 오르면서 난생처음 내가 어떤 상황에 처했는지 전혀 모른다는 사실을 깨달았다. 실제로 아무런 준비가 되지 않았다. 나는 아무런 간섭도 받지 않고 포장을 모두 개봉했고, 한 시간 반쯤 지나자 드럼 세트를 완벽히 조립해 연주할 수 있는 상태가 되었다. 기다리던 순간이었다.

연주를 하려고 자리에 앉았다. 툭, 툭, 툭. 뭔가 잘못됐다. 아주 끔찍했다. 내 드럼에서는 아무 소리도 나지 않았던 것이다. 장난하는 건가, 하고 생각했다. 재빨리 검색을 해보고는 내가 서두르느라 앰프를 주문하지 않았음을 깨달았다. 내가 까맣게 잊어버려도 좋을 만큼 사소한 부속품이 절대 아니었다. 이 근방에 악기 상점이 있는지 검색해보고, 방을 뛰쳐나가 차에 올라타서 앰프를 사러 갔다.

상점으로 달려가면서 내가 참을성이 없어도 너무 없다는 생각이 들었다. 만약 상점에 필요한 것이 없다면 어쩔 수 없이 며칠 더 기다려야 할지도 모른다는 두려움이 솟아났다.

나는 열 추적 미사일처럼 악기 상점으로 날 듯이 달려가 곧장 드럼이 있는 곳으로 갔다. 카운터에 있는 남자에게 위협적으로 다가갔지만 다행히도 남자는 차분했고 적당한 앰프를 보여주었다. 그리고 계산을 하기 시작했다.

영감을 받은 이후 처음으로 놀랄 만한 사실을 깨달았다. 나는 드럼을 어떻게 연주할지 생각해본 적이 전혀 없었다.

그래서 새로운 친구에게 물었다. "이봐요, 필요한 물건은 다 산 것 같은데, 연주법은 어디서 배워야 할까요?"

"여기에서 강습하는 친구가 있어요." 그가 내 어깨 너머를 가리켰다.

순간, 미래의 내 모습인 강사 그렉이 다가왔다. 어깨까지 내려오는 긴 은발에 록 밴드 '데프 레퍼드'의 검은색 티셔츠를 입고 있었다. 이 사람이야말로 내 취향이다 싶었다.

"1시 레슨이 방금 취소됐어요." 그렉이 나를 쳐다보며 말했다. "첫 번째 레슨은 공짜로 해드리죠. 괜찮으시면 지금 이 자리에서요."

내 눈은 못 믿겠다는 듯이 커졌고, 행운은 내 편이라는 사실을 깨달았다.

"좋아요, 그렇게 합시다!"

그가 나를 스튜디오로 데려갔다. 드럼 두 세트가 있었는데, 그중 하나는 내가 두들길 것이었다. 그렉이 드럼 스틱 한 쌍을 건네주자 심장이 뛰기 시작했다. 바로 이거였다. 이제 막 드럼을 연주하려는 찰나 그렉이 기본적인 록 비트를 알려주었다. 붐, 츠, 붐, 츠.

"이제 해보세요." 그가 나를 쳐다보며 말했다.

그가 보여준 것을 따라 하려는 순간 내가 손과 발을 전혀 통제하지 못하고 있음을 깨달았다. 배와 머리를 동시에 쓰다듬는 것과 비슷한데 10배는 더 헷갈렸다.

내 드럼 연주는 괴로울 만큼 진전이 느렸다. 세 살짜리 아이가 재킷에 달린 지퍼를 채우는 것보다 훨씬 더 서툴렀다. 전혀 소리가 들리지 않았다. 내가 고대했던 재즈밴드의 멋드러진 즉흥연주는 점점 멀어져 갔다. 나는 금세 속이 불편해졌고 창피해서 얼굴이 벌게져 그렉을 돌아보았다.

"이런 식으로 하는 겁니다." 그렉은 다시 말했다. 붐, 츠, 붐, 츠.

그렉은 마더 테레사처럼 인내심을 발휘해 내가 어색한 손길로 다시 시도하는 모습을 지켜보았다.

필 콜린스가 연주하던 소리는 머릿속에서 사라졌고 대신 6학년 음악 시간의 끔찍했던 리코더 소리가 들어앉았다. 즉흥연주라니 어림도 없었다.

쑥스러움이 묻어나는 얼굴로 나는 말했다. "그런 식으로 하는지 몰라서가 아니라, 그냥 못하는 것 같네요."

내 입에서 나오는 모든 단어가 싫었다.

그렉이 나를 보고 웃었다. "연습이 필요하지만 꾸준히 하면 해낼 수 있을 겁니다."

순간 내 꿈이 다시 살아났다. 나는 다시 드럼을 쳤고 즉흥연주가 흘러나왔다. 이때 중요한 진실을 깨달았다. 지구상에서 가장 연주를 못할지언정 나는 여전히 드러머다.

심호흡을 했다. 상당한 노력이 필요하겠지만, 나는 분명 드러머다. 그리고 드러머는 무엇을 할까? 드러머는 연습을 한다.

그래서 연습을 했다. 경건하게 매주 레슨을 받았고 집에서 쉬지 않고 몇 시간 동안 연습했다. 한 장 한 장 악보를 넘길 때마다 고통스러웠다. 시끄러우니 그만하라고, 이웃 사람들이 음악 소리 좀 줄여달라고 부탁할 때까지 연습했다. 나는 즉흥연주를 할 수 있을 때까지 연습했다. 드러머니까.

드러머가 되자

내가 제임스의 이야기를 들려주는 이유는 같은 상황에 처한 대부분의 사람들이 "나는 드럼 연주 하는 법을 배우고 싶어"라고 말하기 때문이다. 이건 정체성의 변화가 아니다. 제임스는 드럼을 연주하기로 마음먹었을 때, 연주를 잘하기 위해서는 길고도 험한 길을 가야 한다는 사실을 알았다. 그리고 단지 '드럼을 연주'하고만 싶었다면 결승선을 넘어서지 못했을 것이다. 하지만 '나는 드러머'라고 말하며 정체성 변화를 시도했기 때문에 결과가 달라진 것이다. 정체성이 그를 바꾸었다.

당신이 드러머라면 드러머가 하는 일을 파악해야 한다. 드러머들은 자신의 드럼이 있으며, 자신의 스틱과 코치가 있다. 그리고 많이 연습한다. 드러머는 단지 되고 싶었던 뭔가가 아니라 이제 당신의 정체성이 되었다. 새로운 정체성을 입었으니 드러머의 일을 수행하기란 손쉽다.

그저 내게서 돈을 버는 방법이나 회사를 성장시키는 방법을 배우길 원하는 누군가에게, 그에 걸맞은 행동을 시키기는 어렵다. 하지만 그가 퍼널 해커의 정체성을 배우고 책임감을 갖추게 되면 행동은 더 이상 어려운 일이 아니다. '그것이 퍼널 해커가 하는 일'이기 때문이다.

내면의 변화를 일으키는 일이 왜 그토록 중요한지 이제 알겠는가? 이러한 변화가 일어나면 성공 가능성은 기하급수적으로 높아진다. 당신은 리더로서 그러한 정체성 변화가 쉬워 보이도록 디자인해야 한다.

○ **집단의 정체성**: 많은 사람이 저지르는 실수는 자신에 관한 회사나 운동을 만들려고 한다는 것이다. 당신이 만든 제품이나 회사에 당신 이름을 붙인다면 다른 사람들이 당신의 운동으로 스스로를 규정하기가 어렵다. 내 회사의 이름은 '클릭퍼널스'이며 우리 집단은 '퍼널 해커스'다. 구성원들은 우리가 제시한 새로운 기회인 '퍼널'을 믿으며 클릭퍼널스라는 도구를 사용한다.

앞서 소개한 케일린 폴린은 처음 창업할 때 결혼 전의 이름을 사용해 회사 이름을 '투엘 타임 트레이너'로 정했다. 그는 사람들이 한 번 오게 하는 데는 성공했지만 운동을 만들지는 못했다. 나는 집단의 개념과 사람들이 운동으로 스스로를 규정하도록 하는 전략을 들려주었다. 케일린은 지금의 브랜드 명으로는 전략을 수행하기 어렵다는 것을 깨달았다. 비즈니스가 한 단계 성장하기 위해서는 변화가 필요했다.

폴린 부부가 귀가할 때 케일린에게 아이디어가 떠올랐다.

"그래, 바로 '레이디보스 웨이트 로스LadyBoss Weight Loss'라는 이름을 쓸 거야. 그러면 사람들은 '나는 레이디보스다'라고 말하게 될 거야."('레이디보스'는 남성을 성·직업·가사 등에서 완벽하게 통제하는 여성을 일컫는 신조어다─옮긴이.)

집에 도착할 무렵 부부는 변화를 꾀하기로 했다. 얼마 지나지 않아 새로운 운동을 만들었고, 3개월 만에 고객 이탈률이 10퍼센트 감소했다(그들에게 이 수치는 연간 수십만 달러 가치가 있다). 무엇보다 진정한 팬들(그들이 생산하는 것은 무엇이든 구입하는 사람들)이 자신을 레이디보스로 규정했고, 이들 회사에는 매일 신규 회원이 수백 명씩 들어온다.

정체성을 변화시키는 첫 단계는 소속감을 느끼게 해주는 집단의 이름을 만드는 것이다. 내 집단은 '퍼널 해커스'이고, 케일린은 '레이디보스'다. 당신의 집단은 무엇인가?

○ **개인의 정체성―"나는 …이다"**: 고객들이 당신의 운동으로 스스로를 규정하길 원하는가? 그렇다면 자신의 정체성을 재빨리 설명해주는 '나는 …이다' 문장이 있어야 한다. 이런 형식의 문장은 집단의 정체성을 규정하는 방식과 매우 유사한데, 또 한편 스스로를 집단과 동일시하는 능력을 고객에게 부여한다. "나는 퍼널 해커다." 우리 집단 사람들은 이렇게 말할 수 있으며, 이는 그들에게 의미가 남다르다. 케일린은 자신의 운동에 이름을 붙인 후에 '나는 레이디보스다'라고 말하는 집단 사람들을 상상할 수 있었다.

당신이 '나는 …이다'라는 문장이 쓰인 티셔츠를 만들면 한 단계 수준이 높아진다. 클릭퍼널스와 퍼널 해커 운동을 시작하고 나서 얼마 지나지 않아 우리는 가슴에 '#funnelhacker'라는 단어가 쓰인 티셔츠를 만들었다. 우리는 클릭퍼널스 계정을 만든 사람 전원에게 티셔츠를 보냈다. 티셔츠를 1만 장 정도 보내자 회계 부서에서 티셔츠를 더 주문할지 물었다. 티셔츠를 만들어 배송하는 데 한 장당 거의 10달러가 드는데, 우리에겐 아무런 이익이 발생하지 않았다.

회계 부서에 티셔츠 주문을 취소하라고 말하기 직전이었다. 어느 날 클릭퍼널스에 가입해서 티셔츠를 받고 한 번도 로그인하지 않았던 사람의 메시지를 받았다. 퍼널 해커 티셔츠가 너무 좋아서 계정을 해지하지 않았다는 것이었다. 그는 우리 부족의 일원 같은 기분이 들었고 그런 자신의 일부를 잃고 싶지 않았다. 그때 나는 정체성 변화의 힘을 깨달았다. 비록 이 티셔츠 제작에 많은 비용이 들긴 하지만 보이지 않는 이익은 훨씬 더 클 것이라고 회계 부서에 말했다. 그후 우리는 25만 장이 넘는 #funnelhacker 티셔츠를 거의 모든 나라로 보냈다. 전 세계에서 우리 브랜드를 입고 우리의 메시지를 퍼트리는 사람들이 많은 사진을 보내왔다.

케일린 또한 레이디보스들이 입을 레이디보스 스타일을 만드는 데 빠져 있다. 그런 티셔츠가 집단 사람들에게 특별한 힘을 주는 망토 같다고 말했다. 레이디보스 셔츠를 입으면 슈퍼우먼처럼 달라지는 것이다. 레이디보스 셔츠가 매일 무엇을 해야 하고 지금 어디에 있으며 계속 전진하기 위해 얼마나 많은 힘이 필요한지를 일깨워준다. 그들은 셔츠를 입을 때마다 새로운 정체성을 선언하고, 이는 불가능한 일도 해내도록 돕는다.

사람들이 당신의 운동으로 스스로를 규정하게 하려면 티셔츠의 간단한 문구를 떠올려보라.

나는 퍼널 해커다.
나는 레이디보스다.
나는 퍼널을 만든다.
나는 사물을 다르게 본다.
나는 바이오해커다.

당신의 집단 사람들은 어떤 문구를 당당히 가슴에 새기고 다닐까?

○ '자유의 칭호' 혹은 선언문을 만들자: 고대 아메리카의 수장 모로나이는 군사를 이끌고 어려운 전쟁에 참전했다. 일부 병사는 자신들의 사명을 저버렸고 심지어 투항했다. 모로나이는 재빨리 조치를 취해야 했다. 그래야 군사와 부족민을 구할 수 있을 터였다. 모르몬경의 앨마서 46장 12절에 따르면 모로나이는 외투를 찢어 임시로 만든 깃발에 이렇게 썼다. "우리의 신과 종교, 자유, 평화, 우리의 아내와 아이들을 기억하며." 그리고 깃발을 장대 끝에 걸고 '자유의 칭호Title of Liberty'라 불렀다. 사람들은 그 모습을 보고 모로나이 주위로 모여들었다. 그리고 대의에 대한 신념을 다잡고 전쟁에서 승리한다.

도표 6-6 사람들에게 힘을 북돋아주려면 자유의 칭호 혹은 선언문을 만들라. 사람들이 명분을 따라 모여들 것이다.

당신의 집단은 '자유의 칭호'가 필요하다. 사람들에게 동기를 부여하고 우리가 변화를 도모해야 하는 이유를 일깨우기 때문이다. 의심스러울 때 바라볼 수 있는 집합 구호와 같다. 당신이 누구인지 알게 해주고, 사람들이 스스로 누구인지 일깨워주며, 우리가 향하는 곳이 어디인지 다시금 확인해주는 것이다.

레이디보스의 케일린은 누구보다 먼저 집단 선언문을 만들어 밀고 나갔다. 케일린은 집단에 있기를 바라는 사람들을 불러내고 어울리지 않는 사람들을 쫓아내는 무언가를 만들고 싶었다. 바로 그 무언가가 꿈의 고객들에게 힘을 불어넣고 앞으로 되고 싶은 사람의 모습을 되새기길 바랐다. 어느 날 케일린은 남편 브랜든과 함께 앉아 있었다. 그녀가 레이디보스가 되는 것이 어떤 의미인지 말하고 있을 때 브랜든은 휴대전화를 꺼내 '녹음' 버튼을 눌렀다. 그들은 녹음된 음성을 출력한 다음 이미지로 만들었다. 이 이미지는 고객들의 집 안 여기저기에 붙어서, 그들이 되고 싶은 사람을 상기시키는 역할을 한다.

레이디보스 라이프스타일
선언문

레이디보스는 우리 내면에서 자신이 처한 상황에 책임을 지는 용감한 여성이다. 그는 환경의 희생자가 아니다. 자신이 바꿀 수 없는 것을 두고 변명하거나 불평하지 않는다. 그는 말보다 실천에 더 많은 에너지를 쏟는다.

레이디보스는 말에 그치지 않고 끝까지 해내야 한다. 성과와 성공을 원한다면 노력해야 한다는 사실을 알고 있다. 남들의 기대를 만족시키려 하기보다는 가능한 한 최선을 다한다.

레이디보스는 그가 성공할까 의구심을 품는 부정적인 사람들의 말을 귀 담아 듣지 않는다. 자신이 할 수 없는 일보다는 원하는 것에 집중한다.

레이디보스는 일을 대충 하지 않고, 실제로 행동하며, 맡은 일은 끝까지 해내고, 타협하지 않는 여성으로서 자신의 진실과 자신감·자존감을 소중하게 여기고, 누군가를 위해 자기 정체성을 바꾸는 일은 하지 않는다.

레이디보스는 운명과 환경, 건강, 신체, 그리고 궁극적으로 자신의 인생을 통제한다. 레이디보스는 당신이 가지려 하는 사고방식이다. 자신감 넘치는 또 다른 자아다. 이는 모든 의심과 두려움, 변명, 불가능하다는 생각에 빠지게 하는 온갖 이유를 무시한다는 뜻이다. 왜냐하면 당신은 할 수 있기 때문이다.

당신은 이제 레이디보스다.

도표 6-7 케일린과 브랜든 폴린 부부는 고객들에게 힘을 주고 그들이 추구하는 정체성이 무엇인지 일깨워주는 선언문을 만들었다.

퍼널 해커스 선언문을 만들 때 나도 비슷한 과정을 거쳤다. 퍼널 해커는 누구인가? 우리는 무엇을 뜻하는가? 어떤 사람이 되려 하는가? 나는 잠시 이런 질문을 생각한 뒤에 다음과 같은 커뮤니티 선언문을 완성했다.

도표 6-8 퍼널 해커는 자신의 메시지와 제품, 서비스를 열정적으로 세상에 알려 꿈의 고객의 삶을 바꾸는 기업가이자 사업주다.

케일린은 선언문을 알리면서 휴대전화 배경 화면으로 쓸 수 있는 미니 버전을 만들어 모든 고객에게 보내주었다. 그런 식으로 휴대폰을 켤 때마다 레이디보스가 되는 것이 어떤 의미인지 일깨워준다. 나는 재빨리 퍼널 해커스용 배경 화면을 하나 만들었다.

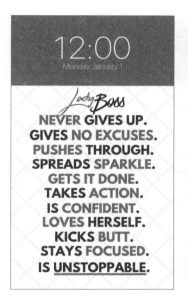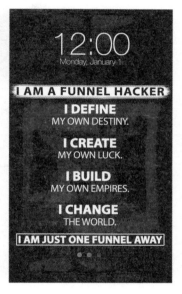

도표 6-9 우리 선언문을 이미지화하여 집단 사람들의 휴대전화 배경 화면으로 만들어 꿈의 고객에게 새로운 정체성을 끊임없이 일깨워줄 수 있다.

내가 여기서 공유한 아이디어로만 정체성의 변화를 일으킬 수 있는 것은 아니다. 여기서 공유한 내용은 단지 많은 성공을 거둔 아이디어일 뿐이다. 이것이 이름이나 티셔츠 혹은 휴대전화에 쓰인 말에 머물러서는 안 된다. 핵심은 사람들이 운동과 커뮤니티에서 수행하는 역할을 어떻게 생각하는지 이해하는 것이다. 사람들은 새로운 인간이 된다. 그리고 길잡이인 당신과 연결된다.

세 번째 단계: 사람들이 성과를 올리도록 이끌어주는
이정표 상賞을 만들자(성취의 여정)

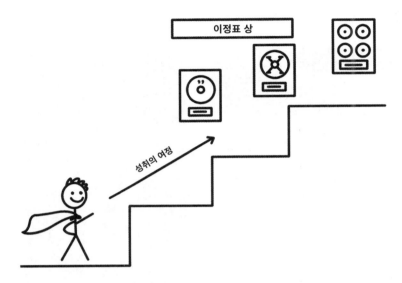

도표 6-10 우리는 퍼널 해커들이 퍼널에서 판매 실적을 거두었을 때 받는 이정표 상을 만들었다. 바로 백만 달러 클럽 상, 천만 달러 클럽 상, 1억 달러 클럽 상이다.

나폴레옹이 이런 말을 했다. "군인은 색 리본 하나를 받으려고 오랫동안 힘겹게 싸운다." 레슬링을 시작하자마자 나는 고등학생 레슬링 선수에게는 주 대회 우승자에게 건네는 상이 바로 '색 리본'임을 알게 되었다. 그 사실을 안 이후로 내가 원하는 것은 오로지 색 리본뿐이었다. 계체량 검사를 통과하기 위해 매주 10~15킬로그램 감량했고, 다시 먹거나 마셔도 되는 시간이 되면 몇 시간 만에 원래 체중으로 돌아갔다. 밥을 먹고 파티에 참석하고 친구들과 놀러 다니고 싶었지만 꾹 참았다. 또한 매일 밤 로프를 오르고, 역기를 들고, 하루에 두세 시간씩 레슬링 연습을 했을 뿐만 아니라 매일 달리기를 했다. 언젠가 주 챔피언이라는 타이틀을 따내리라는 희망에 피와 땀과 눈물을 바쳤다. 2학년 때 주 대회 우승을 하고 나자 다음에는 어떤 리본에 도전하게 될지 궁금해졌다.

주 대회 다음에는 전국 대회가 있었다. 8위 안에 들면 미국 대표가 된다! 알아야 할 것은 이게 전부였다. 나는 체중 감량에 필요한 도구를 몸에 걸치고 다시 달리기 시작했다. 미국 대표가 되려면 무엇이 필요한지를 알고 나서 12개월 만에 전국 레슬링 대회 2위를 차지했고 색 리본을 받았다.

결승전이 끝나고 채 몇 분이 되지 않아 나는 다음 시합을 기다리며 더 높은 수준의 보상을 바랐다. 그리고 한 달이 채 되지 않아 브링검영 대학교 레슬링 팀에 들어가서 다음 리본을 좇기 시작했다.

사업을 하다 보면 어떤 성과를 기대하고 우리 운동에 합류하는 이들이 많다. 불행히도 대부분의 사람들은 오랫동안 추진력을 유지할 만큼 대단한 성과를 거두지 못한다. 그들이 정한 목표가 '회사를 성장시키고 싶다' 혹은 '더 큰 성공을 거두고 싶다'처럼 측정하기 어려운 경우도 있다. 대다수는 단순한 성장을 추구하기 때문에 목표를 정하기가 어렵다. 그래서 우리는 사람들이 우리가 제시한 새로운 기회(퍼널)에서 자기 회사를 성장시키는 동안 받을 수 있는 이정표 상을 만들었다.

우리가 만든 첫 번째 상은 백만 달러 클럽 상이다. 세 번째 퍼널 해킹 라이브 행사부터 우리는 퍼널 내에서 매출을 100만 달러 이상 올린 모든 사람에게 이 상을 주었다! 첫 해에 73개의 상을 수여했으며, 상을 받지 못한 다른 청중은 변화하고 있었다. 그들은 주위 사람들이 4분의 벽을 깨는 모습을 봤다. 자신도 꿈은 꾸었지만 가능하다고 생각하지 못한 일이었다.

몇 년에 걸쳐 매년 기업가 수백 명이 무대에 올라 우리가 만든 상을 받았다! 이는 기업가들과 우리 운동의 관계를 유지하는 데 도움이 되며, 그들은 이 여정에서 발전과 성취감을 느낀다.

최상위 집단의 기업가들에게 백만 달러 클럽 상을 주자 그들은 "다음은 뭡니까?"라고 물었다. 그들이 추구할 만한 다음 색 리본은 무엇일까? 그래서 우리는 퍼널 내에서 1000만 달러 이상을 번 사람들을 위해 천만 달러 클럽 상을 만들었다. 다음 퍼널 해킹 라이브 행사에서 무려 17명이 이 상을 받았다! 그후 우리는 1억 달러 이상을 번 사람들을 위해 1억 달러 클럽 상도 만들었다. 또한 최초로 10억 달러 클럽 상을 줄 계획도 세우고 있다!

당신의 운동에서 상을 줄 수 있는 4분의 벽은 무엇인가? 처음에는 이미 성취한 무언가가 필요하다. 그래야 벽을 깨는 일이 가능할뿐더러 그들도 해낼 수 있다는 희망과 믿음을 얻는다. 회원들이 다른 이들과 동일한 성과를 얻어내고 4분 벽을 깨도록 당신이 도움을 준다면 커뮤니티에서 이상한 일이 일어날 것이다. 그들은 당신 같은 전문가에게 집중하지 않고 자신들의 집단 내에서 행동 범위를 넓힌다. 사람들이 처음엔 전문가를 따라 커뮤니티에 들어오지만 결국 커뮤니티 자체를 위해 그곳에 계속 머물기 때문에 이런 현상을 중요히 봐야 한다. 더 많은 회원이 4분의 벽을 깨면서 당신의 운동에 이끌리는 사람도 많아질 테고, 커뮤니티는 생각보다 더 빠르게 성장할 것이다.

네 번째 단계: 사회적인 임무로 하나 되기(변화의 여정)

이 책 2부의 스토리셀링 섹션에서는 주인공의 두 가지 여정을 이야기한다. 모든 이야기의 주인공은 두 가지 여정을 거친다는 사실을 알게 될 것이다. 당신의 이야기를 하는 법을 배우면서 이러한 이야기 구조를 곧 터득할 것이다. 두 가지 여정이란 당신의 운동에서 집단 사람들과 함께 걷는 진정한 여정이다. 추후 훨씬 자세히 설명하고, 지금은 간단히 말하겠다.

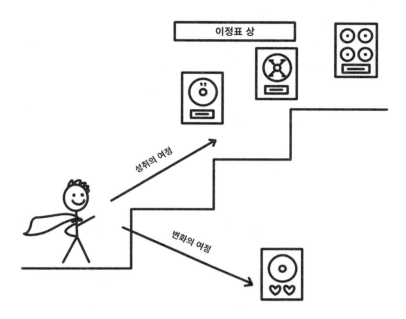

도표 6-11 우리는 또한 자선단체에 100만 달러 이상 기부하는 퍼널 해커가 받는 이정표 상으로 백만 달러 기부 상을 만들었다.

첫 번째는 성취의 여정이다. 우리는 조금 전까지 당신이 전문가로서 목표를 향해 가며 집단 사람들을 인도하는 방법을 두고 이야기했다. 모든 주인공이 자신도 모르게 택하는 두 번째 여정은 변화의 여정이다. 이러한 변화는 성취의 여정 동안에 주인공이 경험하게 된다.

만일 당신의 일이 집단 구성원이 어떤 성과를 올리게 하는 데 그친다면, 결국 그들은 떠나고 만다. 당신이 약속한 성과를 이룬 다음 다른 욕구를 충족하기 위해 새로운 곳을 찾는다.

처음 클릭퍼널스를 시작했을 때 우리는 회사의 DNA를 만들고 싶었다. 또한 기부 문화도 만들고 싶었다. 많은 사람이 성공하면 기부하겠다고 말하지만, 내가 보기에 대부분은 기부함으로써 성공한다. 클릭퍼널스를 시작했을 때 우리는 퍼널이 가동되면 케냐에 학교를 지어주는 자선단체 '빌리지 임팩트Village Impact'에 1달러씩 기부할 수 있도록 준비해놓았다. 퍼널 해킹 라이브 행사에서 우리는 매년 커뮤니티에서 만든 퍼널의 개수에 해당하는 액수의 수표를 빌리지 임팩트 창립자인 스튜와 에이미 매클라렌에게 선물한다. 또한 퍼널 해커스 사람들을 케냐에 데려가 그들의 기부금이 얼마나 많은 사람의 삶을 바꾸는지를 보여준다.

네 번째 퍼널 해킹 라이브 행사가 열리기 몇 달 전 나는 아이들이 성 노예가 되는 사태를 막는 조직 '지하철도 작전Operation Underground Railroad, O.U.R.'을 운영하는 팀 밸러드를 만날 기회가 있었다. 당시에는 몰랐지만, 추정컨대 현재 200만 명이 넘는 아이들이 성 행위와 장기 적출에 이용당하고 있다고 한다. 이들을 당장 도와야 한다는 생각이 들었다. 우리는 퍼널 해킹 라이브에서 처음 상영했던 다큐멘터리 〈투생 작전Operation Toussaint〉의 제작자에게 자금을 지원하기로 했다. 영화 상영이 끝나고 우리 취지에 공감하는 사람들에게서 아이 400명을 구해내는 100만 달러가 넘는 돈을 모을 수 있었다.

지하철도 작전에 가장 많은 액수를 기부한 토니 로빈스는 그해 우리의 기조 연사였다. 행사가 끝나자 나는 우리가 모금한 액수를 그에게 알려주었다. 그가 한 말은 나를 변화시켰다. "당신이 지금 하는 일을 좋아합니다. 기부하라고 가르치고, 여기에 어떤 가치가 있는지 보여주고, 사람들을 끌어들이고…. 내게는 가장 중요한 일입니다."

순간 깨달았다. 나는 항상 집단 사람들의 성취를 도와주는 것이 임무라고 생각했다. 하지만 이런 생각은 참된 목표를 이루는 데 방해가 될 뿐이었다. 진정한 목표는 사람들을 지금보다 더 대단한 존재로 탈바꿈시키는 것이었다.

행사를 마치고 집에 돌아와 이런 목표를 중심으로 커뮤니티를 결집시켜 다큐멘터리를 홍보하는 퍼널을 만들었다. 이 글을 쓰는 현재 퍼널은 250만 달러가 넘는 돈을 모았고 액수는 매일 커지고 있다.

최근에 모금을 위해 케냐에 갔을 때 두 자선단체에 대해 많은 생각을 했다. 이 단체들은 내게 큰 의미가 있다. 서로 매우 다르지만 지향하는 바는 동일하다. 어떻게 하면 두 단체를 엮어서 우리 운동과 깊은 관계를 맺을지 고민했는데 두 단어가 머릿속에 떠올랐다. '해방Liberate'과 '교육Educate'이었다.

이 말이 떠오르자마자 두 자선단체가 어떤 관계이고 왜 이들이 우리에게 의미가 큰지 이해할 수 있었다. 지하철도 작전은 아이들을 노예 상태에서 해방하고, 빌리지 임팩트는 학교를 지어서 아이들의 교육에 도움을 준다.

또한 클릭퍼널스의 사명은 성공을 가로막는 기술적인 어려움에서 기업가들을 해방하고, 우리가 만든 코칭 프로그램과 서적으로 그들을 교육하는 것이다.

해방과 교육, 이는 성취의 여정에서 우리가 기업가들을 위해 하는 일이다. 그리고 변화의 여정에서는 기업가들에게 자립하지 못하는 아이들을 도울 기회를 준다. 우리는 최근 100만 달러가 넘는 돈을 자선단체에 기부하는 사람들에게 더 많은 기부를 장려하는 백만 달러 기부 상을 만들었다. 사람들이 더 많이 기부하는 데 이 새로운 색 리본이 어떻게 도움이 될지 궁금해하며 흥미롭게 지켜보고 있다.

PART 2

스토리셀링

가치를 높이고 신뢰감을 형성하는 법

나는 동료 퍼널 해커 4500명 앞에 마련된 무대에 올라 퍼널 해킹 라이브의 기조연설을 하고 있었다. 강연장은 열기로 가득했다. 모두 클릭퍼널스 장식이 들어간 다양한 기념품을 착용했다. 자신의 취향에 맞춘 클릭퍼널스 의상을 입은 사람도 많았고 머리를 염색한 사람도 있었다. 앞줄에 앉은 한 사람의 양쪽 팔에는 클릭퍼널스 문신이 새겨져 있었다.

이들은 평범한 클릭퍼널스 사용자가 아니었다. 그야말로 골수팬이었다. 10만 명에 달하는 사람들이 우리 플랫폼을 사용하고 있었는데, 이 4500명은 일주일 동안 가정과 직장에서 떠나 동료 퍼널 해커와 함께하려고 모인 가장 열렬한 팬이었다.

나는 다음 해에 그들에게 가장 큰 영향을 미칠 무언가를 공유하고 싶었다. 그들이 여기 오려고 사용한 시간과 돈의 가치보다 값진 첫 발표를 하고 싶었다. 내가 공유할 수 있는 가장 강력한 것은 무엇일까?

행사가 열리기 전 몇 주 동안, 지난 10년간 무의식적으로 사용한 새로운 프레임워크를 찾아냈다. 매우 간단했지만 15년 직장 생활에서 가장 중요한 발견이라고 할 수 있었다. 내가 행사 날 아침에 공유한 프레

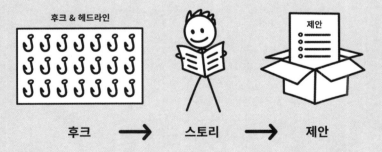

도표 7-1 15년간 '후크, 스토리, 제안' 프레임워크 원칙을 사용했지만, 이를 완벽한 프레임워크라고 가르친 적은 없었다. 한번 공유해보고, 이 프레임워크가 비즈니스의 성공에 매우 중요하다는 사실을 깨달았다.

임워크는 '후크, 스토리, 제안'이다.

『마케팅 설계자』가 이 프레임워크를 기반으로 쓰였으며 원칙을 터득하는 방법을 가르치기 때문에 여기서는 상세히 다루지 않을 것이다. 하지만 아직 『마케팅 설계자』를 읽지 않은 사람도 있을 테니 간략히 소개하고 싶다. 이 책이 가르치는 내용과 제시하는 방향이 이 프레임워크에 얼마나 잘 어울리는지 볼 수 있다.

"여러분의 퍼널에서 작동하지 않는 것이 있다면 바로 '후크, 스토리, 제안'입니다." 그날 행사에 참석한 사람들에게 이렇게 말했다. 후크는 꿈의 고객에게 주목을 받는 방법이고, 스토리는 상품의 인지 가치를 쌓는 방법이다. 제안은 당신이 파는 것이다. 나는 그렇게 말한 다음 퍼널에 있는 광고, 이메일, 소셜 미디어 포스트, 블로그 게시글, 팟캐스트 에피소드, 랜딩 페이지, 판매 페이지, 부가 상품 페이지 등 모든 페이지의 후크, 스토리, 제안을 보여주었다. 당신이 세상에 내놓는 것에는 이러한 세 가지 요소가 있다. 뭔가 동작하지 않는다면 늘 후크, 스토리, 제안에 문제가 있기 때문이다.

이 책의 1부에서는 이 프레임워크의 세 번째 요소를 자세히 다루었다. 어떻게 강력한 제안을 하는가? 인지 가치가 클수록 해당 제안을 팔기 수월해질 것이다. 당신의 제안에 1000달러 가치가 있다고 생각하는 잠재고객에게 100달러밖에 받지 않는다면, 고객은 항상 그걸 구입할 것이다. 하지만 잠재고객이 50달러 가치가 있다고 생각하는데 당신은 100달러에 판다면 절대 사지 않을 것이다. 비결은 인지 가치를 실제 가격보다 높이는 것이다. 그렇게 한다면 사람들은 언제나 당신 제안을 좋아할 것이다. 지금까지 제안의 인지 가치를 높이기 위해 우리가 했던 일들은 이렇다.

- 우리가 파는 것을 제안서에서 새로운 기회로 바꾸었다.
- 고유한 이름이 붙은 프레임워크를 개발했다.
- 카테고리의 왕이 되도록, 시장 내부에 우리만의 카테고리를 만들었다.
- 가치를 높이기 위해 다양한 방법으로 프레임워크를 포장했다.
- 고객들에게 믿을 수 있는 미래지향적인 대의명분을 주었다.
- 그들을 우리의 커뮤니티로 데려왔다.
- 그들이 우리 커뮤니티의 일원이라고 느끼도록 정체성 변화를 일으켰다.

지금까지 학습한 모든 도구는 당신이 만든 제안의 가치를 높이기 위해 설계되었다. 2부 역시 당신이 만든 제안의 인지 가치를 높이는 방법을 이야기하지만 다른 과정을 거칠 것이다. 여기서 우리는 실제 제안의 인지 가치를 높이는 사전 프레임pre-frame으로 스토리를 사용할 것이다.

당신이 어떻게 프레임워크를 배웠는지 이야기하여 프레임워크의 인지 가치를 높였듯이, 고객에게 제안을 하면서 그 안에 담긴 내용을 당신이 어떻게 습득했는지에 관한 스토리를 공유할 수 있다. 그 스토리를 들려주어 제안의 가치를 요구하는 가격보다 훨씬 높인다면 판매

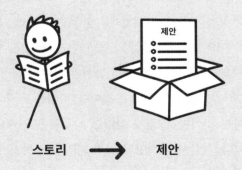

스토리 ➡️ 제안

도표 7-2 당신의 스토리는 제안의 인지 가치를 높이기 위한 밑밥 역할을 한다.

가 더욱 수월해질 것이다. (당신의 제안에 담겨야 할) 인지 가치를 높이는 데에, 스토리를 들려주는 방법을 제대로 익히는 것이 다른 어떤 일보다 도움이 된다. 2부에서는 스토리셀링을 통달할 것이다.

에피파니 브리지

단것을 지나치게 많이 먹어 집중력이 떨어진 상태에서 중요한 결정을 내린 적이 있나? 아이다호주 보이시에 있는 제과점 니더스^{Kneaders}에서는 두툼한 시나몬 프렌치토스트를 원하는 대로 먹을 수 있었다. 평범한 프렌치토스트가 아니었다. 두께가 5센티미터나 되고, 수제 캐러멜 시럽과 딸기, 휘핑크림이 가득했다. 이 스타트업의 대표는 내가 단맛에 빠져 정신이 없을 때 새로운 아이디어를 소개하려는 것 같았다. 하지만 그와는 상관없이 아이디어는 훌륭했고 나는 파트너가 되기로 했다.

다음 주에 그는 영업 일선에서 사용하는 판매 영상의 스크립트를 직접 써서보냈다. 사람들에게 새로운 기회에 참여해야 하는 이유를 설명하는 매우 전통적인 영상 스크립트였는데, 읽으면서 왠지 모를 찝찝함을 느꼈다. 온갖 카피라이팅 기법과 세일즈 도구가 들어갔지만 가입하고 싶은 마음이 들지 않았다. 곧바로 무엇이 잘못됐는지 알았다. 문제는 가입해야 하는 이유를 설득하려 한 것이었다. 우리의 목표는 누군가에게 뭔가를 파는 것이 아니다. 그들이 스스로 결정하도록 인도하는 것이다.

문제를 알아내고 나서 나는 재빨리 이메일을 보냈다.

그가 답장을 보냈다. 약간 혼란스러워 하면서 스타트업을 위해 스크립트를 써줄 수 있는지 물었다. 나는 몇 시간 동안 '에피파니 브리지^{The}

Epiphany Bridge'(에피파니는 번개처럼 떠오르는 통찰이나 깨달음을 의미한다 — 옮긴이)라는 스크립트를 썼다. 이 대본은 출시하는 날 사용됐다. 영상이 소개되자 6주일 만에 사용자 150만 명이 가입했고 광고비는 한 푼도 쓰지 않았다! 이것이 바로 스토리의 힘이다. 이 힘은 올바른 방법으로 사용할 때 나타난다.

그런데 에피파니 브리지가 무엇일까? 에피파니 브리지는 당신이 제시하는 새로운 기회를 통해 당신이 느낀 흥분을 다른 사람들도 경험하게 해주는 한 편의 스토리일 뿐이다. 길을 떠나기 전의 자신을 떠올려보자. 전문가가 되는 여정을 시작하던 무렵 당신은 성장 단계에 있던 하나의 불꽃에 불과했으며, 현재 당신이 가르치는 것을 배우고 있었다. 그때의 삶이 어땠는지 기억하는가? 그 상태로 돌아가는 것이 중요하다. 바로 그때가 꿈의 고객이 맞이하는 현재이기 때문이다.

이제 떠올려보라. 큰 깨달음을 주었던 경험(당신의 에피파니)은 무엇인가? 그때 무슨 일이 일어났고 당신은 모든 것이 영원히 바뀌었음을 바로 깨달았다. 이러한 깨달음은 항상 길잡이를 통해 얻게 된다. 길잡이는 사람들에게 필요한 답을 전하는데, 신의 모습을 하고 나타나 영감이나 아이디어를 주기도 한다.

새로운 기회(퍼널)를 알게 된 나의 여정에서 깨달음을 얻었던 순간은 구글이 가격을 높이는 바람에 내 감자총 DVD의 온라인 판매를 중단했을 때 찾아왔다. 그때 한 길잡이(마케터 마이크 필세임)이 전화를 걸어, 자신이 모든 제품의 상향판매 상품(그는 이를 '단 한 번의 제안one-time offer, OTO'이라고 불렀다)을 만들기 시작했으며 첫 구매자 셋 중 하나는 그러한 부가 상품도 구입했다고 말했다.

쿠쿵! 이거였다! 바로 내게 필요한 깨달음이었다. 나는 감자총 퍼널에 OTO를 추가했고 구글 광고비를 충당할 만큼 충분한 돈을 벌었다. 그렇게 다시 사업을 할 수 있었다.

도표 7-3 깨달음이란 곧 새로운 기회를 포착하는 순간이다.

따라서 첫 질문은 당신이 이야기하는 스토리에 관한 것이다. 길잡이
가 전해준 깨달음은 무엇인가?

큰 깨달음을 얻은 후에 **감정적으로** 이 개념에 몰입하여 성장의 여정
을 떠나며 궁극적으로는 전문가가 된다.

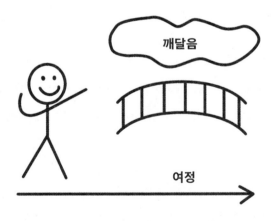

도표 7-4 당신은 깨달음을 얻음으로써 여정을 떠나 새로운 기회에 관한 모든 것을 배
운다.

주제를 깊이 파고들고, 용어를 배우고, 과학적·기술적 작동 원리를 이해하면 논리적으로 새로운 기회에 설득당하게 된다. 한데 여기서 일을 그르치는 사람이 많다. 그들은 논리적으로 입증된 증거와 자신의 주장을 뒷받침해주는 데이터로 무장하고 판매를 시작한다. 맨 먼저 아무 의심도 품지 않은 잠재고객에게 이런 사실을 마구 쏟아낸다. 혼란스럽게도 그들이 논리적으로 설득하려 드는 사람들은 결코 그만큼 흥분하지 않으며, 새로운 아이디어는 받아들이려 하지 않는 경우가 많다. 당신도 이러한 상황을 겪었는가?

문제는 당신이 쓸데없는 '전문용어'를 사용한다는 점이다. 킴 클레이버는 『내 상품이 그렇게 좋다면서 어째서 팔 수 없다는 거죠?If My Product's So Great, How Come I Can't Sell It?』에서 전문용어는 세일즈를 망치는 주범이라고 말한다.

도표 7-5 너무 많은 지식을 얻은 당신은 새로운 기회를 이야기하는 자리에서 전문용어를 사용해 사람들에게 혼란을 주곤 한다.

우리는 모두 자신의 아이디어를 매우 좋아한다. 사람들이 우리를 따라야 하는 이유를 이해하고 상품과 서비스를 이용하길 바란다. 하지만 누군가에게 우리가 믿는 바를 설명하려고 하면, 얼마 지나지 않아 논리적인 설득으로 상품을 팔기 위해 전문용어를 내뱉는다. 왜 이러한 개념이 최고인지 이야기하고, 어쩌면 우리가 하는 행동의 이면에 있는 과학 이야기까지 할지도 모른다. 우리가 '획기적인' 상품으로 어떻게 '업계를 선도하는지' 이야기하며 복잡한 수치와 용어를 마구 던진다.

하지만 우리가 믿는 새로운 기회에 담긴 논리는 **당신과 달리 에피파니를 경험한 적이 없는 사람들**의 구매를 유도하는 데 전혀 도움이 되지 않는다. 이러한 온갖 논리나 제품의 특징, 효능은 단지 짜증만 유발할 뿐이다. 사람들은 불만을 터트리고 대개 공격적으로 변한다. 논리가 필요하지만 때와 장소를 가려야 한다. 당신의 논리에 상대가 흥미를 보이기 전이라면 우선 감정적으로 설득해야 한다.

에피파니 브리지

도표 7-6 전문용어에서 한 걸음 떨어져 고객의 환경에서 욕구를 충족시켜야 한다. 그리고 당신이 깨달음을 얻었을 때 느낀 감정을 고스란히 느낄 수 있게 해야 고객도 감동한다.

생각해보라. 당신도 논리적인 전문용어 탓에 새로운 기회를 받아들이지 않다가, 약간의 감정적인 경험 덕분에 받아들였다. 먼저 깨달음을 얻었고, 이로 인해 한 걸음 더 나아간 것이다. 사람들은 논리적으로 구매하지 않는다. 감정에 기반하여 구매한다. 그런 다음 논리를 사용하여 이미 내린 구매 결정을 정당화한다.

예를 들어보자. 내가 페라리를 한 대 구입했다. 페라리를 한번 운전해보고 사고 싶다는 기분이 들어 감정적으로 투자한 것이다. 내가 페라리(대형 저택, 값비싼 옷, 시계 등)를 구입한 이유다. 하지만 그다음에는 나 자신과 친구 혹은 아내에게 페라리가 돈값을 한다는 사실을 정당화해야 한다. 연비가 높다고, 할인 판매 중이었다고, 애프터서비스 조건이 아주 좋았다고 변명해야 한다. 논리는 이미 형성된 감정적인 애착을 정당화하는 수단이다.

생각해보면 이 방정식의 양쪽에는 지위라는 고려 사항이 있다. 나는 새 페라리가 내게 주는 지위에 감정적으로 이끌렸지만, 이를 논리적으로 정당화해야 친구와 가족 사이에서 형성된 지위를 잃지 않는다. 하지만 애초에 페라리와 감정적으로 연결돼 있지 않다면 아무리 뛰어난 영업사원이라도 나를 논리적으로 설득하기는 거의 불가능하다. 설득은 논리가 아니라 감정이 하는 것이다.

그러한 감정이 생기게 하려면 앞으로 돌아가서 새로운 기회를 믿겠다는 깨달음을 무엇이 주었는지 떠올려보라. 그런 이야기(에피파니 브리지 스토리)는 감정적인 연관성을 제공한다.

어떻게 큰 깨달음을 얻었는지 이야기하고 또한 이 이야기를 올바로 구조화한다면, 잠재고객들도 똑같은 깨달음을 얻을 테고 당신은 그들에게 상품이나 서비스를 팔 수 있을 것이다. 그런 다음 고객들은 논리적으로 구매를 정당화하고 스스로 전문용어를 익힐 방법을 찾을 것이다. 당신은 사람들을 깨달음으로 이끌 수 있게 이야기하는 방법을 배워야 한다. 나머지는 그들이 할 것이다. 과거 당신의 길잡이가 주었던 깨달음과 똑같은 깨달음을 고객이 얻도록, 이번에는 당신이 그들을 이끌어주는 길잡이가 될 것이다. 바로 이것이 핵심이다.

그러므로 내 첫 질문은 바로 이렇다. "당신이 남들과 공유하려는 새로운 기회를 믿도록 한 에피파니 브리지 스토리의 골자는 무엇이었나?" 우리는 다음 두 챕터에 걸쳐 이야기를 구조화하는 방법을 고민할 것이다. 지금은 당신에게 첫 깨달음을 주었고 이 여정에 참여하게 한 원래 경험을 다시 한번 생각해보았으면 한다.

어떤 일이 일어났는지 기억하는가? 주위에서 어떤 일이 일어났는가? 당신은 어떻게 느꼈는가? 이러한 세부 내용을 기억하는 것이 중요하다. 좋은 이야기를 하기 위한 열쇠이기 때문이다.

효과적인 스토리텔링

두 사람이 똑같은 이야기를 했는데 완전히 다른 결과가 나온 적이 있나? 한 이야기를 듣고서 감정적으로 사로잡혀 몰입하게 된 당신이 다음에 다른 사람에게서 똑같은 이야기를 듣고는 잠이 든 것이다. 차이가 뭘까? 남들보다 이야기를 더 잘하는 사람의 비결은 무엇일까?

○ 극단적인 단순화: 듣는 사람의 마음을 사로잡는 이야기를 하는 첫 번째 열쇠는 극단적인 단순화다. 이야기를 할 때는 초등학교 3학년 수준에 맞춰야 한다. 이렇게 하는 데 어려움을 겪는 이유는 현학적인 단어를 쓰기 좋아하고 세련되며 똑똑해 보이는 어휘력을 과시하고 싶어서다. 그런 말에 어울리는 때와 장소가 있을 것이다. 하지만 이야기를 할 때는 그렇지 않다. 사람들은 초등학교 3학년 수준의 정보를 소화하는 데 익숙하다. 이보다 수준을 높여 이야기하면 금세 무슨 말이냐고 되묻는다. 뉴스에서 이 정도 수준으로 말하는 이유다.

2016년 미국 대통령 예비선거 기간에 어느 연구자는 공화당 후보들을 대상으로 연설의 난이도 등급을 매기는 플레시-킨케이드Flesch-Kincaid 테스트를 실시했다. 도널드 트럼프는 모든 연설에서 3~4학년 등급을 기록했지만, 테그 크루즈는 9학년(중학교 3학년~고등학교 1학년), 벤 카슨과 마이크 허커비는 8학년(중학교 2학년) 수준으로 연설을 했다. 현학적인 단어를 사용하면 똑똑해 보일지는 몰라도, 사람들에게 영향을 주지는 못한다.

   ○ '일종의kinda like' 브리지 : 때로는 복잡한 아이디어를 말해야 한다. 어떻게 복잡한 아이디어를 빠르게 단순화할까? '일종의' 브리지를 이용하면 된다. 3학년 수준을 벗어나는 단어나 개념을 만날 때마다 나는 하던 일을 멈추고, 그런 개념을 고객들이 이미 알고 이해하는 것과 연관 짓는 법을 생각한다(아이들에게 복잡한 아이디어를 설명할 때 쓰는 방법이다).

그것은 일종의…

사람들이
이해하는 것

새로운
개념

도표 7-7 3학년 수준을 넘어서는 개념을 가르쳐야 한다면 "그것은 일종의…"라고 말하며 고객들이 이미 아는 것과 연관 짓는다.

예를 들어 나는 세일즈 스크립트로 '케토시스'라는 과정을 가르치려고 한다. 케토시스는 일종의 지방을 먹어서 체중을 줄이는 방법이다(바로 이 문장이 간단한 '일종의' 브리지다! 알아챘는가?). 스크립트에서 케톤을 언급하면 청중은 잠에 빠져든다. 사람들은 모르는 단어를 들으면 다음 말은 아예 들으려고 하지 않는다. 그래서 나는 '일종의' 브리지를 이런 식으로 이용하기 시작했다.

> 목표는 우리 몸에 케톤을 늘리는 것입니다. 그렇다면 케톤이 뭘까요? 케톤은 수백만 개나 되는 일종의 작은 동기부여 연설가입니다. 몸에 힘을 주고 기분을 좋게 해주죠.

나는 이처럼 새로운 개념이나 사람들이 이해하지 못할지도 모르는 단어를 언급할 때 '그것은 일종의…'라는 구절을 문장에 삽입한다. 새로운 단어나 개념을 사람들이 잘 아는 무언가와 연결해서 이해시킨다. 청중은 동기부여 연설가가 무엇인지 알고 있다. 그래서 수백만 개의 작은 케톤(연설가)들이 몸 안을 돌아다니는 모습을 상상할 수 있다.

이해하기가 아주 어려운 케토시스 상태가 어떤 느낌인지 같은 대본을 이용해 설명하려고 했다. 케토시스 상태에 있으면 기분이 좋아진다. 정말 끝내준다! 그래서 이런 식으로 이야기했다.

> 케토시스 상태가 된다는 것은 일종의 오래된 비디오 게임인 팩맨을 하는 것입니다. 기억하시나요? 팩맨은 게임 내내 유령을 피해 도망 다닙니다. 하지만 가끔 힘이 세지는 알갱이를 먹으면 갑자기 엄청난 에너지가 생기죠. 그러면 이번에는 유령을 쫓기 시작합니다. 즐거운 기분으로요. 바로 이게 케토시스 상태에 있을 때의 느낌입니다.

이번에도 모호하고 이해하기 어려운 개념을 '일종의'로 시작하는 구절을 이용해 청중이 이해하는 것과 연결한다.

연설을 하거나 글을 쓰다가 내가 전달하려는 것을 이해하지 못하는 사람이 있을지도 모르겠다는 생각이 들 때마다 '그것은 일종의'라고 말하면서 이해하기 쉬운 무언가와 관련지어보라. 당신의 이야기는 단순하고, 재미있고, 뚜렷한 인상을 남길 것이다. 지나칠 정도의 단순화가 핵심이다.

○ **사람들이 느끼게 하라**: 스토리텔링을 향상하는 다음 방법은 이야기에 느낌과 감정을 더하는 것이다. 대체로 영화는 관객에게 어떤 느낌을 매우 쉽게 전달한다. 내가 가장 좋아하는 사례는 〈엑스맨: 퍼스트 클래스〉에 나오는 장면이다. 이 영화는 우리를 과거로 데려가 등장인물들이 어떻게 성장했고 어떻게 힘을 발견했는지 보여준다.

한 장면에서 어린 매그니토와 가족이 나치 강제수용소로 끌려가고 있다. 어린 매그니토가 저항하자 수용소를 둘러싼 금속 담장이 움직이고 이 모습을 독일 병사들이 보게 된다. 그들은 젊은 매그니토의 힘이 어느 정도인지 보고 싶어서 아주 작은 방으로 그를 데려간다. 거기에는 그의 힘을 보고 싶어 하는 나치 지도자가 있다. 그들은 매그니토의 어머니를 데려와 협박하여 원하는 것을 시킨다.

나치 지도자는 매그니토의 어머니에게 총을 겨누고 매그니토에게 책상에 놓인 동전을 손대지 않고 움직이게 한다. 매그니토는 불안해하며 동전을 움직이려고 애쓰지만 동전은 꼼짝도 하지 않는다. 그러자 나치 지도자는 방아쇠를 당겨 그의 어머니를 죽인다. 그러자 매그니토의 고통이 느껴지는 아주 강력한 장면이 나온다.

우리는 매그니토의 눈이 슬픔에서 분노로 바뀌는 모습을 지켜본다. 매그니토는 초능력을 사용해 나치 지도자의 책상에 있는 벨을 찌그러트린다. 그가 소리를 지르고 모든 금속성 물질이 방 안쪽으로 움직인다. 매그니토는 보초의 헬멧을 찌그러트려 순식간에 해치운 다음 주위에 있는 모든 것을 완전히 파괴한다. 그리고 자신의 힘을 발견한다.

이 모든 장면이 한 마디 대사도 없이 펼쳐진다. 매그니토의 얼굴, 방의 분위기, 이때 흐르는 음악에서, 어찌 보면 우리는 매그니토의 고통을 실제로 느낄 수 있다. 이것이 영상의 힘이다.

물건을 팔기 위해 영화를 제작하는 사람은 거의 없지만, 고객이 강렬한 영화를 보는 것처럼 느낄 수 있게 이야기하는 방법을 배워야 한다. 매그니토가 그냥 다음과 같이 말한다고 상상해보자.

"그래요, 내가 어렸을 적에 나치 수용소에 있었는데 독일군이 내가 손도 안 대고 동전을 움직이는 모습을 보고 싶어 했어요. 저는 하지 못했어요. 그러자 놈들이 어머니를 죽였고, 나는 정말 화가 치밀어 올라서 거기 있던 모든 것을 날려버렸지요."

여기서 뭐가 느껴지긴 하는가? 극중 인물과 소통하는 데 필요한 (그리고 동일한) 감정적인 경험을 할 수가 없을 것이다. 하지만 대부분의 사람들이 이런 식으로 이야기를 한다.

훌륭한 작가의 소설을 연구해보면, 작가는 등장인물을 한 방에 모은 다음 방의 세부를 묘사하는 데 몇 페이지를 쓴다. 인물들은 조명이 어떤지, 사물이 어떻게 보이고 느껴지는지, 아무튼 이 장면 설정에 필요한 내용을 모두 말한다. 그런 다음 어떻게 느끼는지 깊이 파고든다. 이것이 핵심이다. 어떤 느낌이 드는지 설명해야 한다. 그러면 당신이 느끼던 것을 사람들도 느낄 것이다. 예를 들어 내가 이런 이야기를 한다면 어떨까?

나는 우리 집 주방 옆 작은 사무실에 앉아 있었다. 작은 책상은 완성되지 않은 아이디어 수십 개를 휘갈겨 적은 포스트잇과 서류 뭉치로 뒤덮여 있었다. 다른 방에서는 아이들이 노는 소리가 들려왔지만 방금 전에 무슨 일이 일어났는지 알 수는 없었다. 그때 아내가 아이들에게 손을 씻으라고 말한다. 저녁식사 시간이라는 뜻이다. 아이들이 세면대로 달려가 비누를 서로 먼저 차지하려고 다투는 소리가 들려오면, 의자에서 일어나

식탁으로 가야 한다.

하지만 천천히 일어서던 나는 배에서 심한 통증을 느꼈다. 심장마비 같았지만 장 아래쪽이 아팠다. 게다가 어깨가 짓눌리는 느낌이 들었다. 누군가가 내 목을 깔고 앉은 것 같았다. 너무 무거워서 머리를 들 수 없었다. 눈에 보이는 거라곤 손바닥뿐인데, 손바닥에는 땀이 흘렀고 몸은 얼어붙을 듯이 차가웠다.

크리스마스에 돈 한푼 없다는 사실을 알게 되면 아내는 뭐라고 말할까? 내일 아침에는 산타클로스 할아버지가 오지 않는다는 사실을 알게 되면 아이들은 어떤 표정을 지을까?

당신은 이 이야기를 읽으면서 내가 느낀 감정을 실제로 느꼈을 것이다. 얼마나 많은 사람이 장이 뒤틀리거나, 어깨가 짓눌리거나, 손바닥에 땀이 나는 경험을 했을까? 나는 에피파니 브리지 스토리를 들려주며 당신이 과거에 내가 깨달음을 경험했던 순간과 같은 상태에 놓이도록 하려고 한다. 당신이 그런 상태에 있다면 나와 동일한 깨달음을 얻을 것이다. 그렇지 않다면 내 이야기의 전반적인 의미를 놓칠 가능성이 크다.

누군가에게 정말 재미있고 신나는 상황에 관해 들려주었건만 상대방은 전혀 이해하지 못했던 적이 있나? 이해는 했지만 당신이 말하려 했던 핵심은 듣지는 못한 것이다. 그렇다면 다른 방식으로 같은 이야기를 해보고, 또 다른 방식으로 다시 해보라. 몇 차례 시도하고 나면 상대는 두 손을 들고 패배를 인정하며 이렇게 말할 것이다. "음, 거기에 같이 있었으면 좋았을 텐데." 당신이 처음에 깨달음을 얻었던 때와 같은 상태로 사람들을 몰아넣지 못했을 때 벌어지는 일이다.

이제 당신은 에피파니 브리지의 기본 사항과 이야기를 단순화하는 방법, 사람들이 그런 상황에 놓였던 당신과 동일한 느낌을 받게 하는 방법을 이해했다. 이제 이야기의 구조로 넘어가고자 한다. 이야기를 들려주는 데 적절한 구조를 습득하고 여기서 배운 개념을 적용하면, 당신은 스토리텔링과 스토리셀링의 장인이 될 것이다.

주인공의 두 가지 여정

1984년은 조지 루카스의 스타워즈 시리즈 세 번째 영화 〈제다이의 귀환〉이 개봉한 지 1년쯤 되는 해였다. 조지 루카스는 샌프란시스코에서 열리는, 우주 공간에 대해 이야기하는 행사에 참석하기로 했다. 그가 참석하는 이유는 그의 길잡이인 '요다'가 강의를 하기 때문이었다.

요다의 이름은 조지프 캠벨이다. 둘이 이전에 만난 적은 없었지만 캠벨이 수십 년 전에 집필했던 작품이 루카스가 〈스타워즈〉의 스토리라인을 만드는 데 도움을 주었다. 캠벨은 역사 기록과 전 세계의 스토리텔링에 존재하는 보편적인 주제와 전형(프레임워크)을 연구하는 데 한평생을 바친 사람이다. 캠벨은 자신의 연구를 통해 역사적으로 시간이나 문화와 상관없이 모든 신화에 프레임워크가 존재한다는 사실을 발견했다. 성공한 거의 모든 이야기가 17단계 프레임워크를 따른다.

1949년 캠벨은 자신의 연구 결과를 자세히 다룬 『천의 얼굴을 가진 영웅』이라는 책을 썼다. 여기서 캠벨은 '영웅의 모험'이라는 17단계의 이야기 프레임워크를 제시했다.

1. 모험에의 소명: 영웅은 모르는 사람에게 소명을 받는다.
2. 소명의 거부: 다른 의무나 두려움 때문에 여정을 떠나지 못한다.
3. 초자연적인 조력: 불가사의한 조력자가 등장한다.

4. 첫 관문 통과: 기지의 세계를 떠나 미지의 세계에 발을 들여놓는다.

5. 고래의 배: 기지의 세계에서 분리되는 마지막 단계.

6. 시련의 길: 자신을 바꾸기 위해 일련의 시험을 통과해야 한다.

7. 여신(사랑)과의 만남: 조건 없는 사랑을 경험한다.

8. 유혹: 궁극적인 것을 추구하는 행동을 방해하는 유혹을 맞닥트린다.

9. 아버지와의 화해: 인생에서 궁극적인 힘을 가진 사람과 맞서야 한다.

10. 귀환 전에 만나는 평화와 성취: 신성한 깨달음을 경험한다(대개 죽음을 극복하여).

11. 홍익: 목표 달성.

12. 귀환 거부: 다른 세계에서 행복과 깨달음을 얻으면 귀환하지 않을지도 모른다.

13. 불가사의한 탈출: 영웅은 도움을 받아 곤경에서 탈출해야 한다.

14. 외부로부터의 구조: 때로 구조자가 필요하다.

15. 귀환: 임무를 수행하면서 얻은 지혜를 세상과 공유하여 인간 사회에 통합한다.

16. 두 세계의 스승: 물질과 영혼(내면과 외부 세계) 사이의 균형을 이루어 낸다.

17. 삶의 자유: 죽음에 대한 두려움에서 벗어나, 미래를 걱정하거나 과거를 후회하지 않으며 살아간다.

루카스는 〈스타워즈〉 대본을 쓰면서 캠벨의 프레임워크를 처음 알게 되었다. 한 인터뷰에서 말하길 캠벨의 프레임워크를 알고 난 뒤 "모든 사회, 모든 연령대에 통하는 아이디어로 한바탕 소동을 일으키는 (…) 액션 어드벤처 영화에 적용할 수 있었다."

그후 몇 년 동안 두 사람은 좋은 친구로 지냈지만, 놀랍게도 캠벨은 그때까지 〈스타워즈〉 영화를 한 편도 보지 않았다. 루카스는 그를 초대하여 함께 영화를 보았다. 사람들이 시리즈 영화를 몰아서 보기 시작한 지 수십 년 전의 일이다. 루카스는 "실제로 세 편을 한꺼번에 본 적은 처음이었다"라고 말했다. 두 사람은 하루에 전체 3부작을 감상했다. 마지막 영화가 끝나고 그들은 말없이 어둠 속에 앉아 있었다. 그때 캠벨이 말했다. "나는 진정한 예술은 피카소, 조이스, 만과 함께 끝났다고 생각했다네. 하지만 끝나지 않았다는 걸 이제 알겠군."

주인공(영웅)의 여정

캠벨의 저작은 대부분 신화와 전설, 민담에 집중한다. 그의 프레임워크가 놀랍기는 하지만 이야기의 프레임워크를 페이스북 라이브나 웨비나, 행사 무대에서 어떻게 이용하면 좋을지 알아내기는 쉽지 않다. 그래서 나는 캠벨의 프레임워크를 내가 사용할 수 있을 만큼 단순화하는 방법을 찾기 위해 더 깊이 파고들었다.

이야기를 마케팅에 더 잘 활용하는 방법을 알아내려고 노력하다 우연히 크리스토퍼 보글러의 『신화, 영웅 그리고 시나리오 쓰기』를 만나게 되었다. 보글러는 디즈니의 임원으로 일하는 동안 캠벨의 프레임워크를 영화에 맞게 단순화하는 방법을 알아냈고 이 과정을 '영웅의 여정'이라 부르며 대중화했다. 그의 단순화된 이야기 프레임워크는 12단계로 이루어진다.

1. 일상 세계
2. 모험에의 소명
3. 소명의 거부
4. 스승과의 만남
5. 첫 관문 통과

6. 시험, 협력자, 적대자

7. 동굴 가장 깊은 곳으로의 접근

8. 시련

9. 보상

10. 장애물

11. 부활

12. 영약을 가지고 귀환

인기 영화는 대부분 이러한 프레임워크를 사용한다.

〈해리 포터와 마법사의 돌〉	
일상 세계	해리 포터는 계단 아래에 있는 벽장에서 산다.
모험에의 소명	호그와트 입학 허가서를 받는다.
소명의 거부	자신이 진짜 마법사임을 믿지 않는다.
스승과의 만남	해그리드가 해리를 다이애건 앨리로 데려간다.
첫 관문 통과	부모가 볼드모트 경에게 죽임을 당했다는 사실을 알게 된다.
시험, 협력자, 적대자	호그와트의 삶에 적응한다.
동굴 가장 깊은 곳으로의 접근	해리와 론, 헤르미온느는 스네이프보다 먼저 마법사의 돌을 차지할 계획을 세운다.
시련	그들은 마법사의 돌을 지키려고 설치된 장애물을 극복한다.
보상	해리는 마법사의 돌이 감춰진 방에 들어간다.
장애물	몸 안에 볼드모트가 살고 있는 퀴렐 교수와 마주한다.
부활	해리가 병원에서 깨어난다. 어머니의 사랑이 해리를 보호해주었다고 덤블도어가 설명한다.
영약을 가지고 귀환	호그와트에 다니는 것이 좋아진 해리가 여름을 지내기 위해 집으로 돌아간다.

도표 8-1 〈해리 포터와 마법사의 돌〉에서 볼 수 있는 보글러의 '영웅의 여정' 12단계 프레임워크.

〈라이온 킹〉	
일상 세계	심바는 프라이드 랜드의 왕위 계승자다.
모험에의 소명	스카는 무파사를 죽이고 심바에게 떠날 것을 명한다.
소명의 거부	외롭고 겁에 질린 심바는 사막으로 물러난다.
스승과의 만남	티몬과 품바는 심바에게 정글에서의 삶을 소개한다.
첫 관문 통과	심바는 '하쿠나 마타타'의 생활을 받아들인다.
시험, 협력자, 적대자	날라가 심바를 찾아내고 둘은 사랑에 빠진다.
동굴 가장 깊은 곳으로의 접근	날라는 심바에게 프라이드 랜드로 돌아와 왕권을 스카로부터 되찾으라고 부탁한다.
시련	심바는 자신의 왕국을 구하는 일과 새로운 삶을 유지하는 것 중 하나를 선택해야 한다.
보상	무파사의 유령이 심바에게 반드시 프라이드 랜드로 돌아가야 한다고 말한다.
장애물	심바가 귀환해서 스카와 마주한다.
부활	심바는 스카가 아버지를 죽였다는 사실을 알게 된다. 심바는 프라이드 바위에서 스카를 떨어트린다.
영약을 가지고 귀환	심바는 프라이드 바위를 올라가서 왕권을 되찾는다.

도표 8-2 '영웅의 여정' 12단계 프레임워크는 〈라이온 킹〉에서도 찾을 수 있다.

주인공의 두 가지 여정

보글러의 새로운 프레임워크를 연구하다가, 그가 마이클 하우지와 함께 제작한 '주인공의 두 가지 여정'이라는 오디오 강좌를 발견했다. 짐작했겠지만 나는 이미 주인공의 여정에 푹 빠져 있었다. 보글러의 책에서 시작하여 오디오 강좌로 여정을 이어간 그날 밤, 음, 당연히도 잠을 이룰 수 없었다. 나는 수강료를 내고 강좌를 몇 번 들었다. 그리고 마이클 하우지에게 연락해서 사적으로 친분을 쌓았다.

하우지는 30년이 넘는 세월 동안 할리우드 최고의 각본 컨설턴트이자 이야기의 전문가로 군림한 인물이다. 일급 시나리오 작가와 감독들이 자기네 영화가 감정적인 울림을 최대한 끌어내는 이야기 구조를 제대로 따르는지 확인할 때 그를 찾는다. 하우지는 등장인물과 주인공 내면의 삶은 물론이고 그들이 선택한 여정과 보이지 않는 특성을 이해하는 데 전문가다.

캠벨과 보글러는 영웅이 거둔 성취의 여정을 이야기했다. 반면, 하우지는 모든 위대한 이야기에는 또 다른 (어쩌면 훨씬 중요한) 여정이 있다는 사실을 밝혔다. 바로 변화의 여정이다.

생각해보라. 해리 포터가 볼드모트를 이겼는지 모르지만, 해리는 이 여정에서 어떤 사람이 되었는가? 심바가 스카를 죽이고 왕좌를 차지했는지 모르지만, 이 여정에서 심바는 어떤 내적 변화를 겪었는가? 대부분의 경우 관객에게 큰 보상을 주는 것은 두 번째 여정이다.

디즈니 애니메이션 〈카〉에서 라이트닝 매퀸은 성취의 여정을 떠나지 않는다. 그는 경주에서 패배한다. 그토록 원하던 것(피스톤 컵 우승)을 얻을 수 있었지만 결승선에 도달하기 불과 몇 초 전에 급정지하고 칙 힉스가 자신을 이기는 모습을 지켜본다. 라이트닝은 후진해서 큰 사고를 당한 킹을 찾아가 차를 밀어 결승선을 통과하게 해준다. 그는 모든 여정에서 가장 원하는 바를 성취하려고 최선을 다하다가, 마지막 순간에 더 큰 무언가가 되기 위해 자신이 원하던 것을 포기한다. 우리는 정체성의 죽음과 재탄생, 새로운 믿음, 변신을 볼 수 있다. 그것이 위대한 이야기의 핵심이다.

몇 년 동안 이야기에 빠져 살다가 나는 그동안 배운 것을 종합하기로 했다. 위대한 스토리텔러의 탄생에 도움이 되는 핵심 개념을 단순화한 이야기 프레임워크를 만들기로 결심한 것이다.

플롯: 캐릭터, 욕망, 갈등

좋은 이야기는 정말 단순하다. 층위가 복잡할 수는 있지만 핵심은 언제나 아주 단순하다. 내가 얼마나 복잡하게 만드느냐에 따라 똑같은 내용을 60초로도 60분으로도 이야기할 수 있다. 마이클 하우지는 좋은 이야기는 모두 캐릭터, 욕망, 갈등이라는 세 가지 기본 요소로 구성된다고 가르쳐주었다. 이를 통틀어 플롯이라고도 한다.

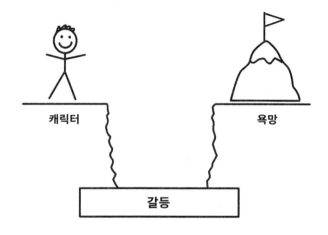

도표 8-3 좋은 이야기의 플롯에는 캐릭터, 욕망, 갈등이라는 세 요소가 있다.

옛날에 '작은 빨간 모자'라는 소녀가 있었다. 소녀는 숲에 사는 할머니에게 쿠키를 가져다주고 싶었다. '덩치 큰 나쁜 늑대'가 자기를 잡아먹으려고 기다리고 있다는 사실을 소녀는 알지 못했다.

- 캐릭터: 작은 빨간 모자
- 욕망: 할머니에게 쿠키 가져다주기
- 갈등: 덩치 큰 나쁜 늑대

이들은 영화, 책, 연극, TV쇼, 오페라 등 모든 유형의 이야기에서 기본 요소다. 하우지는 이어서 말했다. "좋은 이야기에는 모두 강한 욕망을 추구하며 극복할 수 없는 장애물과 맞서는 매력적인 캐릭터가 등장한다네. 이 세 가지만 있으면 좋은 이야기라고 할 수 있지."

1단계　　일상 세계로부터의 분리

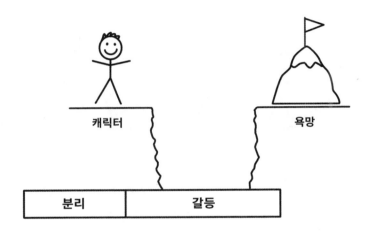

도표 8-4　캐릭터가 욕망을 이루기 위한 여정을 떠나려면 일상에서 벗어나야 한다.

이야기는 언제나 자신의 일상에서 살아가는 우리의 주인공과 함께 시작한다. 대부분의 이야기는 처음 25퍼센트에 주인공이 무언가를 떠나는 과정이 나온다. 여기서 스토리텔러는 반드시 관객이 주인공에게 관심을 갖도록 여정에 흥미를 불어넣어야 한다. 우리는 다음 두 가지를 통해서 이를 수행한다.

· 주인공과 친밀한 관계를 맺게 하라.
· 욕망을 설명하라.

○ **주인공과 친밀한 관계를 맺게 하라**: 이야기의 주인공과 친밀한 관계가 맺어지지 않으면 사람들은 주인공의 여정에 관심을 갖지 않는다. 친밀한 관계가 잘 맺어지면 관객은 몰입한다. 다음 중 두 가지 이상을 주인공에게 부여하면 친밀한 관계가 만들어진다.

· **외부 힘의 희생자**가 되게 한다. 그러면 그를 응원하게 된다.
· **위험**에 빠트린다. 그러면 그를 걱정하게 된다.
· **호감** 가는 인물로 만든다. 그러면 그와 함께 있고 싶어진다.
· **재미**있는 인물로 만든다. 그러면 그와 친해진다.
· **강력한** 인물로 만든다. 그러면 그처럼 되고 싶어진다.

○ **욕망을 설명하라**: 모든 이야기는 쾌락을 향하거나 고통에서 벗어나는 여정을 그린다. 주인공을 이끄는 네 가지 핵심 욕망은 승리하고, 되찾고, 탈출하고, 멈추는 것이다. 이중 두 가지는 쾌락을 향하고, 다른 두 가지는 주인공이 고통에서 벗어나게 한다.

쾌락을 향하기
· **승리하기**: 주인공은 사랑하는 사람의 마음을 얻으려 할지도 모른다. 혹은 명성이나 돈, 경쟁자, 위신을 얻고 싶어 할 수도 있다. 하지만 무엇보다 지위 상승을 간절히 열망한다.
· **되찾기**: 주인공은 무언가를 잃고 다시 찾아오려 한다.

고통에서 벗어나기
· **탈출하기**: 주인공은 분노와 고통에서 멀어지려 한다.
· **멈추기**: 주인공은 나쁜 일이 일어나는 사태를 멈추려고 한다.

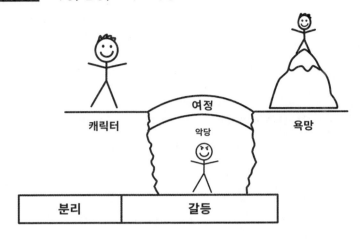

2단계　여정, 갈등, 그리고 악당

도표 8-5　악당은 주인공이 욕망을 성취하도록 응원하게 한다.

이 단계에서 주인공은 일상을 떠나 자신의 욕망을 추구한다. 이것이 첫 번째 여정이다. 이야기를 듣는 모든 사람이 알고 있다. 관객의 눈에는 결승선과 목표가 보인다. 우리는 주인공이 이 여정을 완수하길 응원한다. 이 여정은 이야기를 진전시키지만, 두 번째 여정이 더 중요하다. 사실 많은 이야기에서 주인공은 그들의 최종 욕망을 성취하지 못한다. 혹은 욕망을 성취하더라도 진정한 변화의 여정을 거치며 그것을 포기한다.

두 번째 여정을 거치는 동안 주인공은 다양한 갈등을 경험한다. 갈등은 이야기를 흥미롭게 만든다. 악당이 사악할수록 관객은 주인공과 더 강한 유대감을 형성할 것이다.

배트맨에게는 조커가 있고, 루크 스카이워커에게는 다스베이더가 있다. 당신의 주인공에게도 맞서 싸워야 할 악당이 필요할 것이다. 악당은 사람일 수도, 잘못된 신념 체계일 수도 있다. 우리가 해야 할 일은 그러한 신념 체계를 비난하고 물리쳐서 관객에게 진실을 알리는 것이다.

당신의 이야기에서 갈등은 관객과 감정적으로 가까워지기 위한 열쇠임을 기억해야 한다.

3단계 스승/전문가/길잡이

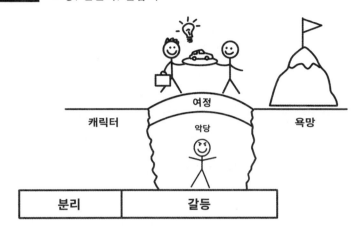

도표 8-6 주인공은 길잡이의 도움 없이는 욕망을 성취할 수 없다.

주인공은 길을 가는 도중에 스승이나 길잡이를 만난다. 어떤 영화든 대개 그렇다. 루크 스카이워커는 요다, 록키는 미키, 프로도는 간달프, 모아나는 마우이라는 길잡이가 함께한다. 더 나열할 수 있지만, 바라건대 당신이 가장 좋아하는 영화를 떠올려보고 주인공, 악당, 그리고 길잡이가 누구였는지 생각해보길 바란다.

우리가 스토리텔링을 이용하는 목적에 부합하게, 길잡이는 깨달음과 프레임워크를 전해준다. 길잡이가 큰 통찰을 안기는 실제 사람일 때도 있지만, 새로운 기회를 부여할 프레임워크를 형성하는 영감, 아이디어, 생각(에피파니)을 주는 신인 경우도 있다.

그리하여 주인공은 악당을 물리치고 욕망을 성취하기 위해 길잡이에게 받은 계획/프레임워크를 이용하는 여정을 이어간다.

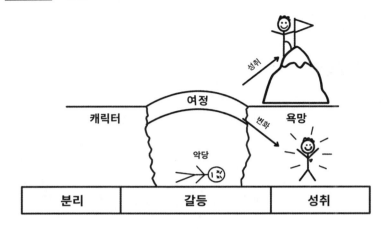

도표 8-7 마침내 여정을 끝마치고 주인공은 새로운 사람으로 변화한다.

마지막 단계에서 주인공은 여정을 마친다. 때로는 내내 성취하려고 했던 것을 얻지 못하기도 한다. 록키 발보아는 아폴로 크리드를 이기지 못했고, 라이트닝 매퀸은 피스톤 컵을 차지하지 못했지만, 여정을 거치는 동안 두 주인공은 변화했다. 이것이 주인공의 두 번째 여정이다. 그들은 어떤 사람이 되었고 어떻게 바뀌었을까? 옛 정체성은 죽고 주인공은 새로 태어난다. 이는 우리의 주인공이 언제나 겪게 되는 진정한 여정이다.

나는 좋은 이야기 프레임워크의 가장 중요한 측면을 이해하기 위해 '주인공의 두 가지 여정'이라는 단순화된 프레임워크를 만들었다. 연구 도중 발견한 강의에서 크리스토퍼 보글러가 다음과 같이 말했다.

여러분은 누군가의 이야기를 들으면서 이렇게 말할 수 있습니다. '오, 유용한 아이디어야.' '그래 맞아. 내 생각도 그래.' '와, 저건 한 번도 생각해보지 못했어.' 하지만 어느 지점에서는 여러분만의 아이디어로 고유의 언어, 함께 일하는 사람과 공유하는 언어를 만들어야 합니다. 흡수하고, 메모하고, 여러분이 관찰한 세계와 부합하는 것을 여기저기서 *끄집어내세요*. 한 사람의 예술가로서 세상을 어떻게 인식하는가, 바로 이 점이 가장 중요합니다. 그러므로 자신의 것을 만들어야 합니다.

이 말을 듣고 내 자신을 돌아봤다. 보글러는 캠벨이 설명한, 신화·전설·민담에 담긴 17단계 프레임워크를 가져다 영화에 특화된 프레임워크를 만들었지만, 나는 두 사람의 개념과 15년의 온라인 판매 경험을 가져와 간단한 프레임워크를 만들었다. 처음에는 내가 사용하려고 만들었지만 프레임워크를 완성한 다음에는 아는 사람들에게 소개하고 싶었다. 다음 장에서는 당신의 퍼널에서 사용할 수 있도록 수정하고 단순화한 내 프레임워크(주인공의 두 가지 여정에 기반한)를 소개할 것이다.

에피파니 브리지 스크립트

클릭퍼널스를 출시한 이후 거의 매일 받은 질문이 있다. 나는 이 세상 무엇보다 퍼널을 좋아하는 사람으로서 이에 얼른 대답할 방법을 찾아 내려고 무진 애를 썼으나, 찾지 못했다.

"그래서… 퍼널이 뭔가요?" 한 여성이 내게 그 질문을 던졌다.

잠시 미소 지었다. 그를 이해시키려면 결국 이야기를 들려줄 수밖에 없다는 사실을 알았기 때문이다.

"제가 어떻게 퍼널을 알게 되었는지 짧게 이야기를 들려드려도 되 겠습니까? 그래야 퍼널이 무엇인지를 당신이 가장 잘 이해할 수 있을 것 같습니다."

그는 좋다고 했다. 나는 내가 어떻게 퍼널(새로운 기회)을 발견하게 되었는지 에피파니 브리지 스토리를 들려주기 시작했다.

배경 이야기

....

> ○ **배경 이야기/욕망:** 대학에 다닐 때 지금의 아내인 콜레트를 만나 사랑 에 빠졌다. 나는 청혼했고 콜레트는 승낙했지만, 내심 걱정이 들었다. 당 시 직업이 없었고 앞으로 직업을 얻을 것 같지도 않았기 때문이다.

○ **외부:** 나는 학생 레슬링 선수였고, 미국대학체육협회 규정상 전일제 근무를 할 수 없었다. 그래서 아내가 부업을 하여 우리를 먹여 살렸다. 나는 돈을 벌어서, 새로운 여정을 시작한 아내와 나 자신에게 도움이 되고 싶었다.

○ **내부:** 하지만 진정으로 원했던 것은 아내가 일을 그만두고 우리 가정을 꾸리는 방법을 찾는 것이었다. 아내는 전업주부가 꿈이었고, 나는 빠른 시일 내에 그 꿈을 이루어주고 싶었다.

○ **낡은 매개체:** 온라인에서 돈을 버는 다양한 방법을 시도했지만 소용이 없었다. 이베이에서 물건을 팔려고도 했고, 웹사이트를 만들어 컴퓨터 부품을 팔기도 했지만 성공하지 못했다. 시도할 때마다 번 돈보다 들어간 돈이 많았다. 새로운 실험을 하면서 빚만 늘어갔다.

여정/갈등
. . . .

○ **소명:** 그즈음 온라인에서 '~하는 방법'을 상품으로 만들어 파는 사람들이 있었는데 아주 잘되는 것 같았다. 그래서 나도 '~하는 방법'에 관한 상품을 만들기로 했지만, 문제는 사람들이 돈 주고 살 만한 나만의 기술이 없다는 것이었다. 그나마 몇 주 전에 친구와 함께 만든 감자총이 떠올랐고, 그 제작법을 DVD로 만들어 온라인에서 판매하기 시작했다.

○ **악당:** 간단한 웹사이트를 만들고 구글에 DVD를 홍보하는 광고를 실었다. 광고비는 하루에 10달러씩 들어갔고, DVD는 하루 한 장씩 37달러에 팔렸다. 마침내 나만의 사업으로 성공을 거둔 것이다. 하지만 그때 구글이 정책을 바꿨다. 광고비가 급격히 올랐고, 얼마 지나지 않아 37달러짜리 DVD를 팔기 위해 하루에 50달러가 넘는 광고비를 들여야 했다.

○ **만약:** 하루아침에 사업은 중단되었다. 내가 레슬링을 그만두고 일자리를 구하거나, 아내가 우리를 먹여 살리기 위해 부업을 계속해야 한다는 뜻이었다. 둘 다 끔찍해 보였고 나는 절망에 빠졌다.

새로운 기회

○ **길잡이:** 구글 광고를 포기했다. 매일 큰 손해를 봤기 때문이다. 일주일쯤 뒤에 온라인에서 만났던 사람에게 전화가 왔다. 나와 비슷하게 '~하는 방법'을 온라인에서 판매하는 사람이었는데 이름은 마이크 필세임이다. 나는 마이크의 사업 역시 망했을 거라 생각했다.

○ **에피파니:** 마이크에게 어떻게 지내는지 묻자 그는 더할 나위 없이 사업이 잘된다고 말했다. 나는 혼란스러워서 방법을 물었고 그는 큰 깨달음을 주었다. 마이크는 웹사이트에 한 단계를 추가했더니 모든 것이 바뀌었다고 말했다. 방법은 맥도널드의 운영 방식과 비슷했다. 빅맥을 주문하면 감자튀김과 콜라는 어떠냐고 묻는 식이다. 누군가 물건을 사면 부가 상품을 추가해서 할인된 가격으로 사고 싶은지 묻는 것이다. 구매자 셋 중 하나는 상향구매를 한다고 말했다. 덕분에 매출이 늘어나서, 트래픽을 일으키려고 구글에 계속 광고할 여유가 생긴 것이었다.

가슴이 뛰기 시작했다. 재빨리 감자총 DVD를 구입한 사람들에게 어울릴 부가 상품을 찾아봤다. 나는 감자총 제작 키트를 파는 회사를 발견했고 내가 키트를 판매하면 회사에서 고객에게 배송하는 거래를 성사시켰다. 상향판매 상품을 추가하여 나의 첫 퍼널을 만들자, 마이크가 말한 대로 감자총 DVD를 구입한 사람 셋 중 하나는 키트를 구입했다. 나는 구글에 광고비를 지불하고도 두둑한 이익을 남길 만큼 돈을 벌었다.

○ **새로운 기회**: 나는 이런 경험으로, 온라인에서 성공하는 비결은 무엇을 파느냐가 아니라 어떻게 파느냐에 달려 있음을 깨달았다. 이 간단한 퍼널이 더 많은 감자총 제품을 판매한 비결이었다.

프레임워크
·················

○ **전략**: 내가 발견한 비결에 가슴이 뛰었고, 다른 상품에도 효과가 있는지 확인하고 싶었다. 곧 나는 체중 감량 제품과 데이팅 서비스, 쿠폰 활용 강좌, 네트워크 마케팅, 아이폰 앱, 당뇨신경병 환자를 위한 보조제 등을 파는 퍼널을 만들기 시작했다. 그중에는 어떤 것은 온라인 비즈니스에 효과가 있었고, 어떤 것은 서비스 기반 비즈니스에 좋았다. 나는 수백 가지나 되는 변형 프레임워크를 테스트하고 비즈니스 유형별로 서로 다른 퍼널 프레임워크를 만들었다. 리드(잠재고객)를 생성하는 프레임워크, 실제 판매용 프레임워크, 서비스용 프레임워크 등.

○ **당신의 성과**: 우리 회사가 들어가는 모든 시장은, 퍼널을 제대로 만들었다면, 하루아침에 트래픽이 몰린다. 우리는 단 6주만에 150만 개 이상의 리드를 생성하는 퍼널을 만들었다! 그리고 1년도 안 된 신생 스타트업이 1000만 달러 매출을 올리는 퍼널을 만들었다.

○ **다른 사람들의 성과**: 마찬가지로 신나는 점은, 이 프레임워크들을 기업가 수천 명과 공유한다는 사실이다. 나는 브랜든과 케일린 폴린의 아이디어가, 100만 명 넘는 여성이 체중 감량이라는 여정을 떠나도록 도와주는 스타트업 '레이디보스'로 성장하는 모습을 지켜보았다.

성취와 변화

> ○ **성취:** 퍼널을 알게 된 후, 아내는 일을 그만둘 수 있었다. 우리 회사에서
> 만든 퍼널은 하루에 1000개 이상의 새로운 리드를 생성하며 매달 수백만
> 달러의 매출을 올린다.
>
> ○ **변화:** 하지만 그보다 더 멋진 일은 아내가 일을 그만둘 수 있었다는 점
> 이다. 아내는 전업주부가 되었고, 우리에겐 다섯 아이가 생겼다! 그밖에도
> 기업가 수백 명이 회사를 출범시킬 때 퍼널을 사용한 덕분에 자유로워졌
> 고 더 좋은 서비스를 제공하게 되었다.

"우와, 저는 ＿＿＿회사를 운영하는데, 퍼널이 제가 하는 일에도 효과
가 있을까요?" 에피파니 브리지 스토리를 들려주면 많은 사람이 이렇
게 묻는다. 누구에게 말하는지에 따라 이야기가 일부 달라진다. 치과의
사들에게는 케일린 폴린이 올린 성과 대신 치과의사 아니사 홈즈의 이
야기를 들려준다. 주어진 시간이 2분밖에 안 된다 해도 이야기를 할 수
는 있겠지만, 두 시간이라면 더 상세한 사항을 들려주고 감정을 실어
전할 수 있다. 관객이 더 깊은 인상을 받게 해주는 것이다. 하지만 내가
어떤 식으로 이야기하든 5단계 프레임워크에 정확히 들어맞는다.

에피파니 브리지 5단계 프레임워크

에피파니 브리지 스크립트는 내가 지난 5년에 걸쳐 개발한 '주인공
의 두 가지 여정' 프레임워크를 각색한 것이다. 나는 팟캐스트, 페이스
북 라이브, 광고, 이메일, 세일즈 영상, 웨비나, 연설에서 이야기를 할 때
마다 이 스크립트를 이용한다. 하루에 수십 번씩 쓴 적도 있다. 내가 완

성한 스크립트를 이용해서 이너서클 회원들이 수억 달러의 매출을 올리는 모습을 지켜보았다. 이 대본은 고작 5단계로 구성되며 14개 질문에 답한다.

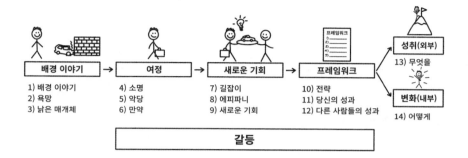

배경 이야기 → 여정 → 새로운 기회 → 프레임워크 → 성취(외부) / 변화(내부)

배경 이야기	여정	새로운 기회	프레임워크	성취(외부)
1) 배경 이야기	4) 소명	7) 길잡이	10) 전략	13) 무엇을
2) 욕망	5) 악당	8) 에피파니	11) 당신의 성과	
3) 낡은 매개체	6) 만약	9) 새로운 기회	12) 다른 사람들의 성과	변화(내부)
				14) 어떻게

갈등

도표 9-1 에피파니 브리지 스크립트는 영상, 팟캐스트, 웨비나 등에서 이야기하는 데 사용하는 프레임워크다.

나는 책상에 에피파니 브리지 스크립트를 설명하는 프레임워크 그림을 둔다. 이야기를 할 때는 언제나 그것을 이용한다. 전문가가 해야 할 가장 중요한 일로서, 사람들에게 많은 이야기를 들려줘야 할 당신도 이 스크립트를 완전히 자기 것으로 만들어야 한다. 14개 질문에 답하기만 하면 전체 이야기를 빠짐없이 할 수 있다. 나중에 더 자세히 다루겠지만 지금은 이들 질문에 답하는 것만으로도 얼마나 빠르게 효과가 나타나는지 보여주겠다.

1단계　배경 이야기

1. 당신의 여정에서 흥미를 끄는 '배경 이야기'가 있는가? 있다면 무엇인가?
2. 달성하길 원하는 '욕망'이나 성과는 무엇인가?

　　외부　외적 욕망은 무엇인가?

　　내부　내적 욕망은 무엇인가?

3. 과거에 동일한 성과를 얻기 위해 시도했지만 효과가 없었던 '낡은 매개체'는 무엇인가?

2단계 여정

4. 이 여정을 시작하게 한 '소명'이나 이유는 무엇인가?

5. 성공을 가로막는 '악당'은 누구 혹은 무엇인가?

6. '만약' 이 여정에서 성공하지 못한다면 무슨 일이 벌어지는가?

3단계 새로운 기회

7. 깨달음을 주었던 '길잡이'는 누구인가?

8. 경험한 '에피파니(깨달음)'는 무엇인가?

9. 그로써 얻은 '새로운 기회'는 무엇인가?

4단계 프레임워크

10. 욕망을 달성하려고 개발한 '전략'이나 프레임워크는 무엇인가?

11. 프레임워크를 따라서 얻은 '당신의 성과'는 무엇인가?

12. 당신의 프레임워크를 따름으로써 얻게 된 '다른 사람들의 성과'는 무엇인가?

5단계 성취와 변화

13. 결국 '무엇을' 성취하거나 완수했는가?(외적 욕망)

14. 여정을 거치면서 '어떻게' 변화했는가?(내적 욕망)

대다수 독자는 이러한 개요와 질문으로 어떤 이야기를 하기에 충분한 프레임워크를 내놓을 것이다. 하지만 어떻게 대답할지 확실히 이해하도록 개별 질문을 조금 더 깊이 파고 들어가보자.

배경 이야기

1) 배경 이야기가 무엇인가?
2) 욕망이 무엇인가?
　- 외적 욕망
　- 내적 욕망

3) 낡은 매개체는 무엇인가?

도표 9-2 당신의 배경 이야기에는 과거에 어떤 욕망을 성취하려고 시도했던 낡은 매개체와 더불어 외적·내적 욕망이 한데 어우러져 있다.

○ **배경 이야기**: 여정에서 우리의 흥미를 끄는 배경 이야기는 무엇인가? 좋은 이야기는 배경을 설명하며 시작한다. 에피파니 브리지에서 이는 큰 깨달음을 얻기 전 자신의 상태를 기억하는 것이다. 그때 그 장소로 돌아가 당신이 주인공의 여정을 시작하던 환경을 떠올려보라. 대개 이러한 배경 이야기는 당신의 말을 듣는 사람의 현재 상태와 동일한 지점에서 시작한다. 사람들이 원하는 바는 당신이 이미 얻은 것과 똑같은 성과다. 하지만 그들이 당신을 전문가로 대하고 당신의 성과를 본다면, 관계를 형성하고 신뢰를 쌓기가 어려울 수 있다. 그런 이유로 전문가 위치에서 내려와 고객들이 당신과 똑같은 문제로 고생하기 시작할 때의 위치로 가야 한다. 지금 자신들이 있는 곳에 한때는 당신도 있었다는 사실을 알면, 원하는 곳으로 데려다주겠다는 당신의 말을 신뢰할 것이다.

○ **욕망**: 다음은 당신이 가장 욕망하는 것이 무엇인지를 이야기한다. 앞서 배웠듯이 당신의 욕망은 대개 승리하고, 되찾고, 탈출하고, 멈추는 것이다.

・**외적 욕망**: 외적 투쟁은 성취의 여정, 즉 주인공의 첫 번째 여정을 이끈다. 사람들은 보통 "살을 빼려고 한다"거나 "회사를 차려서 돈을 벌고 싶다"는 외적 투쟁에 관한 이야기를 기꺼이 털어놓는다.

· 내적 욕망: 내적 투쟁은 두려움이 용기로 바뀌는 변화의 여정, 즉 주인공의 두 번째 여정과 연결된다. 때로는 내적 투쟁이 무엇인지 공유하거나 알기가 어렵다. 하지만 당신이 기꺼이 약점을 드러내고 내적 투쟁을 공유한다면 가장 빨리 친밀한 관계를 맺을 수 있다. 왜일까? 청중 또한 같은 투쟁을 하기 때문이다. 사람들은 대부분 자신이 그러한 투쟁을 벌인다고 이야기하지 않는다. 하지만 당신이 약점을 드러내고 무엇 때문에 싸우는지 진솔하게 말한다면 순식간에 관계가 형성될 것이다.

이야기의 끝부분에 이르면 보통 외적 투쟁을 해결하고 주인공이 이루려 했던 바를 성취하게 된다. 하지만 당신의 이야기가 진정 영향력이 있으려면 주인공은 단순한 목표 달성 이상의 일을 해내야 한다. 즉 다른 사람이 되어야 한다.

○ 낡은 매개체: 배경 이야기는 캐릭터와 친밀한 관계를 구축하도록 한 다음, 주인공이 여정을 시작하게 된 좌절의 순간으로 청중을 데려간다. 당신은 욕망이나 성과를 달성하려 했던 적이 전에도 있었을 것이다. 지금껏 시도했지만 효과가 없었던 다른 매개체에 대해 이야기하라. 당신이 욕망을 이루려고 애썼지만 좌절만을 맛보았음을 보여주는 것이다. 이 낡은 기회는 작동하지 않는다. 바로 그래서 당신이(물론 청중도) 새롭게 시도하기 위해 기꺼이 여정을 시작하는 것이다.

여정/갈등

....

4) 소명은 무엇인가?
5) 악당은 누구/무엇인가?
6) 만약 실패한다면 어떻게 되는가?

도표 9-3 당신이 여정의 시작을 이야기하면 사람들은 여기서 갈등을 일으키는 악당이 누구인지 알게 된다.

모든 이야기의 처음 4분의 1은 주인공의 '일상'이 차지한다. 우리는 주인공이 어떤 사람인지 알게 되고 관심이 생긴다. 더불어 그의 욕망이 무엇인지, 바라는 성과를 얻기 위해 전에 무슨 일을 했는지 알게 된다.

다음 단계에서는 주인공이 자신의 욕망을 '하면 좋은' 것에서 '반드시 해야 하는' 것으로 바꾼다. 보통 무슨 일이 일어나서 주인공은 지금까지 해온 것과 전혀 다른 일을 하게 되고, 안락한 장소를 벗어나 미지의 세계로 떠나는 여정을 시작한다.

○ **소명**: 당신의 이야기에서 소명은 여정을 떠나게 하는 사건이 일어나는 지점이다. 당신이 받았던 느낌이나 인상, 들은 말, 참석했던 행사 등일 수 있다. 과거에 실패했지만 욕망을 이루기 위해 다시 도전하게 하는 사건이 일어난 것이다.

○ **악당**: 이 여정을 시작하면서 당신은 누구 혹은 무엇과 맞서 싸우는가? 악당은 대개 당신을 방해하는 잘못된 믿음 혹은 당신이 활동하는 시장을 해치는 신념 체계다. 당신이 돌을 던지게 될 사람이나 생각이다.

○ 만약: 무엇이 문제인지 모른다면 좋은 결과를 기대하기 어렵다. 이번에 성공하지 못하면 어떻게 해야 하는가? 원하는 것을 달성하지 못하면 맞닥 트릴 최악의 시나리오는 무엇인가?

새로운 기회

7) 길잡이는 누구인가?
8) 에피파니는 무엇인가?
9) 새로운 기회는 무엇인가?

도표 9-4 새로운 기회를 설명하기 위해서 누가(또는 무엇이) 새로운 아이디어를 전해주 었는지를 공유하라.

이야기의 세 번째 단계에서는 주인공이 새로운 기회를 발견한다. 이때는 당신이 처음 깨달음을 얻었을 때 느낀 바를 청중도 똑같이 느끼게 해준다.

○ 길잡이: 길잡이는 사람일 수도 있고 영감을 주는 신일 수도 있다. 나는 때때로 누군가가 직접 말해줘서 깨닫기도 하고, 여정을 떠나는 도중에 스스로 깨닫기도 한다. 당신에게 이런 에피파니를 준 길잡이는 누구인가?

○ 에피파니: 잃어버린 조각을 찾은 듯한 위대한 깨달음의 순간은 무엇인가? 이야기의 목표는 청중이 당신과 똑같이 깨닫도록 해주는 것이다.

○ 새로운 기회: 이러한 깨달음을 거쳐 당신이 실제로 얻은 것 혹은 만들기

로 한 것은 무엇인가? 과거에 원하는 성과를 얻기 위해 사용한 낡은 매개체에서 새로운 매개체로 변화하는 기회의 전환이 여기서 발생한다.

프레임워크
················

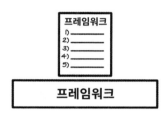

10) 어떠한 전략인가?
11) 당신이 얻은 성과는 무엇인가?
12) 다른 사람들이 얻은 성과는 무엇인가?

도표 9-5 프레임워크를 공유할 때 그 이면에 담긴 전략을 설명하고, 이 프레임워크를 이용한 사람들이 얻은 성과를 공유하라.

이제 새로운 기회를 발견했으므로 여기서 프레임워크를 구축하고 테스트하여 새로운 기회로 원하는 성과를 이룰 수 있을지 확인한다.

○ **전략**: 이 새로운 기회를 시험하고 적용하기 위해 어떤 계획을 세웠는가? 길잡이에게 배운 것을 기반으로 어떤 프레임워크를 구축했는가?

○ **당신의 성과**: 이 프레임워크를 적용해서 얻은 성과는 무엇인가? 당신은 인간 기니피그다. 시험 과정을 공유하여 프레임워크가 얼마나 효과가 있는지 청중을 이해시켜라.

○ **다른 사람들의 성과**: 당신은 스스로 성과를 거두었다. 이 프레임워크가 다른 사람에게도 효과가 있었나? 그렇다면 사례연구와 함께 다른 사람들이 이 새로운 기회로 거둔 성과를 이야기하라.

성취와 변화
....

성취(외부)	변화(내부)

13) 무엇을 성취했는가?　　　　　14) 어떻게 변화했는가?

도표 9-6　무엇을 성취했는지 말하고, 여정을 거치면서 당신이 어떻게 변화했는지도 공유하며 마무리하라.

이는 이야기의 마지막 단계다. 당신과 함께 이 여정을 시작한 청중에게 주는 보상이다.

> ○ **성취**: 이 여정을 시작했을 때 당신은 원하는 결과를 얻으려 했다. 무슨 일이 발생했고 어떤 영향을 미쳤는지 공유하여 사람들이 새로운 기회에서 어떤 결과를 얻었는지 보여주어라.
>
> ○ **변화**: 이 과정에서 당신이 어떤 사람으로 거듭났는지 이야기한다. 이는 내적 투쟁의 해결(주인공 정체성의 죽음과 새로운 신념 체계의 탄생)에 해당한다.

다음 장에서 보겠지만 좋은 이야기는 낡은 믿음 패턴을 깨부수고 새로운 믿음 패턴을 세운다. 이러한 이야기를 만들어 사람들이 낡은 체계에서 벗어나 새로운 미래를 만드는 데 도움을 준다.

지금까지 에피파니 브리지 스토리를 쓰기 위한 스크립트를 배웠다. 이로써 각 스토리의 개별 요소에 숨은 힘을 이해할 수 있을 것이다. 하지만 이야기는 본래 단순하다는 사실을 기억하라. 환경, 감정, 다른 캐릭터 등에 깊이 파고들어 이야기를 복잡하게 만들 수는 있지만, 내용의 핵심은 매우 단순하게 진행된다.

30초 에피파니 브리지 스크립트

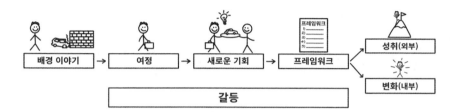

도표 9-7 더 짧은 버전의 에피파니 브리지 스토리를 공유하는 다섯 가지 핵심 단계를 가볍게 훑어보자.

10분에서 20분을 사용하여 전체 에피파니 브리지 스토리를 말하기엔 시간이 부족할 때가 많다. 시간이 충분하다면, 완벽한 웨비나 프레임워크에서 그러듯이 먼저 큰 에피파니 브리지 스토리를 말하고 이후 주요 이야기에서 다루지 않은 여러 작은 이야기(잘못된 믿음을 빠르게 깨부수는)를 다룰 것이다. 그러나 짧은 버전에서 나는 14가지 질문에 모두 대답하지 않으며, 꼭 필요한 5단계만 다룬다. 예를 들어 주어진 시간이 30초밖에 없다면 다음과 같이 감자총 이야기를 할 수 있다.

배경 이야기: 나는 돈을 벌어서 아내를 도와주고 싶었다.
여정: 감자총 DVD를 팔기 시작했지만 얼마 후 구글이 광고 정책을 바꾸면서 판매를 중단했다.
새로운 기회: 마이크 필세임이 내게 상향판매에 관해 이야기했고, 나는

퍼널을 발견했다.

프레임워크: 회사를 성장시키기 위해 퍼널 프레임워크를 구축했다.

성취: 엄청나게 많은 돈을 벌었고, 아내는 은퇴하여 전업주부가 되었으며 아이를 낳았다.

당신도 대체로 이 다섯 단계만 다룰 것이다. 시간이 허락한다면 모든 단계에 있는 개별 질문에 상세히 답해도 된다.

당신은 이야기의 구조를 이해하고 처음으로 에피파니 브리지 스토리를 만들었다. 다음 장에서는 사람들의 잘못된 믿음을 더 깊이 파고든다. 그리고 잘못된 믿음 패턴을 깨트리기 위해 우리가 만들어야 하는 이야기를 살펴볼 것이다.

네 가지 핵심 스토리

아내와 나는 푸에르토리코에서 열리는, 소수의 리더들을 위한 마스터마인드 모임에 초대받았다. 자기계발 및 마케팅 분야의 세계 최고 전문가들이 우리와 함께했다. 그곳 작은 탁자에 앉아 경험한 것은 글로벌 기업들 사이에서 연매출 10억 달러를 올리는 일 이상의 가치가 있었다. 이 모임에 참석한 이들 중에 내가 가장 존경하는 사람은 크레이그 클레멘스로, 살아 있는 세계 최고의 카피라이터다.

전에 크레이그가 만든 영상 세일즈레터를 발견했더랬다. 정말 잘 만들어졌기에 마블 시리즈 영화를 감상하듯 보고 또 봤다. 극장에서 상영해 10억 달러 매출을 올리는 것이 목표인 할리우드 영화를 뛰어넘어, 크레이그의 세일즈 영상이 엄청난 영향력을 발휘해 온라인에서 불과 몇 년 만에 10억 달러 넘는 매출을 올렸다는 사실에 열광했다.

우리는 바다가 내려다보이는 작은 베란다에 놓인 탁자에 앉아 있었다. 그때 크레이그는 누구나 한 번 들으면 절대 잊을 수 없는 말을 시작했다. 너무나 단순하지만 너무나 강력해서 나 역시 결코 잊지 못할 것이다. 그는 이렇게 말했다.

"마케팅에서 내 목표는 사람들 머릿속에 들어 있는 이야기를 다시 쓰는 것입니다."

토니 로빈스가 이런 말을 한 적이 있다. "매일 우리는 자신에게 이야기한다. 우리는 삶에 의미를 부여하기 위해, 경험하거나 느끼고 싶어 하는 바를 정당화하기 위해, 미래의 이야기를 구축할 프레임워크를 자신에게 전해주려고 이야기를 창작한다." 흥미롭게도 그는 우리가 확신을 가지고 앞으로 나아갈 수 있게 해주는 이야기 덕분에 놀라운 일들을 성취해낸다는 사실을 강조한다. 당신이 믿는 이야기들이 지금 당신의 정체성을 형성했다. 살을 뺄 수 있다고 믿는다면 그렇게 될 것이다. 창업에 성공하리라 믿으면 그렇게 될 것이다. 진심으로 성공하리라 믿으면 성공할 것이다.

하지만 우리가 자신에게 하는 다른 이야기들, 즉 도움이 안 되는 이야기들은 어떤가? 다른 사람들에게는 효과가 있지만 우리에게는 효과가 없는 이유라든가, 우리가 부탁받은 일을 할 자격 없는 이유에 관한 이야기는 어떤가? 다이어트를 계속할 수 없으리라 믿는 사람들은 다이어트를 계속할 수 없을 것이다. 사업이 성공할지 알지 못하는 사람들은 성공하지 못할 것이다. 간단한 문제다.

당신이 믿는 이야기들이 정체성을 형성하고 삶의 방향을 결정한다. 그 이야기들을 바꾸면 정체성이 변해 삶의 방향도 바뀔 것이다. 크레이그가 "마케팅에서 내 목표는 사람들 머릿속에 들어 있는 이야기를 다시 쓰는 것입니다"라고 말했을 때 나는 비로소 깨달았다. 우리의 마케팅에서 진정한 단 하나의 목표는, 고객이 스스로에게 하는 잘못된 이야기들(성공을 가로막는 이야기들)과 잘못된 믿음을 파악하고 그들 마음속에 다시 쓰는 것이었다.

퍼널 해커 커뮤니티의 최고 퍼널 너드로서 내가 항상 하는 일은 사람들에게 퍼널이 도움이 될 거라고 믿도록 하는 것이다. 이것이 나의 유일한 책임이다. 당신이 믿는다면 퍼널은 도움을 줄 것이다. 당신은 성공하는 데 필요한 노동과 노력을 투여할 것이다. 당신이 퍼널을 믿지 않으면 여정을 떠날지는 몰라도 마칠 방법은 찾지 못할 것이다. 당신이 이끌고 있는 사람들 역시 마찬가지다. 맨 먼저 해야 할 일은 당신이 만들어놓은 새로운 기회가 그들이 바라는 성과를 얻기 위한 열쇠라는 사실을 믿게 하는 것이다.

우리는 사람들에게 제공하려는 것과 그들이 자신에 대해 가진 잘못된 믿음을 파악하여 알려줌으로써 이를 해낼 수 있다. 그런 다음 우리는 그들의 이야기를 다시 써야 한다. 머릿속에 올바른 이야기가 있다면 사람들은 이미 바라는 성과를 거두었을 것이다. 우리가 마케터이자 스토리텔러로서 해야 할 일은 그 이야기를 다시 쓰는 것이다.

그들의 이야기를 다시 쓰는 방법

당신은 먼저 사람들이 어떻게 자신의 이야기를 쓰고 신념을 구축하는지를 이해해야 한다. 모든 것은 그들 인생에서 일어난 한 가지 경험에서 시작한다. 긍정적일 수도 부정적일 수도 있는 어떤 경험을 하고 나면 머릿속에서 해당 경험의 의미가 빠르게 이야기로 만들어진다. 그때 뇌가 이 이야기를 가져가 믿음을 만든다.

이렇게 생겨난 옳은 믿음은 그들을 돕고 보호해주며, 잘못된 믿음은

| 경험 | 이야기 | 믿음 |

도표 10-1 나쁜 경험을 한 사람들은 자신에게 들려줄 나쁜 이야기를 만든다. 이 이야기는 잘못된 믿음의 '사슬'이 되어 그들을 옭아맨다.

진정으로 원하는 것에서 멀어지게 한다. 이러한 신념 체계는 우리 삶의 토대를 형성한다. 우리는 자신을 안전하게 지키고 지위를 고수하기 위해 신념 체계를 만든다.

이 과정은 삶에서 매일 일어났으며 당신의 자아와, 오늘날까지 당신이 의지하는 신념 체계를 만들었다. 두 사람이 똑같은 경험을 하더라도, 그들의 머릿속에서 만들어진 이야기가 서로 다른 영향을 미쳐 믿음이 달라질 수 있다. 흥미롭지 않은가?

당신이 새로운 기회를 제시한다면 상대방의 잠재의식은 그 말이 기존의 믿음 패턴에 들어맞는지 확인하려고 자신의 모든 이야기를 뒤져볼 것이다. 들어맞는 게 있다면 당신을 믿을 것이다. 없다면 의심하기 시작할 테고, 당신은 더 나은 이야기를 들려줌으로써 이야기를 다시 써야 한다. 그들의 이야기를 다시 쓸 깨달음을 주어야 하는 것이다. 우리가 다시 써야 할 이야기를 알아내는 방법을 보여주겠다.

잘못된 믿음의   경험   이야기   새로운
     사슬   에피파니 브리지

도표 10-2 누군가의 잘못된 믿음을 깨트리기 위해서는 어떤 경험 때문에 그런 이야기를 만들게 되었는지 알아내야 한다. 그런 다음 잘못된 믿음을 극복하고 새로운 믿음을 구축하게 도와줄 이야기를 들려주어야 한다.

· 잘못된 믿음의 사슬: 첫 단계는 잘못된 믿음의 정체를 파악하는 것이다. 사람들은 잘못된 믿음 때문에 당신의 새로운 기회를 믿지 못한다. 꿈의

고객이 가진 잘못된 믿음을 알아내기가 힘들다면, 이 여정을 시작하기 전에 당신이 가졌던 잘못된 믿음을 떠올려보라.

- **경험**: 잘못된 믿음이 무엇인지 알아내고, 사람들이 자기네 방식이 옳다고 믿게 한 경험이 무엇인지 파악하라.
- **이야기**: 지난 경험을 바탕으로 현재 그들은 스스로에게 무슨 이야기를 하는가?
- **새로운 에피파니 브리지**: 잘못된 믿음을 유발해 그들을 억누르는 이야기를 다시 쓰도록, 당신이 건넬 새로운 깨달음과 이야기는 무언인가?

이것이 어떻게 작동하는지, 체중 감량과 네트워크 마케팅(혹은 다단계 마케팅multilevel marketing, MLM)이라는 두 가지 틈새시장의 사례에서 확인해보자. 물론 이 외에도 모든 틈새시장에 동일한 패턴을 적용할 수 있다.

○ **잘못된 믿음의 사슬**: 당신이 제시한 새로운 기회에 대항하여 잠재고객은 어떤 잘못된 믿음을 가졌을까? 잠재고객이 어떤 잘못된 믿음을 지녔는지 모르겠다면, 당신이 큰 깨달음을 얻기 전에 가지고 있던 잘못된 믿음이 무엇인지 생각해보라.

[체중 감량]

살을 빼려고 시도하면 비참해질 것이다.

[네트워크 마케팅]

네트워크/다단계 마케팅을 하게 되면 친구가 없어질 것이다.

○ 경험: 이제 잘못된 믿음을 알아냈으므로 다음 단계는 그들의 삶에서 잘못된 믿음을 초래한(그랬을 가능성이 가장 높은) 경험을 알아내는 것이다.

[체중 감량]
작년에 살을 빼려고 시도했고 탄수화물을 끊어야 했다. 비참했다.

[네트워크 마케팅]
한번은 어느 다단계 마케팅에 참여하며 가족들을 가입시키려고 했다.
가족들은 크게 화를 냈다.

○ 이야기: 당신이 내놓은 새로운 기회에 대한 의심을 부르는 잘못된 이야기는 무엇인가?

[체중 감량]
살을 빼고 싶다면 나를 행복하게 하는 것들을 포기해야 한다.

[네트워크 마케팅]
네트워크 마케팅에서 성공하려면 친구와 가족을 괴롭혀야 한다.

○ 새로운 에피파니 브리지: 이제 해야 할 일은 에피파니 브리지 스토리를 찾는 것이다. 당신도 비슷하게 믿었었지만 새로운 이야기 덕에 새로운 믿음 패턴을 지니게 된 스토리, 스스로 되뇌던 낡은 이야기가 왜 잘못인지를 깨닫게 된 스토리다(대부분 당신의 삶에서 나온 이야기겠지만, 다른 사람 이야기를 공유해도 효과가 있다).

> **[체중 감량]**
> 나 또한 살을 빼기 위해서는 행복하게 하는 것들을 포기해야 한다고
> 생각했다. 하지만 그때 케토시스라는 과정, 탄수화물을 줄이는 대신
> 케톤을 마시는 것으로 살을 빼는 방법을 알게 되었다.
>
> ---
>
> **[네트워크 마케팅]**
> 나 또한 다단계 마케팅을 하면 친구들이 불편해할지도 모른다고
> 생각했다. 그때 온라인에서 리드를 생성할 수 있음을 알게 되었다.
> 인터넷에는 내 프로그램에 참여하려는 사람들로 가득하다! 그래서 나는
> 친구나 가족의 도움 없이 팀을 성장시킬 수 있다.

작동 방식이 이해가 가는가? 처음 이 개념을 이해하려고 했을 때, 나는 이야기가 믿음으로 향하는 열쇠임을 깨달았다. 사람들의 잘못된 믿음을 알아내어 그들에게 진실을 보여주는 이야기를 할 수 있다면 나는 무엇이든 굳이 팔려고 애쓸 필요도 없다. 이야기는 사람들을 올바른 믿음으로 이끈다. 그리고 이야기 스스로 이야기를 판매한다.

내 연설을 들어본 적이 있다면 내가 정말 많은 이야기를 들려준다는 사실을 알 것이다. 실제로 최근 발표에서 내가 처음 60분 동안 얼마나 많은 이야기를 하는지 한 친구가 세어보았다. 10편 정도 되지 않을까 했지만 50편이 넘었다. 거의 1분에 1편 꼴이었다! 조금 긴 이야기들은 시작하고 마치는 데 5분에서 10분 정도 걸리지만, 대부분 채 1분이 안 걸린다. 내가 하는 이야기에는 의도가 있다. 청중이 가진 잘못된 믿음을 깨트리는 것이다.

나는 어떤 이야기를 하는가?(네 가지 핵심 스토리)

나는 재미를 위해서 아무 이야기나 늘어놓는 사람이 아니다. 내가 청중과 공유하는 모든 이야기에는 아주 구체적인 의도가 스며 있다. 사람들의 잘못된 믿음을 깨트리고 새로운 믿음(내게 그들을 위해 봉사할 힘을 주는)을 북돋우는 이야기를 다시 쓰는 것이다.

이 책의 다음 장에서 배울 판매 프레임워크에서는 잘못된 믿음을 깨트리기 위해 네 가지 핵심 이야기를 이용한다. 네 가지 이야기는 다음과 같다.

1. 기원 이야기 및 새로운 기회: 새로운 기회를 어떻게 발견했는지 이야기해주는 에피파니 브리지 스토리다. 당신이 들려주는 이야기 가운데 에피파니 브리지 스크립트에 가장 가깝다. 대개 당신이 사업의 첫발을 뗀 이야기이기 때문에, 배경 이야기, 여정, 새로운 시장에서 깨달음을 준 길잡이, 당신이 개발한 프레임워크, (당신을 비롯해) 이 프레임워크를 따른 여러 사람의 성공 사례를 말하는 데 많은 시간을 투여한다. 그런 다음 당신의 성취와 변화에 관한 이야기로 마무리한다.

이 첫 이야기의 목적은 사람들이 원하는 성과를 거두기 위해 현재 사용하고 있는 기회와 관련된 잘못된 믿음을 깨트리는 것이다. 첫 번째 이야기는 당신이 발견한 새로운 기회를 보여준다. 당신은 이 기회를 공유할 것이다.

> **사례** 누군가 나의 기원 이야기를 들으면 원하는 성과를 거두는 가장 좋은 방법이 퍼널이라는 사실을 믿을 것이다.

2. 매개체 프레임워크 이야기(어떻게 알았나 혹은 얻었나): 두 번째 이야기는 새로운 매개체 프레임워크를 다룬다. 청중은 이 시점에서 새로

운 기회를 알고 있기 때문에 당신은 프레임워크 이야기를 시작하면 된다. 어떻게 이 프레임워크를 알았는지 혹은 얻었는지 들려준다. 그리고 프레임워크의 전략(본질)에 대해 말한다.

사례 나는 어떤 퍼널이 가장 효과적인지 알아내려고 퍼널 해킹 프레임워크를 만들었음을 이야기한다. 그리고 이제는 새로운 퍼널을 내놓기 위해 모델링하는 중이라고 알려준다.

3. 내적 믿음 이야기: 프레임워크 이면에 있는 전략을 알린 다음에 깨트려야 할 잘못된 믿음은 이를 실행할 능력이 없다는 생각이다. 여기서는 어떻게 정말로 실현할 수 있는지 에피파니 브리지 스토리를 들려주며 가르친다. 비슷한 생각을 지닌 다른 사람들의 사례도 공유한다.

사례 퍼널이 좋다는 것은 믿을지도 모르지만 자신이 퍼널을 만들 기술력이 있는지 의심할 수 있다. 그들이 할 수 있다는 것을 이야기로 보여주어야 한다.

4. 외적 믿음 이야기: 이제 여기까지 온 사람들은 매개체와 실행력에 대한 믿음을 얻었다. 우리가 없애야 할 마지막 잘못된 믿음은 외부의 힘 때문에 성공하지 못할지도 모른다는 생각이다. 여기서는 그런 힘이 성공을 방해할 거라는 믿음을 깨트리는 에피파니 브리지 스토리를 들려줄 것이다.

사례 설령 퍼널을 만들 수 있다고 믿는다 해도 퍼널에 사람들을 끌어들이는 방법을 모르기 때문에 좌절할 수 있다. 실제로 퍼널 방문자 수를 늘릴 수 있다는 믿음을 주는 이야기가 필요하다.

다음으로는 이러한 이야기를 끼워 넣은 세일즈 스크립트를 들여다본다. 바로 말하자면, 우리의 다음 과제는 이야기 목록을 작성하는 것이다. 다음 장에서 활용할 수 있도록, 각자의 이야기를 지금까지 살펴본 네 가지 범주 가운데 하나로 분류해보자.

이야기 목록

당신은 이야기의 힘을 이해하고 있으며 지금까지 청중에게 들려줄 이야기를 생각해왔다. 이 장의 마지막 단계는 이야기 목록을 구축하는 것이다. 내가 무대에 올라가 원고도 없이 즉석으로 몇 시간 동안 떠들 수 있는 이유는 이야기 목록을 구축해놓았기 때문이다.

도표 10-3　나중에 개별 카테고리에 가장 적합한 에피파니 브리지 스토리를 고르겠지만, 지금은 수많은 잘못된 믿음을 깨트리기 위해 스토리를 최대한 많이 만들어야 한다.

당신은 자신만의 이야기를 여럿 구축하게 된다. 그렇다고 들려줄 이야기를 무작위로 선택하지는 말라. 모든 이야기는 누군가의 잘못된 믿음을 깨트리고 머릿속에 있는 이야기를 다시 쓸 수 있도록 명확히 설계되어야 한다.

1단계 잘못된 믿음의 사슬

당신이 제시하는 새로운 기회와 관련하여 고객이 가졌을 잘못된 믿음을 모두 나열한 다음 에피파니 프레임워크, 내적 잘못된 믿음, 외적 잘못된 믿음을 적어둔다. 카테고리마다 줄이 3개씩 그려져 있지만 수십 가지씩 적어두는 게 좋다. 무엇을 적어야 할지 알기 어렵다면 과거에 당신이 지녔던 잘못된 믿음을 생각해보라. 청중 역시 똑같이 믿고 있을 확률이 높다.

2단계 경험

당신이 나열한 잘못된 믿음 옆에 그러한 믿음을 준 경험의 유형을 적어보자.

3단계 이야기

각각의 경험 옆에, 이런 경험으로 인해 마음속에 만들어진 이야기를 적는다. 새로운 에피파니 브리지 스토리로 다시 쓸 수 있도록, 사람들이 스스로에게 어떤 이야기를 하고 있는지 정확히 아는 것이 중요하다.

4단계 새로운 에피파니 브리지

잘못된 믿음을 무너트릴 당신만의 에피파니 브리지 스토리를 생각해보자. 그 믿음을 바꾸게 된 계기는 무엇인가? 고객들을 상대로 이 단계를 거치다 보면 다들 같은 믿음과 경험, 이야기를 가졌음을 알게 된다.

따라서 과거의 적절한 시점으로 돌아가서 어떤 깨달음을 얻어 잘못된 믿음을 박살냈는지 떠올려보라. 분명히 잘못된 믿음에는 이야기가 있다. 당신에게 사연이 없다면 다른 사람 이야기를 해도 좋다. 당신의 이야기는 꿈의 고객이 지닌 잘못된 믿음을 깨트리고 새로운 믿음을 다시 구축할 것이다.

이야기를 지금 당장 모두 사용하지 않더라도 미래에 사용할 수 있도록 이야기 목록을 만들어야 한다. 4단계를 모두 마무리하고 앞으로 돌아가서 '에피파니 브리지 스크립트'를 이용해 당신의 이야기를 들려주는 연습을 해야 한다. 이야기를 더 잘할수록 더 효과적으로 남을 설득할 수 있고, 고객이 다른 의견을 내놓아도 무슨 말을 해야 할지 정확히 알게 될 것이다.

PART 3

일대다 판매

10배 수익을 내는 프레젠테이션 스크립트

2017년 4월 16일, 나는 『10배의 법칙』 저자 그랜트 카돈의 전화를 받았다. 가히 인생을 바꿀 만한 전화 한 통이었다. 그는 라스베이거스 만달레이베이에서 기업주와 영업사원 9000명이 참여하는 '10배 행사10X Event'를 새로 여는데, 내게 기조연설을 해줄 수 있는지 물었다. 9000명이라니! 그런 행사에 그렇게 많은 사람이 모일 수 있는지조차 몰랐다.

하지만 나는 이렇게 말했다. "좋습니다. 9000명이 모인다면 제가 가서 연설을 하겠습니다."

"강연료는 얼마 정도 생각하시나요?" 그가 물었다.

"주말 동안 가족을 떠나 연설을 해야 하니 '최소한' 100만 달러는 받고 싶습니다."

5초 동안 정적이 흘렀다. 카돈은 내가 들을 수 있도록 수화기에 대고 웃음을 터트렸다.

"선생님, 그렇게 많은 강연료는 절대 드릴 수 없습니다!"

나는 미소 지었다. "좋아요, 이건 어때요? 100만 달러를 받는 대신 '공짜로' 기조연설을 하면 어떨까요? 하지만, 연설을 마치고 상품을 하나 판매하고 싶습니다. 수익도 반반으로 나누고요."

그랜트는 다시 한번 웃음을 터트렸다. 생각보다 수월하다고 여긴 것이다. 그는 동의했다(그는 나의 연설 한 번에 어떤 일이 생길지 상상도 못했을 것이다).

거래가 성사됐고, 나는 전화를 끊은 다음 팀원들에게 새로운 목표가 생겼다고 말했다. 나는 한 시간에 순수익 100만 달러를 벌고 싶었다. 그러려면 90분 만에 300만 달러의 상품을 팔아야 했다. 어림도 없는 소리라고? 하지만 한 공간에 9000명과 함께 있다면 가능할 것만 같았다.

우리는 몇 달 동안 이 목표를 이루기 위해 고민하며 계획을 세웠다.

마침내 일정이 정해졌다. 2018년 2월 23일 오전 10시 30분에 무대에 오르기로 한 것이다. 나는 이전에도 수없이 기조연설을 했지만, 9000개 얼굴이 나를 바라보며 인생을 바꿀 지혜를 얻길 바라는 상황에 대비할 방법은, 내가 알기로는 없었다!

긴장과 흥분이 뒤섞였다. 이제부터 내가 하려는 말이 그들의 비즈니스를 영원히 바꿔놓을 것이다.

"5분 뒤에 무대로 올라가시면 됩니다."

긴장감 때문에 배가 아팠고 심장이 요동쳤다. 다리가 후들거리고 몸이 좌우로 흔들거리기 시작했다. 진정해. 나는 자신에게 말했다. 정신이 몽롱한 상태에서 확성기 너머로 시끄러운 목소리가 들려왔다. 나를 소개하는 말이었다.

무대로 올라갔다. 그러자 놀라운 일이 벌어졌다. 두근거림이 사라졌고, 서서히 흥분이 고조되었다. 나는 한 장 한 장 슬라이드를 넘기며 발표했다. 사전에 동의한 대로, 발표를 마치고 청중에게 특별한 제안을 했다. 제안을 하자마자 사람들이 의자에서 벌떡 일어섰다. 계단으로 올라와 우리 제품이 놓인 탁자로 우르르 몰려왔다. 그다음 여섯 시간은 난리도 아니었다. 나는 제품을 구입한 사람들과 사진을 찍었다! 그리고 호텔방으로 돌아가 아내 콜레트와 함께 휴식을 취했다.

콜레트와 나는 침대에 눕자마자 곯아떨어졌다. 2시간 뒤에 잠이 깬 나는 상황을 점검해야 했다. 팀원들이 주문을 처리하는 방으로 달려가 총매출이 얼마인지 물었다.

금액을 듣고 도저히 진정할 수 없었다!

320만 달러!

우리가 해냈다!

90분짜리 기조연설 한 번에 320만 달러! 내가 집으로 가져가는 돈만한 시간에 100만 달러가 넘고, (적어도 그 시간만은) 내가 공식적으로 세계에서 가장 비싼 연사라는 얘기였다!

일대다 판매

행사가 열리는 며칠 동안 복도를 걷고 있으면 영업사원 수십 명이 내 앞에 멈춰 서서, 당신이 지금껏 만나본 사람 중 최고의 영업사원이라고 칭찬했다. 그때마다 나는 미소 지으며 고맙다고 말했지만, 사실 머릿속으로 그들은 모르는 비밀을 떠올렸다.

나는 일대일 판매에서는 최고가 아니지만, 다른 기술이 있다. 내가 터득한 것은 현재 사람들 사이에서 거의 사라진 일대다 판매 기술이다. 누구든 일대일로는 나보다 높은 판매율을 달성할지도 모르지만, 나는 연설 한 번으로 100명, 1000명, 혹은 9000명을 한꺼번에 상대하며 발표를 준비하고 구성하는 법을 안다. 그래서 짧은 시간에 더 많은 돈을 벌어들일 수 있다!

대면 판매를 할 때면 사람들은 저마다 독특한 질문을 던진다. 당신은 각자의 의견을 들어주며 즉석에서 반대 의견에 대처하는 고유의 능력이 있다. 행사에 참석하거나 퍼널 내부에서 판매할 때는 수천 명에게 일일이 질문하거나 대답을 들을 수 없기 때문에, 가능하면 많은 사람이 제기하는 문제를 해결해주는 방식으로 프레젠테이션을 만들어야 한다.

지금 이 글을 읽는 누군가는 벌써 이렇게 생각할지도 모른다. '하지만 러셀, 나는 무대에 설 일이 전혀 없어요.' 그렇게 생각하는 사람에게는 당신의 플랫폼과 퍼널이 가상 무대임을 일깨워주고 싶다. 당신은 프레젠테이션을 광고, 퍼널의 랜딩 페이지, 라이브 웨비나 혹은 자동화된 웨비나, 페이스북, 인스타그램 라이브, 유튜브 영상, 팟캐스트 등에서 이용할 것이다. 이러한 플랫폼에서 판매 프레젠테이션을 구성하는 방법은 무대에서 사용하는 판매 프레젠테이션을 구성하는 방법과 똑같다.

제안과 이야기를 끼워 넣기

여기서는 내가 일대다 판매에 사용하는 프레임워크를 보여줄 것이다. 이러한 프레젠테이션을 만들어 퍼널에 끼워 넣는 방법을 배우면 장차 진정한 자유를 얻을 것이다.

내가 무대에 올라 90분 동안 프레젠테이션을 해서 320만 달러를 벌기는 했지만 여기에 무슨 비결이 있는 것은 아니다. 많은 사람이 전업 강사로 전 세계를 누비지 않는 나를 두고 미쳤다고 생각하지만, 공적인 자리에서 강연하는 것은 그만두었다. 내게는 축복과도 같은 다섯 아이와 함께하는 삶을 놓치고 싶지 않기 때문이다. 나는 그 프레젠테이션을 녹화해서 내 퍼널에 올려놓았고, 지금은 손 한 번 까딱하지 않고도 90분 동안 무대에서 번 것보다 더 많은 매출을 매주 올리고 있다.

이번에서는 1부에서 당신의 제안으로 만든 스택 슬라이드와 2부에서 구축한 이야기 목록을 나의 검증된 일대다 프레임워크와 연결할 것이다.

내가 지난 10년에 걸쳐 완성한 스크립트는 수백여 곳에 이르는 다양한 시장에서 혹독한 테스트를 받고 있다. 이 스크립트로 당신은 전

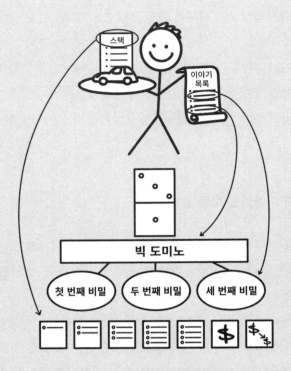

도표 11-1 스택 슬라이드와 에피파니 브리지 스토리를 완벽한 웨비나 프레임워크에 연결할 것이다.

문가로서 꿈의 고객들과 관계를 맺고, 고객의 행보를 가로막는 잘못된 믿음을 깨트릴 것이다. 이는 또한 고객들이 마음속에 있는 이야기를 다시 쓰고 당신의 제안을 행동으로 옮기게 하는 가장 강력한 방법이다. 내가 일을 시작한 이래 기업가들에게 만들어준 것 중에 이 스크립트가 가장 자랑스럽다.

완벽한 웨비나 프레임워크

어떤 사람이 무대에 서서 뭔가를 파는 모습을 처음 보았을 때 내 인생은 영원히 바뀌었다. 연사는 90분 동안 프레젠테이션을 하고서 마지막에 제안을 하나 했다. 나는 수십 명이 무대 뒤쪽으로 달려가 이 사람에게 수천 달러를 주는 모습을 놀라워하며 쳐다보았다. 그곳에 있는 사람들이 몇 명이나 되는지 헤아린 다음 간단히 계산해보니, 그는 2시간도 안 되는 동안 6만 달러 넘는 돈을 벌어들였다.

그리고 다음 발표자가 무대에 올라 유사한 과정을 따라 하는 모습을 보았다. 90분이 지나면 사람들이 탁자로 몰려들고 그는 10만 달러가 넘는 매출을 올릴 터였다. 바로 그때, 아무리 많은 비용을 들이더라도 이 기법을 배워 내 것으로 만들기로 결심했다.

몇 달 뒤에 처음으로 행사에 초대받아 강연을 하기로 했다. 나는 다른 강연자들보다 잘할 것이라 생각했다. 더 좋은 내용을 더 많이 가르쳐서 청중을 놀라게 할 셈이었다. 그것이 사람들이 바라는 바라고 생각했다. 나는 몇 주 동안 아주 열심히 준비했고, 마침내 무대에 올라 누구보다 내용이 알찬 프레젠테이션을 선보였다. 모두 깜짝 놀랄 만한 이야기도 준비하고, 제작한 지 얼마 안 된 새로운 강좌를 들을 수 있는 특별 제안을 판매했다. 하지만 그다음에 벌어진 일은 나를 충격에 빠트렸다.

아무 일도 벌어지지 않았기 때문이었다. 누구도 움직이지 않았다. 나는 어색해하며 무대에서 내려왔고 방 안에 있는 사람 몇 명과 악수를 했다. 그러고는 뒷문으로 빠져나와 호텔방으로 달려갔다. 너무 창피해서 행사 내내 방에 틀어박혀 영화를 보며 하겐다즈 아이스크림과 코코넛 슈림프를 먹었다. 많은 사람 앞에서 그런 식으로 최악의 실패를 맛본 적은 난생처음이었다.

다시는 무대에서 연설이나 세일즈를 하지 않기로 다짐했다. 컴퓨터를 앞에 두고 앉아서 그냥 온라인으로 물건을 팔 생각이었다. 하지만 온라인에서 물건을 파는 데 필요한 기술과 무대에서 연설할 때 내게 부족한 점은 똑같다는 사실을 깨달았다. 그래서 겸손한 마음으로 배우기로 했다. 나는 연설을 잘하는 사람보다는 저마다의 플랫폼(이를테면 무대, 화상 세미나, 웨비나, 세일즈 영상 등등)에서 실제로 상품을 판매하는 사람들에게 배우고 싶었다. 거기에는 어마어마한 차이가 있다.

업계 최고의 인물들을 관찰하며 발견한 바로는, 최고의 콘텐츠를 가르치면 오히려 판매가 나빠진다. 하지만 사람들이 잘못된 믿음의 패턴을 식별하고, 깨트리고, 재구축하는 법을 배우면 변화하기 위해 움직인다. 나는 이야기를 하는 방법, 제안을 구성하는 방법 등을 비롯해 많은 것을 배웠고 3년 동안 프레젠테이션을 반복 테스트했다. 어떤 주제를 (어떤 순서로) 강연하면 사람들이 신용카드를 들고 무대 뒤쪽으로 달려가게 되는지 유심히 관찰했다. 또한 판매가 저조한 이유에도 관심을 기울였다.

그러던 어느 날 가족을 두고 떠나는 출장에 싫증이 나서 무대 연설을 그만두었다. 90분 연설 한 번에 25만 달러가 넘는 돈을 받는데도 말이다. 대신 이러한 판매 기술을 온라인 환경으로 이전했다. 내 스크립트를 화상 세미나와 웨비나에서 테스트하고 영상 세일즈레터, 페이스북 라이브 프레젠테이션 등에 이용했다.

이 스크립트를 이용해 프레젠테이션을 할 때마다 반응을 관찰하며 조금씩 수정했다. 그렇게 몇 년을 계속했다. 가끔씩 10배 행사처럼 많은 사람이 참여하는 행사 말고는 무대 연설을 그만두었고, 이제는 내 세일즈 퍼널 안에서 이 스크립트를 사용하는 데 전념하고 있다.

몇 년 전부터 나는 이 스크립트와 프로세스를 이너서클 회원에게 가르치기 시작했다. 회원들 수십 명이 상상할 수 있는 거의 모든 시장에 대한 스크립트를 작성했다. 스크립트는 혹독한 테스트를 거쳤으며 잘 작동한다. 그 자체로 완벽해진 것이다. 그런 이유로 '완벽한 웨비나The Perfect Webinar'라는 별명이 생겼다. 하지만 현실에서는 완벽 이상이다. 이는 완벽한 세일즈 프레젠테이션이며, 당신의 메시지를 시장에 전달하고 싶다면 마스터할 가치가 있다.

프레임워크
....

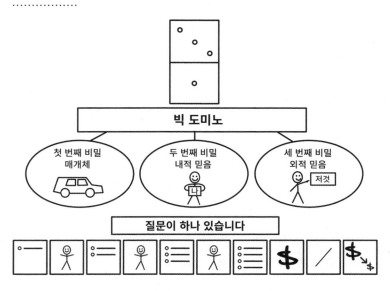

도표 11-2 완벽한 웨비나 프레임워크는 세 가지 주요 부분, 즉 빅 도미노, 세 가지 비밀, 스택과 클로즈가 있다.

완벽한 웨비나 프레임워크는 세 가지 단계를 중심으로 돌아간다.

1. 빅 도미노
2. 세 가지 비밀
3. 스택과 클로즈

여기서는 전체 프레임워크에 맞춰 각 단계를 소개한다. 그리고 다음 세 장에서는 한 부분씩 깊게 들어가 어떻게, 왜 작동하는지 사례를 들어 설명할 것이다.

라이브 행사나 웨비나에서 완벽한 웨비나 프레임워크를 프레젠테이션하면 대개 90분짜리에 잘 들어맞는다. 90분 동안 발표하는 경우에 시간표는 다음과 비슷하다.

- 첫 15분: 소개, 빅 도미노, 기원 이야기
- 다음 15분: 첫 번째 비밀 - 매개체 프레임워크 이야기
- 다음 15분: 두 번째 비밀 - 내적 믿음 이야기
- 다음 15분: 세 번째 비밀 - 외적 믿음 이야기
- 마지막 30분: 스택과 클로즈

시간이 30분만 주어진다면 다음처럼 나눌 수 있다.

- 첫 5분: 소개, 빅 도미노, 기원 이야기
- 다음 5분: 첫 번째 비밀 - 매개체 프레임워크 이야기
- 다음 5분: 두 번째 비밀 - 내적 믿음 이야기
- 다음 5분: 세 번째 비밀 - 외적 믿음 이야기
- 마지막 10분: 스택과 클로즈

여유가 있다면 시간 비율은 유지한 채 더 길고 자세히 당신의 이야기를 해주고, 잘못된 믿음을 더 많이 깨트리기 위해 짧은 에피파니 브리지 스토리를 더 많이 들려주라.

빅 도미노

다음 장에서 더 자세히 다루겠지만, 프레젠테이션이란 청중에게 많은 것을 믿게 하는 일이 아니다. 사람들이 단 한 가지만을 믿도록 전체를 설계해야 한다. 그 한 가지란, 새로운 기회는 청중이 가장 이루고 싶어 하는 성과를 얻는 열쇠라는 것이다. 이를 믿게 만든다면, 사람들이 커다란 도미노가 무너지듯 끊임없이 당신을 찾을 것이다. 이게 전부다. 한 가지 이상을 믿게 하려고 시도한다면, 판매가 쉽지 않을 것이다.

전체 프레젠테이션이 하나의 큰 도미노를 쓰러트리기 위해(한 가지 믿음을 주기 위해) 만들어진다. 그게 전부다. 지금부터 공부할 세 가지 비밀은 당신이 사람들로 하여금 새로운 여러 가지를 믿도록 하는 도구가 아니다. 다양한 각도로 도미노 하나를 쓰러트리기 위해 사용하는 도구들이다. 이것이 완벽한 웨비나의 핵심이다.

빅 도미노를 쓰러트리기 위한 첫 시도는 당신이 어떻게 새로운 기회를 발견했는지를 이야기해주는 것이다. 그러니까 기원 이야기다. 이로써 프레젠테이션의 시작을 알리고 당신과 청중 사이에 친밀한 관계를 구축하며 새로운 매개체를 소개할 것이다.

세 가지 비밀

세 가지 비밀은 당신의 프레젠테이션에 담길 콘텐츠다. 나는 앞서, 당신이 고객에게 너무 많이 가르쳐주면 판매에 안 좋은 영향을 미친다고 말한 바 있다. 여기서 대다수 사람들이 실수를 저지른다. 당신이 좋은 선생일수록 판매에는 지장이 생길 것이다.

여기서 당신은 앞서 배운 방식으로 사람들에게 프레임워크를 가르칠 것이다. 단, 한 가지 예외가 있다. 그저 강의를 할 때는 당신의 이야기를 공유하고, 전략을 설명하고, 전술을 가르치고, 사회적으로 어떻게 검증하는지 보여주면 된다. 하지만 판매할 때는 전술을 알려주면 안 된다. '무엇을(전략)'은 가르쳐야 하지만 '어떻게'는 가르치면 안 된다. 프레젠테이션이 끝났을 때 청중이 돈을 주려고 달려 나오는 것은 이 '어떻게'를 갈망하기 때문이다.

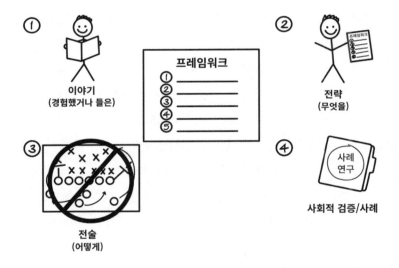

도표 11-3 세 가지 비밀을 이야기하며 프레임워크의 이름, 에피파니 브리지 스토리, 전략, 사회적 검증/사례를 공유할 것이다.

당신이 각각의 **이야기, 전략, 사례연구**를 공유하는 목적은 사람들 마음속 잘못된 믿음의 패턴을 깨트리고 진실한 이야기를 다시 쓰는 것이다. 다음과 같은 영역에 잘못된 믿음이 있는지 알아내야 한다.

1. 매개체(새로운 기회)

2. 매개체를 사용하는 능력(내적 믿음)

3. 도전을 가로막는 중요한 한 가지(외적 믿음)

당신은 세 가지 비밀에 대하여 이야기, 전략, 사례연구를 가르칠 것이다.

세 가지 비밀

도표 11-4　세 가지 비밀로 고객의 잘못된 믿음을 깨트리고 새로운 믿음을 다시 구축한다. 그리하여 고객은 당신과 함께 행동할 준비를 마치게 된다.

세 가지 비밀은 사람들에게 새로운 여러 가지를 믿도록 제시하는 게 아니라는 점에 주목하라. 빅 도미노를 지탱하는 잘못된 믿음들을 무너트리려는 것이다. 당신이 이 프레젠테이션으로 세 가지 믿음을 깨부순다면 빅 도미노는 쓰러지고 말 것이며, 고객들은 새로운 기회를 믿고 당신에게 합류할 것이다.

스택과 클로즈
....

이제 프레젠테이션은 교육 부문에서 판매 부문으로 넘어간다. 당신은 '스택stack'이라는 매우 정확한 형식으로 제안을 할 것이다. 그리고 고객들이 행동에 나서도록 설득할 수 있는, 이미 입증된 구체적인 클로즈close(판매 종결) 작업을 진행한다. 물론 이 부분을 발표할 때는 스택 슬라이드stack slide를 사용할 것이다.

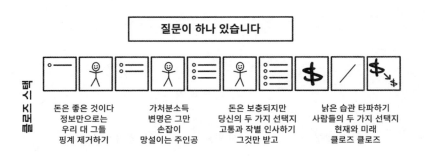

도표 11-5　스택과 클로즈는 당신의 제안에 따라 행동하도록 사람들을 설득한다.

스택과 클로즈는 완벽한 웨비나 프레임워크의 조감도다. 이를 터득하면 구체적인 상황에 맞춰 프레젠테이션을 할 수 있을 것이다. 하지만 각 부분에서 목표로 하는 바가 무엇인지 제대로 이해해야 한다. 이후 세 장에서는 완벽한 웨비나의 각 부분을 슬라이드별로 분석한다.

빅 도미노

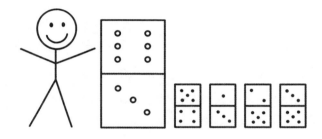

도표 12-1 반대 의견을 깨부술 수 있는 한 가지(빅 도미노)를 믿게 해준다면 고객들은 구매할 것이다.

나는 성공한 기업가 120명가량과 함께 방 안에 앉아 있었다. 모두 1년에 100만 달러 이상을 벌어들여야 하는 자격을 충족한 사람들이었다. 특별 기조연설을 하는 사람 중에는 『나는 4시간만 일한다』의 저자 팀 페리스가 있었다. 페리스는 발표를 마친 후 한 여성에게서 질문을 받았다.

"안녕하세요. 페리스 씨는 많은 일을 성취하신 것 같습니다. 하루를 어떻게 보내시나요?"

그는 잠시 말을 멈추었다가 어색한 미소를 지으며 말했다.

"만약 제 일상을 들여다보신다면 아마 지루해서 미칠 겁니다. 사람들은 아침에 깨어나자마자 오늘 해야 할 많은 일을 떠올립니다. 이 모든 일을 해치우며 하루를 보내지요. 저는 조금 다른 것 같습니다. 저는 매일 아침에 일어나 명상을 합니다. 그리고 차나 커피를 마십니다. 산책을 하고, 책을 읽기도 합니다."

그는 3주에서 4주 동안 그렇게 지내며 다른 일은 하지 않는 것 같다고 말했다.

"제 목표는 천천히 주위를 둘러보는 겁니다. 할 수 있는 일을 전부 하려고 드는 대신, 다른 도미노를 모두 쓰러트리거나 무의미하게 만들어버릴 빅 도미노를 찾아내려고 애씁니다."

나는 깨달음을 얻었다. 아직 실생활에서 이를 구현할 방법을 알아내진 못했지만, 상품을 파는 경우에 페리스의 말이 전적으로 옳다는 것을 깨달았다. 믿음을 주는 첫 단계는 방해 요소를 날려버리고, 모두 무의미해지거나 사라질 거라고 믿게 만들 '단 한 가지'를 알아내는 것이다.

얼마 후에 친구이자 멘토인 페리 벨처와 이야기를 나누었다. 그는 과거 10년 동안 자신이 만들고 판매한 여러 제안을 어떻게 분석했는지 말해주었다. 벨처는 세일즈 피치sales pitch(아이디어나 상품의 요점을 간명하게 전달하고 설득하는 것 ─옮긴이)에 믿어달라는 말이 많을수록 제안이 판매로 전환되는 경우가 줄어든다는 사실을 발견했다. 누군가에게 한 가지 이상을 주장하거나 한 가지 이상의 세일즈 메시지에 집중해달라고 부탁할 경우, 마음을 바꾸게 되고 구매 확률은 절반 이하로 떨어졌다. 그는 이렇게 말했다.

"어떤 잠재고객이 내가 파는 물건을 사기 위해 몇 번이나 믿어야 하는지 살펴보라. 그게 한 번이 넘는다면 세일즈 프레젠테이션을 다시 만들어야 한다."

그의 말을 듣고 나서 팀원들과 함께 처음으로 돌아가 우리가 만든 것을 모두 살펴보았다. 우리는 자신에게 물었다. "우리가 쓰러트려야 할 한 가지 빅 도미노는 무엇일까?" 모든 제품에는 사소한 방해 요소와 저항을 깨트릴 하나의 빅 도미노가 있다. 그 하나를 믿게 한다면(쓰러트린다면) 사람들은 물건을 살 수밖에 없을 것이다.

나는 대학에서 논리학 강의를 들었다. 논리학은 타당한 논증을 하는 다양한 방법을 보여준다. 그중 '전건긍정modus ponens'이라는 논증은 다음과 같다.

A 이면, B다.
A는 참이다.
그러므로 B는 참이다.

이를 문장으로 나타내면 다음과 같다.

성경이 진실이라면, 예수는 구원자다.
성경은 진실이다.
그러므로 예수는 구원자다.

기독교인으로서 만일 내가 누구에게 성경에 대한 믿음(빅 도미노)을 줄 수 있다면 그에게 다른 주장은 죄다 무의미해질 것이다. 이는 종교에서만 일어나는 일이 아니다. 우리 주변 어디서나, 정치에서 스포츠까지 우리가 함께 시간을 보내는 모든 사람에게서 나타난다. 그래서 진심으로 무언가를 믿는 사람과 토론을 하기가 어려운 것이다. 믿음의 씨앗을 키우는 사람에게, 당신이 그 믿음의 반대 방향으로 이끌려고 얼마나 설득했는지는 중요하지 않다. 당신이 다시 쌓아올리려는 다른 작은 도미노들을 그 한 가지 믿음이 이미 무너트렸기 때문이다.

단 한 가지(빅 도미노 문장)

클릭퍼널스를 출시했을 때 나는 청중이 이해하고 기댈 수 있는 핵심 믿음을 찾으려고 애쓰며, 다음과 같은 기본 문장을 생각해냈다.

> 만일 사람들이 [새로운 기회/카테고리]가 [그들이 가장 간절히 원하는 성과]를 올리는 열쇠이고 [내가 가진 특정한 매개체/프레임워크]를 통해서만 얻을 수 있다면, 다른 모든 방해 요소와 우려는 무의미해지고 사람들은 돈을 낼 수밖에 없을 것이다.

만일 내가 내놓은 새로운 기회나 카테고리가 사람들이 가장 원하는 것을 얻을 수 있는 열쇠라는 믿음을 심고, 내가 가진 매개체나 프레임워크를 통해서만 이를 제공한다면, 사람들은 구매할 수밖에 없을 것이다. 당신이 하려는 활동의 핵심은 바로 믿음이다. 다음은 내가 클릭퍼널스에 사용한 문장이다.

> 만일 내가 '퍼널'이 '온라인 비즈니스 성공'의 열쇠이고 '클릭퍼널스'를 통해서만 퍼널을 구할 수 있다고 믿게 만들면, 다른 모든 방해 요소와 우려는 무의미해지고 사람들은 돈을 낼 수밖에 없을 것이다.

퍼널이 있어야 한다고 (활용해야 한다고) 믿는 사람에게 퍼널을 구할 유일한 방법을 제시한다면, 클릭퍼널스를 살 수밖에 없을 것이다. 다른 선택지는 없다.

나는 이너서클 회원들이 자기 비즈니스에 사용할 문장을 만드는 데 도움을 주었다. 논리적으로 타당한 주장을 하기가 어렵다면 대개는 새로운 기회가 아닌 개선안을 만들었기 때문이다. 블루오션을 만들지 못했다면 당신의 주장은 타당하지 않을 것이다. 예를 들어 나는 다음과 같은 문장을 본 적이 있다.

만일 내가 사람들에게 '칼로리 섭취 줄이기와 운동'이 '체중 감량'의 핵심이고 이것이 '나의 새로운 살 빼기 강좌'를 통해서만 가능하다는 주장을 믿게 한다면, 다른 모든 방해 요소와 우려는 무의미지고 사람들은 내게 돈을 낼 수밖에 없을 것이다.

이 문장은 참이 아니다. 당신이 사람들에게 전해주고 싶은 믿음이 칼로리 섭취를 낮추고 운동을 해야 한다는 것이라면, 몇 가지 문제가 있다.

- 당신은 생산성 영역에 있지 않고 주류에 속한다.
- 새로운 기회가 아니다. '칼로리 섭취 줄이기 운동'이라는 틈새시장에는 수천 가지의 똑같은 프로그램이 있다.
- 블루오션이 아니다. 고객들은 당신이 준 믿음을 충족시키는 수없이 많은 상품 중 하나를 살 수도 있었다.

틈새시장과 기회는 다음과 같이 바꿔야 한다.

만일 '케토시스'가 '체중 감량'의 핵심이며 '나만의 프레임워크―10분 안에 당신의 몸을 케토시스 상태에 이르게 합니다'를 통해서만 그렇게 될 수 있다고 믿게 한다면, 다른 모든 방해 요소와 우려는 무의미해지고 사람들은 내게 돈을 지불하려고 할 것이다.

빅 도미노 쓰러트리기

·····························

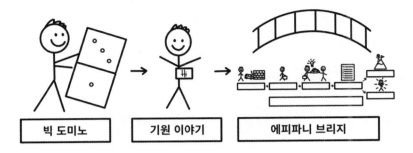

도표 12-2 빅 도미노를 쓰러트리기 위해, 새로운 기회를 발견하는 방법을 알려주는 에피파니 브리지 스토리를 공유할 수 있다.

발표를 마치고 청중이 움직이게 하려면 무엇을 믿도록 해야 하는지 정확히 파악했다. 이제는 청중 마음속의 기존 이야기를 갈아엎고, 더 도움이 되며 새롭고 힘이 나는 이야기로 다시 쓰는 데 집중해야 한다.

일반적으로 나는 누구나 사용할 수 있는 파워포인트와 키노트, 혹은 구글 슬라이드로 발표 자료를 만든다. 이번 섹션에서는 각 슬라이드의 이면에 어떤 개념이 담겼는지 간단한 그림과 함께 배울 것이다. 당신이 웨비나를 한다면, 책에서 제시하는 그림을 보고 발표 자료에 어떤 내용을 담으면 좋을지 아이디어를 얻을 수 있다. 이 스크립트를 이메일 시퀀스email sequence(고객별로 맞춤형으로 설정되어, 특정 시간에 혹은 특정 조건에서 해당 고객에게 자동으로 이메일이 발송되는 시스템 혹은 그런 이메일 ─옮긴이)나 판매 시스템으로 쓴다면, 각 단계에서 다루어야 할 내용을 일깨우는 용도로 다음의 슬라이드를 사용하라.

프레젠테이션의 첫 15분(혹은 6분의 1)은 기원 이야기로 빅 도미노를 쓰러트리려고 시도한다. 우리는 이 시간을 '도입부'와 '기원 이야기'라는 두 단계로 나눈다.

빅 도미노 슬라이드

프레젠테이션을 만들기 전에 발표 대상이 누구이고 사람들을 불러올 후크가 무엇인지 생각해보자.

○ **누구에게/무엇을 강령**: 첫 단계로 메시지가 어떤 하부 시장을 겨냥하고 어떤 새로운 기회로 전환될지를 생각하며 재빨리 누구에게/무엇을 강령을 작성해보자. 다음과 같은 방식이다.

나는 _____에게[하부 시장을 써넣는다]
_____을 통해[틈새시장을 써넣는다]
_____하는 법을[성과를 써넣는다] 가르칠 것이다.

누구에게/무엇을 강령

나는 (하부 시장) 에게 (틈새시장) 을 통해 (성과를 올리는 법) 을 가르칠 것이다.

도표 12-3 누구에게/무엇을 강령은 당신이 서비스하는 사람이 누구인지, 어떤 성과를 올려줄 수 있는지, 어떤 새로운 기회를 만들었는지 빨리 파악하는 데 도움이 된다.

이제 그러한 강령의 사례를 알아보자.

나는 다이어트가 지겨운 사람들에게 케톤을 마시며 에너지를 얻으면서 살을 빼는 법을 가르칠 것이다.

1: 타이틀 슬라이드

....

도표 12-4 이 슬라이드는 웨비나의 주제를 설명한다.

○ 기회의 전환 헤드라인: '누구에게'와 '무엇을'을 알게 되었으므로 꿈의 고객을 끌어들일 멋진 제목을 붙여야 한다. 나는 프레젠테이션의 성과에 초점을 맞추는 타이틀을 만들기 위해 노력할 것이다. 이 단계에서는 다음과 같은 구절을 채워 넣는다.

[가장 두려워하는 것] 없이 [가장 원하는 성과] 올리는 법.

따라서 내가 참여하는 클릭퍼널스 마스터클래스 헤드라인은 다음과 같이 만들 수 있다.

개발자 없이, 혹은 개발자에 휘둘리지 않고 30분 안에 100만 달러 규모의 퍼널 만드는 법.

퍼널 스크립트 프레젠테이션의 경우 헤드라인을 다음과 같이 만들 수 있다.

값비싼 카피라이터를 고용하지 않고 세일즈레터, 스크립트, 웨비나 슬라이드, 이메일, 광고 등을 (10분 만에) 작성하는 방법.

다음은 다른 틈새시장에 쓰일 수 있는 사례다.

> **[이베이에 올리는 플리핑 하우스]**
> 은행에서 대출을 받지 않고, 집을 수리하여 이베이에 올린 다음 매각해서 주말까지 1만 달러 버는 법.

> **[주의력 결핍 장애가 있는 아이들 도와주기]**
> 아이들이 가장 좋아하는 방과 후 간식을 포기하지 않고도, 주의력 결핍 장애를 이겨내고 더 좋은 성적을 올리는 방법.

> **[관계 개선]**
> 괴로운 상담이나 쓸데없는 대화 없이도 아내와 다시 소통하고 결혼 생활의 열정을 찾는 방법.

> **[케토시스를 이용해 살 빼기]**
> 좋아하는 탄수화물을 끊지 않고도, 신체를 케토시스 상태로 만들어 운동하지 않으면서 살 빼는 방법.

기회의 전환 프레젠테이션을 프레임워크에 끼워 넣으면 빠른 시간 안에 사람들이 호기심을 가질 만한 타이틀을 만들 수 있다.

> 안녕하세요! 웨비나에 오신 것을 환영합니다. 이것은 _____입니다.
> 오늘 저는 _____하지 않고_____하는 법을 보여드리려고 합니다.

2: 인트로/친밀한 관계 슬라이드

도표 12-5　이 슬라이드는 참석자와 친밀감을 쌓게 해준다.

앞서 우리는 블레어 워런의 한 문장으로 설득하는 전략을 배웠다. "사람들은 자신의 꿈을 응원하고, 실패를 정당화하고, 두려움을 가라앉히고, 의심을 풀어주고, 자신이 적을 향해 돌을 던지는 것을 도와주는 사람을 위해서라면 무엇이든 할 것이다."

나는 청중과 재빨리 친밀한 관계를 맺기 위해 프레젠테이션을 시작하자마자 이를 적용한다. 방법은 다음과 같다.

・**실패를 정당화하기**: 많은 분께 이런 웨비나를 듣는 일이 처음은 아닐 겁니다. 맨 먼저 이런 말씀을 드리고 싶습니다. 과거에 _____에서 실패했다면, 그것은 여러분의 잘못이 아닙니다. 세상에는 많은 정보가 있지만, 이로 인해 오히려 혼란스러울 수도 있습니다. 정보의 과부하가 성공을 가로막는 경우가 많습니다. 괜찮습니다.

・**두려움을 가라앉히기**: 과거에 _____ 때문에 성공하지 못한 일이 마음에 걸린다면 저는 그 두려움을 잠재우고 싶습니다. 여러분은 할 수 있습니다.

256

다만 할 수 있음을 설명해줄 적절한 사람이 필요할 뿐입니다.

· **적에게 돌을 던지기**: 대기업에서는 여러분이 스스로 이렇게 생각하길 바랍니다. 성공하기 위해서는 수많은 벤처 자금을 유치하거나 명문 대학 졸업장이 있어야 한다고요. 그들은 틀렸습니다. 대기업에는 여러분이 그렇게 생각하길 바라는 그들만의 이유가 있습니다. 하지만 그것은 사실이 아닙니다.

· **의심을 풀어주기**: 정부와 은행이 여러분의 실패를 원한다고 생각했던 적이 있다면, 여러분 생각이 옳을 겁니다. 정부와 은행은 여러분이 성공한다 해도 아무런 이득이 없습니다. 오히려 여러분이 계속 빚을 지고 남들의 도움을 받으며 살아가길 바랍니다. 하지만 우리는 다릅니다. 우리는 실제로 여러분의 성공에 관심이 있으며 여러분이 꿈에 그리던 삶을 누리는 모습을 진심으로 보고 싶습니다.

· **꿈을 격려하기**: 그래서 우리가 여기 있는 것입니다. 여러분이 세상을 바꾸고 영향력을 행사하는 사람이 되려는 꿈을 꾼다는 사실을 우리는 알고 있습니다. 이 웨비나에서 꿈을 실현하는 방법을 보여주고 싶습니다.

3: 자 슬라이드

도표 12-6 이 슬라이드는 새로운 기회가 누구를 위한 것인지 설명한다.

다음 슬라이드는 내가 '자ruler'라고 부르는 것이다. 사람들이 당신의 웨비나를 평가하도록 한다. 먼저 목표가 무엇인지 말하지 않으면 일을 완벽하게 처리하더라도 목표가 서로 달라서 마음이 상할 수 있다. 그래서 나는 내 목표가 무엇이고 프레젠테이션에서 사람들이 무엇을 얻기를 바라는지 바로 말한다. 비슷한 목표를 좇는 것이 아니라면 사람들은 이를 명분 삼아 언제든 떠날 수 있다.

우리는 이 새로운 기회로 사람들이 원대한 욕망을 품고, 지위를 높이고, 목표를 이룰 수 있다는 사실을 보여주려고 한다. 또한 이번 기회를 이용해 자신이 올바른 자리에 있는지 확신하지 못하는 사람들을 끌어안을 것이다. 프레젠테이션 내내 사람들이 '내가 이걸 들어도 되나?'라는 생각에 빠지길 원하지 않는다. 나는 사람들이 지금 발표가 그들에게 필요한 내용임을 시작하자마자 바로 알았으면 한다.

> 이 프레젠테이션의 목표는 두 가지 유형의 사람들을 돕는 것입니다. 초보자는 [프레젠테이션/새로운 기회가 그들에게 무엇을 해줄지, 혹은 어떻게 욕망을 충족시켜줄지] 알게 되고, 숙련자는 [대안]이 무엇인지 알게 될 것입니다.

어떤 경우에는 초보자와 숙련자를 대비하기도 하지만, 사람들이 주시하는 시장의 다른 다양한 부분을 기반으로 이야기할 때도 있다. 예를 들면 이렇다.

> 소매점 주인들은 제 프레젠테이션에서 _____을 얻겠지만, 온라인 스토어 주인들은 제 프레젠테이션에서 _____을 얻을 것입니다.

4: 빅 도미노 슬라이드

도표 12-7 이 슬라이드에서는 당신의 빅 도미노 강령을 공유한다.

다음 슬라이드에서는 대개 내 목표를 확장하고 빅 도미노를 설명한다. 기억하라, 당신의 특정한 매개체가 가장 간절히 원하는 바를 얻는 유일한 방법이라는 사실을 사람들이 믿어야 한다.

[새로운 기회]가 [간절히 바라는 것]을 얻는 열쇠이며 [특정한 매개체]를 통해서만 얻을 수 있다는 사실을 믿게 한다면, 다른 모든 방해 요소와 우려는 무의미해질 것이다.

다음 문장에서는 사람들이 간절히 바라는 성과를 올리는 비결이 바로 내가 발표하고 있는 새로운 기회라는 사실을 믿게 하는 것이 목표라고 말한다.

다음 90분 동안 [새로운 기회]가 [여러분이 간절히 바라는 것]을 이룰 열쇠라는 사실을 믿게 하고, 이러한 성과를 쉽게 얻을 수 있는 저의 독점적인 프레임워크를 설명할 것입니다.

5: 자격 획득 슬라이드

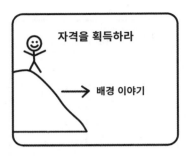

도표 12-8 이 슬라이드에서는 배경 이야기와 자질에 관하여 들려준다.

여기서는 신중해야 한다. 청중과의 친밀감을 가장 빠르게 깨트리는 방법은 당신이 얼마나 위대한 인간인지를 주저리주저리 늘어놓는 것이다. 하지만 당신이 누군가를 이끌 자격이 있음을 사람들이 반드시 알아야 한다. 나는 내 인생의 황금기에 겪은 일 한두 가지를 짧게 말하고 배경 이야기로 넘어가 나 역시 청중과 같은 부류의 사람이었음을 보여준다.

> 지난 __년 동안 [당신의 새로운 기회로 이루어낸 멋진 일]을 해냈습니다. 그리고 다른 사람들이 [당신이 남들을 위해서 해낸 훌륭한 일]을 하도록 도울 수 있었죠. 하지만 처음부터 그랬던 것은 아닙니다. 사실 몇 년 전만 해도 저는 여러분과 같은 처지였는데…[배경 이야기로 전환].

6: 에피파니 브리지 기원 이야기 슬라이드

여기서는 첫째 에피파니 브리지 스토리의 배경 이야기를 시작한다. 새로운 기회를 발견하는 데 도움을 주었던 기원 이야기를 할 기회를 얻을 것이다.

도표 12-9 이 슬라이드는 에피파니 브리지 기원 이야기를 들려준다.

이 스크립트는 총 14단계로 구성된다.

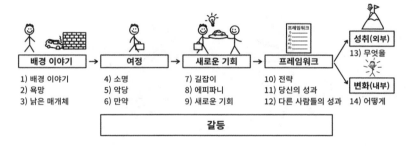

도표 12-10 에피파니 브리지 스토리를 말할 때는 14단계 항목의 내용을 간단히 적어 두고 시작한다.

이는 빅 도미노를 쓰러트리기 위한 첫 번째 시도다. 이 이야기를 들은 사람 중 일부는 당신과 동일한 깨달음을 얻을 것이다. 그리고 이야기를 마치면 당장 행동을 시작할 것 같은 사람도 보인다. 이제부터 당신이 하는 말은 초기의 깨달음을 강화할 것이다.

이때 프레젠테이션은 15분 정도(혹은 전체의 6분의 1) 지났을 것이다. 첫 번째 시도는 당신이 만든 새로운 기회를 청중이 믿게 하는 것이었다. 이제 스크립트의 다음 단계로 넘어가 빅 도미노를 쓰러트리는 데 도움이 되는 매개체와 내적·외적 프레임워크를 배울 것이다.

세 가지 비밀

도표 13-1　빅 도미노가 쓰러지지 않는다면 청중의 다른 잘못된 믿음을 타파해야 한다.

세상이 완벽하다면 당신은 에피파니 브리지 스토리로 새로운 믿음을 심어주며, 빅 도미노는 쓰러질 테고, 당신에게는 평생 함께하는 고객이나 추종자가 생길 것이다. 실제로 그런 일이 발생하기도 한다. 좋은 에피파니 스토리 한 편에는 이러한 것들이 모두 담겼다. 하지만 대체로 믿음이 변화하면 곧 다른 걱정거리가 나타난다. 삶에 큰 변화가 요구되거나 비용이 많이 들어가는 기회를 맞을 경우에 특히 그러하다.

첫 번째 단계: 세 가지 핵심적인 잘못된 믿음

새로운 기회가 괜찮다고 생각하면서도 구매하지 못하는 핵심적인 이유로는 세 가지 잘못된 믿음이 있다.

도표 13-2 당신의 잠재고객은 매개체와 이를 사용하는 능력, 그리고 성공을 방해하는 외적 영향에 대한 잘못된 믿음을 지닌다.

- **매개체:** 당신이 제공하는 매개체 또는 새로운 기회에 대해 사람들이 가질 수 있는 잘못된 믿음.
- **내적 믿음:** 새로운 기회를 이용하는 자신의 능력에 대한 잘못된 믿음.
- **외적 믿음:** 성공하지 못하게 하는 외부의 힘에 대한 잘못된 믿음. 이를 테면 시간이나 경제 상황처럼 개인이 통제할 수 없는 요인들.

앞에서 당신은 꿈의 고객이 각자의 분야에서 느끼고 있는 잘못된 믿음으로 이야기를 구축하기 시작했다. 사람들의 성공을 가로막는 이야기들을 다시 쓰기 위해 프레젠테이션의 내용을 보여주는 부분에서 계속 이 이야기들을 이용할 것이다.

다시 잘못된 믿음을 살펴보자. 그리고 빅 도미노의 붕괴를 저지하는 핵심적인 잘못된 믿음이 무엇인지 판단하라. 당신은 각각의 핵심적인 잘못된 믿음을 깨부수는 에피파니 브리지 스토리를 만들 것이다. 또한

잘못된 믿음의 사슬	경험	이야기	새로운 에피파니 브리지
매개체: 네트워크 마케팅은 효과가 없다.	엄마를 가입시키려고 했다가 혼났다.	내가 다단계에 도전한다면 친구가 없어질 것이다.	온라인에서 리드를 생성할 수 있다!
내적: 사람들에게 말 거는 게 무섭다.	'잠재고객'과 불편한 통화를 했다.	판매는 고통스럽다.	이메일로 판매할 수 있다!
외적: 친구들이 가입하지 않으려고 한다.	사람들이 과거에 나를 조롱했다.	가까운 친구를 사귀기란 불가능하다.	온라인에서 흥미를 보이는 리드를 얻을 수 있다.

도표 13-3 이 예는 네트워크 마케팅을 처음 접할 때 잠재고객이 가질 수 있는 세 가지 핵심적인 잘못된 믿음과, 이를 깨트리기 위해 새로운 에피파니 브리지를 생성하는 방법을 보여준다.

다른 잘못된 믿음에 대항하는 보조 역할로 사용할 에피파니 브리지 스토리도 만들 것이다.

프레임워크가 어떻게 작용하는지 설명해보겠다. 퍼널이야말로 회사를 10배 이상 성장시키는 유일한 방법이라는 사실을 믿게 하려면, 그리고 내가 퍼널이 최고라고 생각하는 이유에 관한 에피파니 브리지 스토리를 들려주었다면, 각 부분에서 다음과 같은 잘못된 믿음이 나타날 수도 있다.

잘못된 믿음 1 — 매개체: 퍼널은 듣기에는 좋지만 내게 어떻게 도움이 된다는 얘긴지 이해가 안 간다.
잘못된 믿음 2 — 내적 믿음: 퍼널이 괜찮다고 생각하지만 기술적인 면을 잘 몰라서 그걸 구축하지는 못할 것 같다.
잘못된 믿음 3 — 외적 믿음: 퍼널을 구축할 수는 있지만, 그러더라도 사람들이 퍼널에 오게 할 방법을 모른다.

두 번째 단계: 세 가지 에피파니 브리지 스토리를 써라

세 가지 핵심적인 잘못된 믿음이 있으므로 잘못된 믿음의 사슬을 깨트리고 이를 대체할 새로운 이야기를 찾아야 한다.

○ 잘못된 믿음 1: 나는 그게 어떻게 도움이 되는지 이해가 안 간다.
내가 어떻게 그런 매개체를 얻었는지 알 수 있는 에피파니 브리지 스토리를 들려준다. 나는 성공적인 모델링에 관한 토니 로빈스와 포터 스탠스베리의 이야기를 들려주고, 우리가 어떻게 마린-D3 퍼널을 모델링하여 뉴라셀퍼널을 만들었는지, 어떻게 이미 시장에서 성공한 기존 퍼널을 활용하여 새로운 퍼널을 만들어냈는지 설명하고자 퍼널 해킹 이야기를 들려준다. 그런 다음 전술 없는 전략이 무엇인지 설명하기 위하여 내 프레임워크를 가르칠 것이다.

○ 잘못된 믿음 2: 나는 기술적인 면은 잘 모른다.
과거에 기술적인 면은 잘 모른다고 생각했던 나의 잘못된 믿음을 어떻게 극복했는지를 알 수 있는 에피파니 브리지 스토리를 들려준다. 어떻게 수천 달러 비용이 들어가는 퍼널을 대규모 기술팀이 구축하게 했는지, 또 우리가 클릭퍼널스를 만들고 나서 퍼널을 어떻게 변화시켰는지 이해할 수 있는 이야기를 들려준다. 그리고 퍼널을 구축하는 데 사용했던 내 프레임워크(전략)를 나눠준다. 상품 데모를 제시하며, 기술적인 면을 잘 모르더라도 아주 쉽게 이해할 수 있다는 사실을 보여준다.

○ 잘못된 믿음 3: 사람들이 방문하게 하는 방법을 모른다.
사람들이 방문하게 하는 방법을 모른다는 외적인 잘못된 믿음을 내가 어떻게 극복했는지 알 수 있는 에피파니 브리지 스토리를 들려준다. 나는 같은 방식으로 쉽게 방문자를 끌어오기 위해 경쟁자들의 사이트를 방문한 사람들이 어디에서 왔는지 역추적하는 이야기를 들려준다. 그리고 방문객을 퍼널로 끌어 모으는 전략을 설명하기 위하여 내 프레임워크를 나눠준다.

세 번째 단계: 세 가지 비밀을 적어라

드디어 사람들이 지닌 잘못된 믿음을 그에 대항하는 에피파니 브리지 스토리와 함께 '비밀'로 다시 쓴다. 내 프레임워크가 원하는 성과를 올리는 데 핵심이라고 암시하는 '~하는 법' 문장을 이용한다. 호기심이 핵심이다. 비밀이 호기심을 유발하고 사람들은 들으려 할 것이다. 다음은 나의 세 가지 핵심적인 잘못된 믿음을 세 가지 비밀로 다시 쓴 것이다.

비밀 1―퍼널 해킹: 100달러도 안 되는 돈으로, 경쟁자들이 만든 100만 달러 이상의 가치를 지닌 퍼널을 윤리적으로 훔치는 법.

비밀 2―퍼널 복제: 10분 안에 '검증된' 퍼널을 (클릭퍼널스 안에서) 복제하는 법.

비밀 3―나의 첫 번째 방문자 해킹: 경쟁자들의 퍼널로 향하는 고객이 우리 퍼널로도 오게 하는 법.

세 가지 요소가 모두 갖춰졌으므로 프레젠테이션을 작성하는 데 필요한 토대가 마련되었다. 당신의 메시지를 믿게 할 빅 도미노는 물론이고 이 도미노의 붕괴를 막고 있던 세 가지 핵심적인 잘못된 믿음이 무엇인지 알아냈다. 당신은 빅 도미노를 떠받친 믿음 하나하나를 이야기를 이용하여 체계적으로 무너트릴 것이다.

이러한 세 가지 핵심적인 잘못된 믿음이 모두 무너지면 빅 도미노도 무너진다. 빅 도미노가 무너졌다는 것은 행동으로 옮기는 데 필요한 믿음을 당신이 소개했다는 뜻이다. 잠재고객의 앞을 가로막는 잘못된 믿음의 패턴을 깨고 진정한 믿음을 재건하는 일이 가장 중요하다.

믿음의 패턴을 깨트리고 재구축하기

지금까지는 모두 호기심을 자극하고, 친밀한 관계를 쌓고, 새로운 기회를 소개하기 위해 이야기를 했다. 이제 프레젠테이션의 콘텐츠 부분으로 넘어간다. 당신은 여기서 강의 모드로 전환하고 싶을 것이다. 하지만 주의하지 않으면 판매를 망칠 수도 있다.

이것은 뭔가를 가르치는 프레젠테이션이 아니다. 사람들로 하여금 행동하게 하고 삶을 변화시키는 프레젠테이션이다. 전략(무엇을 해야 하는지)을 가르칠 수는 있지만 전술(어떻게 해야 하는지)을 가르쳐서는 안 된다.

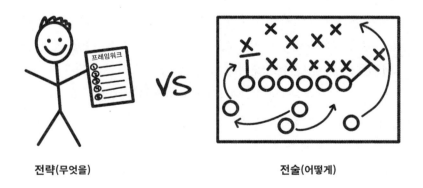

전략(무엇을)   전술(어떻게)

도표 13-4 완벽한 웨비나에서는 프레임워크의 전술(어떻게)이 아닌 전략(무엇을)을 가르쳐야 한다.

전술은 고객이 상품을 구매한 다음에 가르쳐야 한다. 전술을 미리 가르치는 것은 판매에 큰 타격을 입힌다. 명심하라. 당신은 프레임워크 전략을 제공하고, 전략의 이면에 있는 잘못된 믿음의 패턴을 식별하는 데 집중하고, 이를 타파하여 진실한 믿음으로 재구축하고 있다. 전략에 대한 청중의 잘못된 믿음을 깨트리지 못하면 아무리 많은 전술을 알려준다 해도 결코 성공하지 못할 것이다. 우선 믿음을 가져야 한다. 아니면 모든 것이 무의미하다.

당신은 이러한 개념이 말이 안 된다고 생각하거나 다소 혼란스럽다고 느낄지도 모른다. 처음으로 사람들의 삶을 바꿀 무언가를 판매하려고 했을 때 나는 사람들에게 강의한다는 생각으로 일했다. 내가 아는 최고의 지식을 가르쳐주었다. 사람들이 더 많은 것을 들으려 할 줄 알았다. 결과는 어떻게 됐을까? 내가 틀렸다.

사람들은 콘텐츠가 훌륭하다고 말하면서도 예전 패턴으로 돌아갔다. 내가 그들 마음속에 있는 이야기들을 고쳐 쓰지 않았기 때문이다. 누군가의 인생을 바꿀 뻔했지만 그들이 진심으로 마음을 바꾸기 전에 전술을 알려준 탓에 결국 성취하지 못한 것이다. 비극이었다. 나는 최선을 다해 도우려 했지만 실제로는 사람들에게 상처를 주었다. 사람들은 자신의 믿음을 바꾸지 않았고, 아무것도 사지 않았으며, 삶을 바꾸지 않았다. 나는 실패한 전문가이자 코치였다.

나는 당신이 누군가에게 제공할 수 있는 가장 훌륭한 서비스는 무언가를 사게 하는 것이라고 생각한다. 구매 행위로 약속이 만들어지고 사람들은 행동하게 된다.

내가 여는 행사에 친구들 수십 명은 참가비를 내지 않고 참석한다. 주변에는 같은 방에 들어오려고 5만 달러를 지불한 고객들이 앉아 있다. 이상하게도 돈을 안 내고 참석한 친구들 중 그 행사에서 얻은 정보로 창업하여 성공한 사람은 단 한 명도 없다. 하지만 돈을 내고 참석한 사람들은 성공 확률이 거의 100퍼센트에 이른다.

나의 초창기 멘토였던 빌 글레이저는 내가 사람들을 가르치기 때문에 성공하지 못하는 거라고 설명했다. 처음엔 너무나 혼란스러웠다. 그리고 몇 년이 지나서야 그가 한 말을 이해할 수 있었다. 그후 어떻게 해야 하는지 알고는 내 방식을 효과적으로 바꾸었다.

시간이 흐르면서 나는 가르치는 방식과 영감을 주는 방식은 물론이고 (가장 중요한 것인데) 사람들이 행동에 옮기도록 하는 방식으로 내 콘텐츠를 구성하게 되었다. 물론 당신은 처음에 이상하게 느낄 수 있다. 많은 사람이 좋다고 생각하는 전술을 가르치지 않기 때문이다. 하지만 여기서 당신이 진행하는 강의 유형이 변화의 토대가 된다는 사실을 이해해야 한다.

처음 이런 식으로 프레젠테이션을 할 때 좌절감을 느끼면서 진행했던 기억이 난다. 하지만 프레젠테이션을 마치자 두 가지 전혀 다른 일이 일어났다. 하나는 평소엔 불과 몇 건만을 판매했는데 그날은 수백 건의 판매 실적을 올린 것이다. 다른 하나는 평소보다 10배는 많은 사람이 강의 콘텐츠가 자신의 인생을 바꿨다고 말한 것이다.

얼마나 흥미로운가! 나는 전술 이야기는 꺼내지도 않은 채로, 사람들을 몇 년 동안 가로막은 잘못된 믿음을 깨트리면서 새롭고 힘이 되는 믿음을 주었다. 이것은 가장 순수한 형태의 가르침이며, 우리에게 익숙한 가르침과 다르다. 추후 전술을 가르쳐야 할 때가 올 것이다. 하지만 고객이 먼저 올바른 신념 체계를 갖추어야 한다.

세 가지 비밀 슬라이드

이야기를 들려주기 시작하면 많은 사람이 흥분한다. 하지만 새로운 기회를 소개하자마자 방해 요소와 잘못된 믿음도 튀어나올 것이다. 웨비나의 내용을 본격적으로 설명하는 이 부분에서 잘못된 믿음의 패턴을 깨트리고 재구축하는 작업을 시작해야 한다.

7: 세 가지 비밀 슬라이드로 넘어가기

도표 13-5 이 슬라이드는 세 가지 비밀을 보여준다.

웨비나에서 가르치려는 내용을 소개한다. 당신은 이미 이름을 붙인 세 가지 비밀을 연결하여 사람들에게 공개한다.

> 다음은 앞으로 약 45분 동안 다룰 내용입니다.
>
> 비밀 1 ─ 퍼널 해킹: 100달러도 안 되는 돈으로 경쟁자들이 만든 100만 달러의 가치를 지닌 퍼널을 윤리적으로 훔치는 법.
> 비밀 2 ─ 퍼널 복제: 10분 안에 '검증된' 퍼널을 (클릭퍼널스 안에서) 복제하는 법.
> 비밀 3 ─ 나의 첫 번째 방문자 해킹: 경쟁자들의 퍼널로 향하는 고객이 우리 퍼널로도 오게 하는 법.

8: 첫 번째 비밀 말하기 슬라이드

도표 13-6 이 슬라이드는 잘못된 믿음을 깨트리기 위해 첫 번째 비밀을 말한다.

여기서 비밀 1을 재빨리 말한다.

첫 번째 프레임워크를 소개하라(매개체)

다음에 나오는 슬라이드들에서 기원 이야기 도중 언급했던 첫 번째 프레임워크를 발표할 것이다.

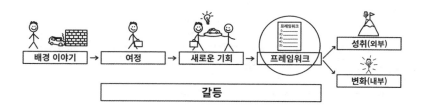

도표 13-7 매개체에 대한 프레임워크는 에피파니 브리지의 기원 이야기에서 논의했던 프레임워크와 동일하게 만든다.

사람들은 매개체에 관해 당신이 하는 이야기를 들었고 당신 및 다른 사람들이 올린 성과를 보았으며 그것이 어떻게 당신을 새로운 사람으로 변화시켰는지를 보았다. 이런 정보는 당신이 그들에게 소개하는 첫 번째 프레임워크가 될 것이다.

도표 13-8 당신은 매개체 프레임워크의 이름을 소개하고, 경험했거나 들은 에피파니 브리지 스토리를 공유하고, 전략을 가르치고, 사회적 검증과 사례를 공유할 것이다.

9: 프레임워크 소개하기 슬라이드(매개체)

도표 13-9 이 슬라이드에서는 프레임워크의 이름을 소개한다.

이 슬라이드에서는 사람들이 배울 프레임워크를 소개한다. 사람들이 초기의 에피파니 브리지 스토리에서 이미 들었기 때문에, 여기서는 그것이 무엇인지 다시 한번 일깨우고 어떤 이름으로 불리는지 이야기할 것이다. 청중이 메모를 하고 마음을 여는 지점이다. 프레임워크 이면에 숨겨진 전략을 가르치기에 앞서, 일단 프레임워크가 어떤 이름으로 불리는지 말하고 그것이 당신에게 해준 일을 사람들에게 상기시키자.

앞서 제가 [원하는 결과]에 도움이 되도록 우리가 개발했던 프레임워크 이야기를 했는데 기억하시나요? 지금부터 이 프레임워크를 설명할 테니 펜과 종이를 꺼내 기록하십시오. 저는 그것을 [당신 프레임워크의 독점적인 이름] 이라고 부릅니다.

10: 경험했거나 들은 이야기 공유하기 슬라이드(매개체)

도표 13-10 이 슬라이드에서는 당신이 경험했거나 들은 에피파니 브리지 스토리를 들려준다.

사람들이 전략을 배울 준비가 됐으므로, 이제 한 걸음 물러나 당신이 어떻게 이 프레임워크를 경험했는지 혹은 듣게 되었는지 이야기해야 한다. 이러한 과정을 거치지 않으면 청중은 지금 당신이 주려고 하는 프레임워크가 얼마나 소중한지 모를 것이다.

○ 에피파니 브리지 기원 이야기 대 에피파니 브리지 매개체 이야기: 많은 사람이 여기서 혼란스러워하는데, 이 이야기가 도입부에 말했던 기원 이야기와 어떻게 다른지 잘 모르기 때문이다. 전자는 당신이 어떻게 새로운 기회를 발견해 프레임워크로 바꾸었는지를 알려주는 당신의 기원 이야기다. 후자는 당신이 실제로 프레임워크를 어떻게 개발했는지를 알려주는 이야기다.

○ 에피파니 브리지 기원 이야기: 내가 처음에 클릭퍼널스를 구축했던 웨비나에서 들려준 기원 이야기는 감자총 이야기였다. 짧게 말하자면 다음과 같다.

배경 이야기: 나는 돈을 벌어서 아내를 도와주고 싶었다.

여정: 감자총 DVD를 팔기 시작했지만 얼마 후 구글이 광고 정책을 바꾸면서 판매를 중단했다.

새로운 기회: 마이크 필세임이 상향판매에 관해 이야기했고, 나는 퍼널을 발견했다.

프레임워크: 회사를 성장시키기 위해 퍼널 프레임워크를 구축했다.

성취: 엄청나게 많은 돈을 벌었고, 아내는 은퇴하여 전업주부가 되었으며 아이를 낳았다.

○ 에피파니 브리지 매개체 이야기: 지금 여기서 이야기하는 이 두 번째 에피파니 브리지 스토리는 매개체 프레임워크가 매우 중요하다. 나는 매개체 프레임워크를 어떻게 발견했을까? 다음은 내 프레젠테이션을 보았던 사람들에게 들려주었던 에피파니 브리지 프레임워크의 하이라이트다.

배경 이야기: 토니 로빈스는 성공한 사람들을 모델로 삼으라고 말했다.

여정: 보충제 회사를 차렸는데 잘 되지 않았다.

새로운 기회: 어느 경쟁자의 퍼널을 해킹해서 이를 모델 삼아 하룻밤에 10배가 넘는 매출을 올렸다.

프레임워크: 퍼널을 해킹하는 법.

1단계 모델로 삼을 퍼널을 찾는다.

2단계 그 퍼널을 해킹한다(제품을 구입하여 퍼널의 구조를 본다).

3단계 당신이 구축할 퍼널의 청사진을 만든다.

4단계 클릭퍼널스에서 퍼널을 구축한다.

성취: 나 그리고 다른 퍼널 해커들의 수많은 성공 이야기!

당신은 여기서 내가 프레임워크 이야기를 들려준 다음에 단계별 전략을 설명했음을 알게 될 것이다.

11: 전략 가르치기 슬라이드(매개체)

도표 13-11 이 슬라이드에서는 프레임워크의 전략(무엇을)을 가르친다.

이제 프레임워크의 단계별 전략을 가르칠 때다. 나는 시간이 허락하면 프레임워크의 일부 단계를 축소한 미니 에피파니 브리지 스토리를 들려준다. 예를 들면 다음과 같다.

1단계 모델로 삼을 퍼널을 찾는다.

2단계 퍼널을 해킹한다(제품을 구입하여 퍼널의 구조를 살핀다).

배경 이야기: 나는 퍼널 해킹을 할 보충제 상품을 찾았다.

여정: 그들의 퍼널이 아주 훌륭하진 않았지만, 그것을 모델로 삼았고 효과가 있었다.

새로운 기회: 그러던 중 정말 훌륭한 보충제 퍼널을 발견했다.

프레임워크: 외관과 느낌, 배치, 소매가격을 모델로 삼았다.

성취: 퍼널은 하룻밤 사이에 10배 이상 성장했다.

3단계 당신이 구축할 퍼널의 청사진을 만든다.

4단계 클릭퍼널스에서 퍼널을 구축한다.

내가 청중에게 '무엇을' 할지(퍼널을 찾고, 제품을 구입하고, 청사진을 만들고, 클릭퍼널스에서 퍼널을 구축하기) 설명했지만, 전술적으로 '어떻게' 할지는 설명하지 않았다는 것을 눈치챘는가? 이 '어떻게'에서 나는 본보기로 삼을 퍼널을 찾는 곳, 좋은 퍼널의 기준, 구조, 디자인 등을 설명할 것이다. 사람들은 상세한 내용을 유료 강의에서 들을 수 있다. 여러 가지 문제가 있는 환경에서 전술을 가르치는 데 시간을 쓴다면 청중을 잃을 것이다. 다시 한번 말하지만 당신의 유일한 목적은 전략이 유효하다는 점을 믿게 만드는 것이다. 청중에게 믿음이 생겼을 때 전술을 가르칠 수 있다.

12: 사례연구 슬라이드(매개체)

도표 13-12 이 슬라이드에서는 당신의 프레임워크를 이용해 성공한 사람들의 사례연구를 공유한다.

여기서 당신은 프레임워크를 공유했던 사람들의 사례연구와 그들이 성취한 결과를 보여줄 것이다.

13: 기타 보조적인 에피파니 브리지 스토리 공유하기 슬라이드

도표 13-13 이 슬라이드에서는 여러 가지 잘못된 믿음을 깨트린다.

당신은 어떻게 프레임워크를 발견했는지 알려주는 에피파니 브리지 스토리를 공유했고, 프레임워크 이면에 감춰진 전략을 가르쳐주었다. 시간이 허락한다면 매개체 프레임워크에 관한 잘못된 믿음을 타파하는 데 도움이 되는 이야기의 짧은 버전도 공유할 수 있다. 이야기 목록에서 찾아낸 보조적인 이야기들을 이용한다.

나는 제이슨 플래들리엔에게서 멋진 방법을 배웠다. 함께 웨비나를 진행하던 중에 그는 자신이 생각할 수 있는 모든 방해 요소를 기록하더니 거의 90분 만에 그 모두를 없애버렸다. 그는 이렇게 말했다.

"여러분은 아마도 _____(잘못된 믿음의 예)라고 생각할 겁니다, 그렇죠? 글쎄요, _____(짧은 에피파니 브리지 스토리)."

> 여러분은 아마도 방문자를 많이 늘리려면 돈이 많아야 한다고 생각할 겁니다, 그렇죠?
> 글쎄요, 사실 하루에 클릭 100번만 있으면 충분합니다.
> 여러분은 아마도 코딩하는 법을 알아야 한다고 생각할 겁니다, 그렇죠?
> 글쎄요, 사실 다른 사람들의 퍼널을 모델로 삼기만 해도 충분합니다.

그는 내가 웨비나에서 언급한 적도 없는 잘못된 믿음을 50가지나 거론하며 그런 문장을 계속 쏟아냈다. 나는 삐질삐질 진땀이 났다. 웨비나가 3시간 가까이 이어지는 동안 제이슨은 여전히 말을 계속했다. 사람들이 지겨워하진 않을까? 하지만 놀라운 일이 일어났다.

처음 90분 동안 판매할 때보다 제이슨이 90분 동안 "아마도 X라고 생각할 겁니다, 그렇죠?"를 말할 때 3배가 넘는 매출을 올렸음이 밝혀졌다. 우리는 3시간 동안 생방송을 해서 기록을 세웠다. 제이슨은 누구도 방해 요소를 생각할 수 없을 때까지 계속해서 잘못된 믿음을 깨트렸다. 반대 의견은 완전히 소멸했다.

나는 이 이야기를 이너서클 회원들에게 해주었고, 곧바로 브랜든과 케일린 부부는 각각의 비밀에 대한 강의를 마친 후에 이러한 보조 에피파니 브리지 스토리를 적용했다. 그들은 이 기법 하나로 웨비나에서 2배가 넘는 매출을 올렸다고 보고했다.

따라서 이야기 목록의 이 비밀과 관련된 항목을 찾아 사람들을 가로막는 잘못된 믿음을 깨부수자. 이런 이야기는 한 번에 보통 30~60초 걸린다. 잘못된 믿음을 언급하고 왜 이게 잘못됐으며 진실한 믿음은 무엇인지를 몇몇 문장에 담아 말하기만 하면 된다.

14: 두 번째 프레임워크 세트(내적 믿음) 소개하기 슬라이드

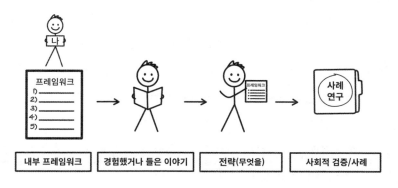

도표 13-14 비밀 1을 마치고 나면 비밀 2에서도 비슷한 흐름을 따라갈 것이다.

비밀 1에서 비밀 2로 넘어가는 과정(내적 잘못된 믿음을 깨부수기)은 거의 다 똑같다. 그러므로 여기서는 따라야 할 단계만 열거한다.

- 비밀을 기술한다.
- 프레임워크 이름을 소개한다.
- 경험했거나 들은 에피파니 브리지 스토리를 들려준다.

- 프레임워크 전략을 가르친다.
- 사례연구를 보여준다.
- 기타 보조적인 에피파니 브리지 스토리를 들려준다.

유일한 차이는 내부 프레임워크에 관한 에피파니 브리지 스토리를 공유하는 것이다. 당신의 프레젠테이션에서 모델로 삼을 수 있도록 예를 하나 들겠다.

내가 퍼널 핵스 프레젠테이션에서 기원 이야기를 하고 퍼널 해킹 프레임워크 이면의 전략을 가르치고 나자, 청중은 온라인에서 기업을 성장시키려면 퍼널이 필요하다는 사실을 이해하게 되었다. 따라서 내적 잘못된 믿음은 대개 다음과 같은 대사와 함께 점점 커지기 시작했다. "나는 기술적인 면은 잘 모르기 때문에 퍼널을 구축할 수 없을 거야." 바로 이때 그들도 할 수 있음을 보여주는 프레임워크를 도입해야 한다.

배경 이야기: 과거에 몸값이 비싼 프로그래머와 디자이너를 고용했다.
여정: 동업자 토드는 간편한 소프트웨어를 만들 수 있다고 했다.
새로운 기회: 그는 클릭퍼널스를 개발했다. 이걸로 나 같은 사람들도 쉽게 퍼널을 만들 수 있다!
프레임워크: 10분 안에 퍼널 만드는 방법.
- **1단계** 좋아하는 템플릿(혹은 우리가 제공하는 공유 퍼널)을 고른다.
- **2단계** 요소들을 끌어 붙여서 브랜드에 어울리는 템플릿을 만든다.
- **3단계** 문안을 입력하고 이미지를 각 페이지에 삽입한다.
- **4단계** 모바일에서도 멋지게 보이는지 확인한다.
- **5단계** 퍼널을 가동한다!
성취: 10분도 안 되는 시간에 전문적인 기술도 없이 퍼널을 만들었다!

15: 세 번째 프레임워크 세트(외적 믿음) 소개하기 슬라이드

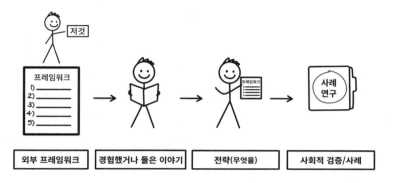

도표 13-15　비밀 2를 마치고 나면 비밀 3에서도 비슷한 흐름을 따라갈 것이다.

이번에도 비밀 3(외적 잘못된 믿음을 깨부수기)으로 넘어갈 때 비밀 1과 2에서 취했던 형식을 따른다.

- 비밀을 기술한다.
- 프레임워크 이름을 소개한다.
- 경험했거나 들은 에피파니 브리지 스토리를 공유한다.
- 프레임워크 전략을 가르친다.
- 사례연구를 보여준다.
- 기타 보조적인 에피파니 브리지 스토리를 들려준다.

이 세 번째 비밀 단계에서는 고객이 가진, 외적 잘못된 믿음이 매우 중요하다. 고객들은 퍼널이 올바른 매개체라고 믿는다. 또한 지금 당장 퍼널을 만들 수 있다고 믿지만, 성공을 막는 외부의 힘이 있다고 생각하여 두려워한다. 고객들의 잘못된 믿음은 다음과 같이 들린다. "내가 퍼널을 구축할 수는 있지만, 설사 구축했다 하더라도 방문자를 끌어들이는 방법을 몰라." 이를 타파하기 위해 비밀 3에서는 내 프레임 워크를 소개한다.

배경 이야기: 퍼널을 만들었다. 하지만 방문자를 늘리기가 쉽지 않았다.

여정: 구글, 페이스북 등에 광고를 해봤지만 거의 성공하지 못했다.

새로운 기회: 경쟁자들이 광고를 올리는 곳을 보여주는 소프트웨어를 발견했다. 그리하여 나도 같은 곳에 광고를 올릴 수 있었다!

프레임워크: 경쟁자의 퍼널로 향하는 고객이 우리 퍼널로도 오게 하는 법.

1단계 당신의 꿈의 고객을 이미 확보한 경쟁자를 찾는다.

2단계 그들이 어느 웹사이트에 광고를 올리는지 알아낸다.

3단계 그들의 배너 광고를 관찰해서 모델로 삼는다.

4단계 경쟁자와 같은 사이트에 광고를 올린다.

성취: 키워드, 관심사 타깃팅, 기술을 배우지 않아도 꿈의 고객들이 매일 내 퍼널로 들어온다!

이것은 웨비나의 내용을 강의하는 방법이다. 제대로 강의했다면 청중은 당신의 매개체가 그들이 원하는 결과를 얻는 데 필요한 열쇠라는 사실을 믿게 된다. 본인이 실제로 해낼 수 있으며, 성공을 가로막는 외부 힘은 없다고 믿게 된다. 그러면 당신이 방금 가르친 전략을 구현하는 데 필요한 전술을 알아내기 위해 고객은 돈을 지불할 것이다.

이 스크립트의 마지막 단계는 제안을 하는 것이다. 프레젠테이션을 시작한 지 약 1시간(6분의 4)이 지나갔고 이제 마무리하기까지 30분(6분의 2)이 남았다. 당신은 고객을 결승선까지 데려왔고, 이제는 고객이 '예스'라고 말할 수밖에 없는 제안을 할 차례다.

스택과 클로즈

시카고의 꽉 들어찬 회의장 뒷자리에 앉아 나의 첫 멘토 중 한 명이 무대에 오르는 모습을 보고 있었다. 무대에서 클로즈를 하는 데 세계 최고라고 알려진 사람이었다. 그가 어떻게 강의하는지 보고 싶었다. 회의장에는 1000여 명이 모여서, 모두 공책을 꺼내서 메모할 준비를 하고 있었다.

그의 이름은 아먼드 모린이다. 나는 1000달러짜리 강의가 열리는 회의장 좌석이 절반가량 차 있는 모습에 놀라고 말았다. 강의가 끝나자 사람들은 뒷좌석에 마련된 접수대로 몰려가 수강 신청서를 제출했고 각자 뿔뿔이 흩어졌다.

구석에 서서 모두 나가길 기다린 끝에 그와 이야기를 나눌 수 있었다. 아먼드는 손에 신청서를 들고 있었는데 너무 많아서 들고 있기가 힘들어 보일 지경이었다.

"이게 다 뭔지 아나?" 그가 물었다.

"신청서 아닌가요?" 질문의 의도가 뭔지 이해가 가지 않았다.

"아니야. 이게 다 1000달러짜리 지폐라네." 그는 웃으면서 말했다.

깜짝 놀랐다. 나는 1년 가까이 다양한 무대에서 강연하며 애쓰고 있었고 하루 최고 매출액은 1만 5000달러 쯤이었다. 그는 50만 달러 정도를 들고 있는 것 같았다. 그는 우리가 만나게 된 진짜 이유를 이야기하기 시작했다.

"2주 후에 열리는 빅세미나BigSeminar에서 자네가 연설하면 10만 달러 넘게 벌 거라고 생각하네만, 판매하는 방식을 바꾸어야 하네."

이 세상에서 가장 코칭을 잘 받아들이는 사람으로서 나는 다음 이야기를 잔뜩 기대하며 귀를 기울였다.

"방금 프레젠테이션에서 마지막 30분 동안 내가 무엇을 했는지 알아챘나?" 그가 물었다.

내 머리는 그가 무슨 말을 했는지 알아내려고 애썼다. "음, 잘 모르겠습니다…. 아마도 제가 놓친 것 같습니다." 솔직히 말했다.

"내가 사용한 것을 나는 '스택'이라고 부른다네." 그는 이른바 스택이 어떻게 작용하는지 설명해주었다. 그리고 이렇게 덧붙였다. "자네가 내 행사에서 스택을 쓴다면 자네는 접수대로 사람들이 달려오는 모습을 처음으로 보게 될 걸세."

나는 그의 말을 공책에 적어두었다가, 프레젠테이션을 할 때 최대한 비슷하게 따라 하려고 노력했다. 2주 후에 아먼드가 여는 빅세미나 무대에 섰다. 이 행사에서 강연하는 것은 내게 아주 중요한 사건이었다. 불과 3년 전에 내가 최초로 참여한 세미나였기 때문이다. 당시에 나는 회의장에 앉아 언젠가 저 무대에 서리라는 꿈을 꾸었는데, 이제 실현되려는 참이었다!

나는 평소에 하던 대로 프레젠테이션을 했다. 그리고 1시간쯤 지났을 때 스택으로 바꾸었다. 뭔가 우스꽝스럽다고 생각했지만, 프레젠테이션을 마치기도 전에 사람들이 벌떡 일어나 나의 유료 프로그램에 등록하려고 회의장 뒤쪽으로 달려가는 모습을 보고서 깜짝 놀랐다! 스택으로 깊이 들어갈수록 회의장 뒤쪽으로 달려가는 사람이 많아졌고 강의를 마쳤을 때는 등록하려는 사람들 소리만 들렸다. 사람들이 접수대를 향해 달리는 모습을 처음 본 그날은 내가 최초로 10만 달러가 넘는 매출을 올린 날이기도 하다. 그날 이후 나는 스택 없이는 아무것도 팔지 않았다.

스택 심리학

아먼드가 내게 스택을 보여주며 가르쳐준 것은 간단하다. 잠재고객은 당신이 물건을 팔 때, 마지막에 보여준 것만을 기억한다는 사실이다. 그는 대부분의 판매 프레젠테이션이 핵심 제안에 초점을 맞추고, 발표자는 다양한 보너스를 제공해 고객의 행동을 유도한다고 설명했다.

문제는 사람들이 마지막에 보여준 것만 기억한다면 마지막 보너스만 떠올릴 테고, 당신 제안의 가치와 가격을 가늠하며 전체를 살피는

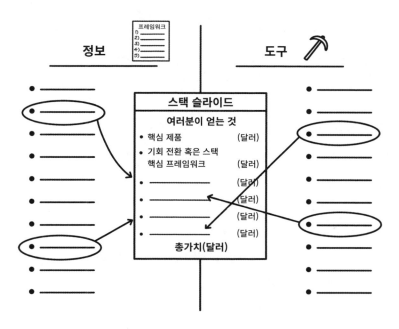

도표 14-1 한 번에 한 가지씩 제안 요소를 더하면 잠재고객은 해당 요소의 가치를 두 눈으로 보게 된다.

것이 아니라 그 보너스만 신경 쓴다는 사실이다.

스택은 당신의 제안과 보너스를 소개하고 보여주는 방식에 변화를 주어 이 문제를 해결한다. 모든 것은 앞에서 만든 스택 슬라이드에서 시작한다.

당신은 클로즈로 전환하면서 제안을 설명할 것이다. 제안의 첫 번째 부분을 소개하고, 어떻게 만들었는지 이야기를 해주고, 한 슬라이드에 한 가지씩 총가치와 함께 제안 요소를 보여주는 것이다.

이제 당신은 제안의 두 번째 요소로 넘어가서 어떻게 제안을 만들었는지(경험하거나 들었는지) 들려주고, 스택 슬라이드로 돌아와 1번 요소와 2번 요소를 새롭게 합쳐진 결과물과 함께 보여준다.

도표 14-2 한 슬라이드에 모든 제안 요소를 유지하면, 잠재고객은 당신이 마지막으로 말한 것뿐 아니라 모든 요소를 결합한 제안의 가격을 떠올릴 것이다.

가치가 쌓여가는 모습을 청중이 볼 수 있도록, 제안의 모든 항목을 실행한다(제안에 관해 말하고, 스택 슬라이드에 더한다). 이렇게 하면 고객들은 가격을 보기 전 마지막으로 스택 슬라이드와 전체 제안을 볼 수 있다. 즉 가격을 (당신이 마지막으로 언급한 사항으로 떠올리는 게 아니라) 전체 제안과 함께 연상하게 된다.

제안을 하는 방법이 조금만 바뀌어도 다른 어떤 방법을 사용했을 때보다 판매량이 늘어날 것이다. 스크립트에서 이 부분을 살펴보자.

스택과 클로즈 슬라이드

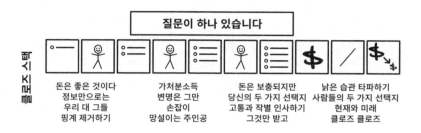

질문이 하나 있습니다

돈은 좋은 것이다
정보만으로는
우리 대 그들
핑계 제거하기

가처분소득
변명은 그만
손잡이
망설이는 주인공

돈은 보충되지만
당신의 두 가지 선택지
고통과 작별 인사하기
그것만 받고

낡은 습관 타파하기
사람들의 두 가지 선택지
현재와 미래
클로즈 클로즈

도표 14-3 빅 도미노와 세 가지 비밀을 공유하고 나서 스택과 클로즈로 넘어간다.

16: 판매로 전환 슬라이드

이게 효과가 있을 거라
생각하나요?

예!

도표 14-4 이 슬라이드에서는 지금까지 배운 것을 총 정리한다.

프레젠테이션에서 내용 설명에 이어 스택과 클로즈로 넘어오면서 나는 새로운 개념을 확실히 이해시키고 무리 없이 판매로 전환할 수 있도록 몇 가지 기법을 사용한다.

첫 번째는 청중이 간절히 바라는 성과를 어떻게 얻는지 보여주는 것 이다. 나는 세 가지 비밀을 다시 살펴보면서 이렇게 말한다.

질문이 하나 있습니다. 비밀 1에서 설명한 대로 따라왔고 이미 작동 중인 퍼널을 발견했다면 여러분은 제가 비밀 2에서 설명한 것을 해냈습니다. 클릭퍼널스를 이용해 비슷한 퍼널을 10분도 안 돼 구축했죠. 그렇다면 비밀 3을 이용해 경쟁자들과 동일한 곳에서 여러분도 방문자를 얻을 수 있겠네요. 여러분은 자신이 성공할 수 있다고 생각하나요?

그런 식으로 모두 분석해서 나온 단서들을 연결하면 '그렇다'라고 답할 수밖에 없다. 그렇다고 대답했다면 내적 잘못된 믿음이 죄다 무너졌고 빅 도미노도 쓰러졌다는 뜻이다.

저 질문에 고개를 끄덕이는 사람들은 구매를 하기 위해 회의장 뒤쪽으로 달려가게 된다. 끄덕이지 않는 사람이 있다면 내 프레젠테이션의 무언가가 빅 도미노가 사실임을 설득하지 못한 것이다.

일대일로 상품을 판매할 때는 고객에게 계속 질문해서 그의 잘못된 믿음을 알아낼 수 있다. 그러면 우려가 되는 부분을 해결해서 판매를 종결할 수 있다.

웨비나나 퍼널 내부의 판매 같은 일대다 구도에서는 그런 호사를 누릴 수 없다. 따라서 최대한 많은 방해 요소와 잘못된 믿음을 프레젠테이션에서 무너트려야 한다.

이러한 첫 번째 변화를 일으키는 질문은 판매 여부를 판단하는 척도가 되어, 당신이 팔린다는 사실을 확신하는 데 도움이 될 것이다.

17: 질문 슬라이드

도표 14-5 이 슬라이드는 청중에게 도움이 될 무언가를 공유할 권한을 요청한다.

웨비나에서 실제로 판매를 해야 할 시점이다. 지금까지 세 가지 비밀을 가르쳐주었고 잘못된 믿음을 없애주기도 했다. 그러니 이제는 당신의 제안이 무엇인지 밝혀야 한다. 대부분의 사람들이 웨비나에서 판매의 마무리 단계가 가장 어렵다고 느낀다. 나 역시 예전에는 긴장했다. 아먼드에게 마법의 질문을 배우기 전까지는 말이다. 그가 가르쳐준 가장 좋은 방법으로, 이렇게 한마디만 하면 된다.

질문이 하나 있습니다….

이게 비결이다. 나는 질문을 두 개 정도 더 하기를 좋아한다.

> 우리가 방금 했던 이야기에 얼마나 많은 사람이 놀라고 있을까요?
> 우리가 너무 많은 내용을 다루어 얼마나 많은 사람이 당황했을까요?

그런 다음 입에 소방호스를 물고 있는 사람의 사진을 보여주면서 웃음을 끌어낸다(너무 많은 정보가 한꺼번에 들어와 감당할 수 없는 경우를 '소방호스로 물 마시기drinking from the firehose'라고 표현한다 — 옮긴이). 청중의 웃음을 유발하고 내가 최대한 많이 다루려고 노력했음을 설명할 수 있다. 이어서 다음 단계로 넘어갈 준비를 끝내고 이 새로운 기회를 실천하려는 사람들을 위한 특별 상품을 만들었다고 말한다. 그런 다음 해당 상품을 소개할 기회를 달라고 허락을 구하는 것도 잊지 않는다.

> 제가 10분 정도 여러분이 _____을 하는 데 도움이 될 만한 특별 제안을 하려는데 괜찮겠습니까?

라이브 무대에 선다면 나는 청중이 괜찮다고 말하거나 고개를 끄덕일 때까지 기다린다. 영상으로 세미나를 진행한다면 사람들이 동의할 때까지 잠시 정지 상태를 유지한다. 아주 드물게 아무도 말이 없거나 어색한 침묵만 흐를 때는 이런 말을 하기도 한다.

> "여러분이 이것을 알고 싶어 하지 않아도 저는 괜찮습니다. 그럴 수도 있는 일이니까요. 저는 지금 당장 가도 됩니다." 그리고 잠시 기다렸다가 말한다. "혹시 10분 정도 설명을 듣고 싶은 분 있나요?"
> 이때는 모두들 '예'라고 대답한다.

스크립트를 따라 여기까지 왔다면 사람들은 '예'라고 대답할 테고 당신은 제안을 소개할 수 있다. 그리고 다시 한번 새로운 믿음의 패턴을 준비할 기회가 생긴다. 일단 세일즈 피치를 시작하고서 당신은 내가 가장 좋아하는 기법인 스택을 사용할 것이다.

18: 무엇을 받게 될까 슬라이드(핵심 제품)

도표 14-6 이 슬라이드에서는 당신이 판매하는 핵심 제품/서비스를 보여준다.

이제 당신이 판매하는 핵심 제품이 드러난 디지털 이미지를 보여줄 시간이다. 어떻게 그리고 왜 이 핵심 제품을 만들었는지 이야기한다.

19: 할 수 있을 것이다/없앨 수 있을 것이다 슬라이드

도표 14-7 이 슬라이드에서는 해당 제품/서비스가 고객의 고통을 없애고 쾌감을 선사할 거라고 설명한다.

청중이 당신 제품에 투자하면 돈을 들이기는커녕 오히려 절약하게 된다는 사실을 깨닫게 해야 한다. 고객들이 정말 돈을 굳힐 기회를 만들자. 그러면 아무도 당신의 제안을 거부할 수 없을 것이다.

이 제품이 있으면 ＿＿＿＿을 할 수 있습니다.
이 제품이 있으면 ＿＿＿＿을 없앨 수 있습니다.

20: 제품이 해결해줄 문제 슬라이드

도표 14-8 이 슬라이드에서는 고객이 원하는 것과 같은 욕구를 충족하려 했을 때 당신이 직면했던 장애물을 보여준다.

제가 처음 이 문제를 알아냈을 때 큰 장애물을 만났습니다. 저는 ＿＿＿＿하는 법을 몰랐었죠. 그래서 혼자 ＿＿＿＿을 만들어야 했습니다.

21: 얼마나 많은 시간/돈을 절약해주는가 슬라이드

도표 14-9 이 슬라이드에서는 당신의 제품/서비스를 이용해서 시간과 돈을 절약할 수 있다고 말한다.

당신이 제품을 사용하여 커다란 장애물을 해결하는 데 쓴 시간과 돈을 이야기한다. 이메일 템플릿을 개발하기 위해 1년이 걸렸다거나, 올바른 계약서의 초안을 작성하려고 비싼 변호사를 고용했다고 말이다. 이때 고객들에게 당신의 제품에는 모든 도구가 포함되었다고 알려주는 것이 핵심이다.

예전에 저는 이 문제를 해결하는 효율적인 방법을 알아내기 위해서 _____ 과 _____을 써야만 했습니다. 하지만 바퀴를 다시 만들 필요는 없죠(이미 잘 만들어진 것을 처음부터 다시 발명할 필요는 없다는 프로그래밍 격언 ─ 옮긴이). 저의 제품은 이미 _____을 입증받았습니다. 그리고 이를 패키지와 함께 보내 드리겠습니다. 여러분은 그저 받기만 하면 됩니다!

이 제품을 사용하면, 여러분은 굳이 이걸 개발하느라 몇 달 혹은 몇 년이란 시간을 허비하지 않아도 됩니다. 처음부터 제대로 사용할 수 있으므로 시행착오를 겪을 필요가 없습니다.

22: 제품과 관련된 믿음을 타파하기 슬라이드

도표 14-10 이 슬라이드에서는 혹시 있을지 모를 잘못된 믿음을 타파한다.

다른 섹션에서 그랬듯이 여기서는 제품 자체 혹은 제품을 사용하려는 사람들의 능력에 관한 잘못된 믿음을 언급할 것이다. 그리고 이러한 잘못된 믿음의 패턴을 재빨리 타파하고 재구축할 것이다.

23: 스택 슬라이드 1

도표 14-11 이 슬라이드에서는 핵심 제품 및 서비스의 가치를 보여준다.

제품이 포함된 첫 번째 스택 슬라이드를 공개한다. 슬라이드에는 각 항목의 총가치가 포함되어야 한다.

가입하면 즉시 제품을 사용할 수 있으며, 총가치는 _____달러입니다.

24: 요소 2 소개하기(프레임워크) 슬라이드

도표 14-12 이 슬라이드에서는 사람들이 받을 프레임워크를 설명한다.

사람들에게 기회의 전환에 대해 이야기하거나 스택 프레임워크를 소개할 시간이다. 대개 프레임워크를 구현하는 데 도움이 되는 디지털 강좌나 라이브 워크숍, 행사 등이다. 프레임워크가 그 자체로 핵심 제품이어도 문제없다. 이제 프레임워크를 만든 이유와 방법을 둘러싼 뒷이야기를 들려줄 차례다.

25: 상품을 간단히 요약하기 슬라이드

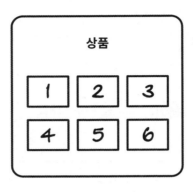

도표 14-13 이 슬라이드에서는 프레임워크를 이용해 무엇을 얻게 되는지 간단히 보여 주는 개요를 제시한다.

흔히 당신은 개별 모듈을 너무 깊게 파고드는 큰 실수를 저지른다. 그러면 고객이 부담을 느낀다. 대략 살펴보기만 하면 된다. 정말 빠르게 훑어보아야 한다. 30초 정도면 충분하다.

다음은 우리가 다룰 내용입니다. 첫 주에는 _____에 대해 이야기할 것입니다. 두 번째 주에는 _____을 살펴보고, 세 번째 주에는 _____에 대해 알아보며, 네 번째 주에는 _____을 할 준비를 마치겠습니다. 다섯 번째 주에는 _____을 관찰합니다. 그리고 마지막 여섯 번째 주에는 _____으로 마무리합니다.

이제 이미 이러한 과정을 경험한 사람들에 대해 설명하겠습니다.

26: 사례연구 슬라이드

도표 14-14   이 슬라이드에서는 당신의 프레임워크로 성공한 사람들의 사례연구를 공유한다.

여기서는 당신의 프레임워크를 이용한 사람들의 성공담을 집중적으로 살펴본다. 시간이 지나면서 다른 성공담을 하나둘 추가할 것이다.

> …를 소개해 드리겠습니다[사례연구 1 공유하기].
> 그리고 …가 있었습니다[사례연구 2 공유하기].
> 또한 제가 가장 좋아하는 이야기는 아마도…[사례연구 3 공유하기].

27: 누구에게 효과가 있을까 슬라이드

도표 14-15 이 슬라이드는 지금 누구에게 제안하고 있는지를 일깨워준다.

사례연구 발표를 마치면 사람들은 보통 이렇게 생각한다. '대단하군. 하지만 나한테는 안 맞을 거야.' '저 사람은 다른 지역에 살잖아' 혹은 '저 사람은 다른 업계에서 일하는군.' 자신이 일하는 업계나 환경이 발표자와 달라서 제안에 아마 효과가 없을 거라고 생각한다. 그래서 당신의 제안으로 효과를 발휘한 여러 분야 사람들의 이야기를 사례연구에서 담아 들려줘야 한다. 최대한 포괄적으로 말하면 된다. 나도 몇 가지 틈새시장의 사례를 포함했다.

> 그래서 저는 되돌아가 이 제안이 누구를 위한 것인지 확인하고 싶습니다. 다음과 같은 사람들에게 효과적입니다.
>
> ---
>
> ### [비즈니스]
> 이제 막 사업을 시작했거나 이미 성공을 거두어 확장하려는 분들께 효과적입니다.

28: 사람들이 시작하지 않는 가장 큰 이유를 없애기 슬라이드

도표 14-16 이 슬라이드에서는 당장 시작하는 데 방해가 되는 요소를 타파한다.

사람들이 당장 시작하지 못하는 이유는 대개 같다. 문제에 정면으로
부딪쳐 사람들이 아예 그런 생각을 못 하도록 해야 한다. 클릭퍼널스
에 관해 많은 사람들은 아직 팔 물건이 없다고 변명한다. 그래서 나는
물건이 없어도 제휴 상품을 이용하면 된다고 말해준다. 지금 이 자리
에서 교육하는 데 청중에게 방해가 되는 가장 큰 요인을 없애야 한다.

여러분은 _____ 때문에 이것을 시작할 수 없다고 생각할지 모릅니다….
바로 이러한 실수 때문에 성공에서 멀어지는 것입니다.

29: 스택 슬라이드 2

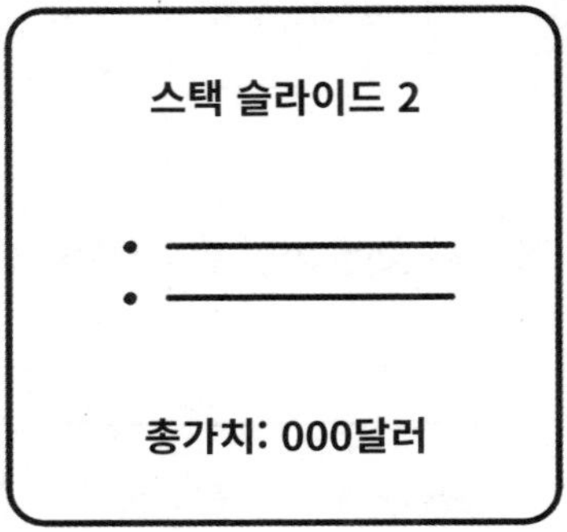

┌─────────────────────────┐
│   │
│   스택 슬라이드 2   │
│   │
│   ●───────────   │
│   ●───────────   │
│   │
│   총가치: 000달러   │
│   │
└─────────────────────────┘

도표 14-17　이 슬라이드에서는 프레임워크의 가치를 당신의 제안에 더한다.

여기에서 마법이 일어나기 시작한다. 맨 위에 핵심 제품/서비스를 두고, 두 번째 줄에는 프레임워크를 포함한 스택 슬라이드를 다시 보여준다. 그런 다음 맨 아랫줄에 있는 총가치의 가격을 업데이트하여 현재 제안의 가치를 보여준다.

30: 다른 모든 요소에 이 과정을 반복하다

당신은 새로운 요소를 제안에 계속 포함하면서 이것의 기원과 관련한 뒷이야기를 해준다. 이걸 듣거나 경험하는 데 얼마나 많은 고통을 겪고 비용을 들였는지 보여준다. 그런 다음 당신이 지금 이걸 제공하기 때문에 고객들은 간편하게 볼 수 있음을 인식시킨다. 새로운 요소가 더해질 때마다 당신의 제안이 얼마나 발전했는지 총가치를 볼 수 있게 슬라이드를 다시 쌓는다.

도표 14-18 당신이 추가 요소를 듣거나 경험하는 데 들어간 고통과 비용을 소개하고, 고객이 당신 제품을 사용하여 얻게 되는 편리함과 빠름을 함께 이야기한다.

도표 14-19 당신이 소개한 개별 요소 다음에 이 슬라이드를 보여줌으로써 고객은 제안의 총가치가 얼마나 상승했는지 확인할 수 있다.

이런 작업을 할 때 새로운 요소는 잘못된 믿음을 타파하는 데 도움이 되어야 한다. 명심하자. 사람들이 자기 퍼널로 방문자를 끌어오지 못할까 봐 클릭퍼널스 제품을 구입하지 않는다면, 나는 방문자를 모으는 방법을 설명하는 보너스 상품을 제작해줄 것이다. 모든 제안은 현재 고객이 가진 잘못된 믿음을 없애는 방식이어야 한다.

31: 빅 스택 슬라이드

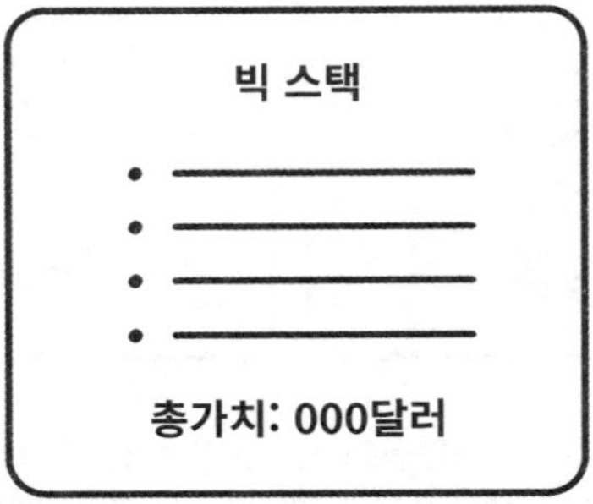

도표 14-20 이 슬라이드에서는 총가치와 함께 전체 제안을 보여준다.

빅 스택 슬라이드는 각 부분의 가치를 포함한 제안의 모든 요소를 보여준다. 당신은 모든 상품의 가치를 더했을 때 실제 가격의 10배 이상이 되길 바라야 한다(이 정도 수준에 이르지 못했다면 더 가치 있는 요소를 제안에 포함하는 것을 고려해보자).

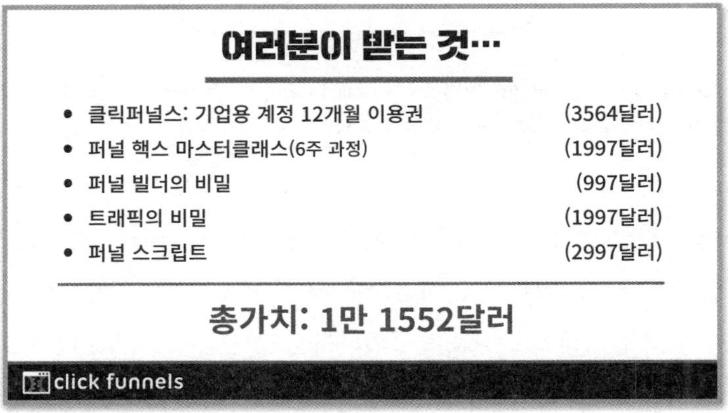

도표 14-21 빅 스택 슬라이드에서는 모든 제안 요소와 개별 가치, 제안의 총가치를 보여준다.

32: '만약' 문장 슬라이드

도표 14-22 이 슬라이드에서는 제품 가격과, 사람들이 제품을 구매할 때 얻게 되는 성과의 가치를 비교한다.

높은 가격을 책정했다면 이 제안이 실제로 그만큼의 가치가 있음을 납득시켜야 한다. 고객이 인정해야 하는 것이다. 이를 위해서 우리는 데이브 반후스가 '만약' 문장이라고 부른 방법을 이용할 것이다. '만약' 문장은 다음과 같은 문장을 말한다. "만약 이 모든 패키지가 ＿＿＿라면, ＿＿＿달러의 가치가 있을까요?"

나는 보통 이런 식으로 바꿔 말한다.

> 분명히 말씀드리지만, 저는 여러분께 1만 1552달러를 청구하지 않을 겁니다. 하지만 제가 1만 1552달러를 청구했고 그걸로 여러분이 ＿＿＿했다면, 그만큼의 가치가 있을까요?

그런 다음 세 가지 비밀을 바탕으로 '만약' 문장을 작성해본다.

> **매개체**(비밀 1): "이 시스템이 했던 일이 모두 __라면(비밀 1과 관련된), 그것이 __달러의 가치가 있을까요?"
> 잠시 멈춰 사람들이 마음속으로 그렇다고 말할 수 있도록 기다린다.
>
> **내적 믿음**(비밀 2): "그리고 이 시스템이 했던 모든 것이 __라면(비밀 2와 관련된), __달러의 가치가 있을까요?"
> 잠시 멈추고 사람들이 마음속으로 그렇다고 대답할 시간을 준다.
>
> **외적 믿음**(비밀 3): "그리고 이 시스템이 했던 모든 것이 __라면(비밀 3과 관련된) 어떨까요? 그래도 __달러의 가치가 있을까요?"
> 잠시 멈추고 사람들이 마음속으로 그렇다고 대답할 시간을 준다.

당신이 파는 것의 가치가 원래 가격의 10배에 이르는지 물었을 때 사람들은 '그렇다'고 세 번 대답했다. 이제 실제 판매 가격을 제시하면 사람들은 90퍼센트 할인을 받는 셈이다.

33: 제게는 두 가지 선택지가 있었습니다 슬라이드

도표 14-23 이 슬라이드는 가격을 낮추거나 투자를 더 많이 받는다는 두 가지 선택지가 있었음을 설명한다.

나는 이 시점에서 "제게는 두 가지 선택지가 있었습니다"로 마무리하기를 좋아한다. 왜냐하면 이로써 사람들이 내가 더 좋은 프로그램을 만들기 위해 더 높은 가격을 청구해야 한다는 데 동의하게 되기 때문이다.

저는 이와 관련하여 두 가지 선택지가 있었습니다. 먼저 최대한 가격을 낮추어 많이 파는 방법을 택할 수도 있었죠. 하지만 그럴 경우 조금도 가치가 쌓이지 않았습니다. 그래서 두 번째 방법을 사용하기로 했습니다. 분명 여러분이 투자할 몫이 약간 늘어나지만, 이에 대한 보상으로 우리 팀은 더 많은 시간과 에너지, 자원을 바쳐 성공을 보장해줍니다.

34: 최종 결과는 얼마나 가치 있는가 슬라이드

도표 14-24 이 슬라이드에서는 최종적으로 얼마나 큰 가치가 있는지 묻는다.

실제 가격을 공개하기 전에 최종적으로 얼마나 큰 가치가 있는지 물어보라.

만약 오늘 퍼널을 성공적으로 구축해 돈을 번다면, 얼마나 가치 있습니까?

그런 다음 잠시 고객들이 마음속으로 대답하도록 기다린다.

성공적인 퍼널 하나를 만들기 위해 당신은 얼마나 많은 돈을 지불하시겠습니까?

그런 다음 생각할 시간을 주고 몇 초 기다린다.

여러분은 사람들이 비슷한 결과를 얻기 위해 저에게 ___달러를 지불하는 이유를 이해할 것입니다. 그것은 비용이 아니라 '투자'입니다.

35: 가격 인하 슬라이드

도표 14-25 이 슬라이드에서는 제품의 가격을 '가치'에서 '소매가'로 떨어트린다.

이제 나는 '만약' 문장 바로 앞에서 설명했던 총가치와 총매매가^{full price}로 돌아갈 것이다.

> 여러분은 이미 이 제품의 총가치가 어떻게 ___ 달러나 되는지 보았습니다.
> 게다가 제가 청구한 ___ 달러라는 가격도 상당히 부담스럽습니다.
> 하지만 _____ 때문에 여러분께 아주 특별한 제안을 하겠습니다.

36: 가격 공개 슬라이드

도표 14-26 이 슬라이드에서는 참석자에게 가격을 공개한다.

이번에는 당신 제안의 가격을 처음으로 공개한다. 진짜 가격을 공개하고 처음으로 행동을 끌어낸다(버튼을 클릭하거나 웹사이트를 방문하거나 전화를 걸게 한다). 이어서 나오는 슬라이드에는 모두 CTA^{Call to Action}(실행 요청 버튼) 링크가 포함되므로, 사람들은 마음만 먹으면 언제든 가입할 수 있다.

37: 가격 정당화 슬라이드

여러 해 동안 나는 마지막 슬라이드에 적힌 가격을 보여주며 판매 프레젠테이션을 마무리했다. 하지만 가격을 공개한 이후 제시하는 요

도표 14-27 이 슬라이드에서는 제품 가격을 총매매가 혹은 비슷한 결과를 얻는 데 드는 다른 비용과 비교한다.

소들이 판매 성사에 매우 중요하다는 사실을 점차 깨달았다. 그래서 나는 마무리하기 앞서 시작 가격initial price을 보여준다. 몇몇 사람들은 여전히 비싼 가격에 놀란다. 잠시 멈추고 그들이 가격에 대해 고민하도록 내버려두어야 한다. 실제로 그다지 비싸다고 할 수 없는 이유가 있기 때문이다.

첫 번째 가격 정당화는 현재 프레젠테이션에서 제시하는 가격이 아닌 총매매가를 보여주거나, 비슷한 결과를 얻는 데 필요한 다른 선택지의 가격을 보여주고 비교(사과 대 오렌지)하는 것이다.

> **[총매매가]**
>
> 이제 여러분의 관점에서 생각해보겠습니다. 지금 당장 제 사이트로 가면 동일한 제품을 ___달러에 살 수 있습니다. 하지만 여러분은 저와 함께하는 이 시간에 투자했고 이러한 결과를 얻고 싶어 한다는 사실을 인정했기 때문에, 웨비나에 참석하신 분들만을 위한 특별 제안을 할까 합니다.

[사과 대 오렌지]

이 일을 해줄 전문가를 고용할 때 드는 비용은 ___달러입니다. 하지만 제 상품은 여러분께 스스로 하는 방법을 가르쳐주고 신속히 작업을 수행하도록 모든 도구와 자원을 제공하며, ___달러만 지불하면 됩니다.

38: 여러분께는 두 가지 선택지가 있습니다 슬라이드

도표 14-28 이 슬라이드에서는 사람들이 아무것도 하지 않거나, 테스트를 할 수 있다고 설명한다.

이제 둘 중 하나를 선택할 수 있다고 말한다.

여러분께는 두 가지 선택지가 있습니다. 먼저 아무것도 하지 않는 것이죠. 오랜 시간 학습했던 지식을 이용해 아무것도 하지 않으면 무엇을 얻을 수 있을까요? 아무것도 없습니다.
다른 선택지는 무조건 믿어보는 것입니다. 여러분께 효과가 있는지 테스트해보시길.

39: 보장 슬라이드

도표 14-29 이 슬라이드에서는 리스크를 없애고 보장 내용을 설명한다.

30일 동안 환불을 보장하기 때문에 효과가 없어도 손해 볼 일은 없다고 말한다. 이제 고객은 자신에게 당신의 제안이 효과가 있는지 확인할 수 있다. 밑져야 본전인 것이다.

40: 정말 알고 싶은 것은…

도표 14-30 이 슬라이드에서는 설령 지금까지는 고객을 완전히 만족시키지 못했더라도 곧 지불한 가격에 걸맞은 값을 할 거라고 설명한다.

이제 밑져야 본전이라는 사실을 깨달은 고객이 최대한 쉽게 결정하도록 도와주고 싶다. 이걸 선택하면 머리를 전혀 쓰지 않아도 된다고 보여주는 식이다.

정말 알고 싶은 것은 이겁니다. "효과를 확인하는 데 잠시 시간을 투자할 가치가 과연 있을까?" 오늘 제가 요청한 일의 절반만 하더라도 저절로 빠르게 효과가 나타날 것입니다.

41: 마지막 스택 슬라이드

도표 14-31 이 슬라이드에서는 개별 요소를 요약하여 전체 제안을 보여준다.

다음에는 고객들이 얻는 모든 것과 총가치를 빅 스택 슬라이드와 함께 보여준다. 나는 마지막 피치를 하기 전에 각 요소를 한 줄씩 훑어본다.

42: 긴급성/희소성 보너스 슬라이드

도표 14-32 이 슬라이드에서는 사람들이 곧장 행동하도록 마감이 코앞이거나 수량이 한정된 보너스 상품을 설명한다.

마케팅에서 가장 소중한 두 가지 도구는 긴급성과 희소성이다. 여기에 바로 쓸 수 있는 보너스 업그레이드를 추가할 것이다. 긴급성과 희소성은 한정된 사람에게 혹은 특정 시간 동안 특별한 무언가를 제공하는 방법으로 생성된다.

이 부분을 그냥 넘어가면 안 된다. 사람들이 즉시 제품을 구매하게 하는 열쇠이기 때문이다. 웨비나가 끝났을 때 사람들이 돌아오거나 나중에 구매할 확률은 제로에 가깝다. 나는 보통 라이브 행사에 참석한 사람에게는, 나중에 녹화 영상을 보는 사람에게 주지 않는 상품을 제공한다. 그렇게 하면 행사장에 나타나는 사람들이 많아질 뿐만 아니라 프레젠테이션이 끝나기 전에 회원 가입을 할 이유를 줄 수 있다. 마감과 제한이 열쇠다.

43: CTA/질의응답 클로징 슬라이드

도표 14-33 이 슬라이드는 질의응답 시간 내내 켜둔다.

내가 프레젠테이션을 끝낼 때 사용하는 슬라이드다. 질의응답을 하는 동안 계속 화면에 띄워둔다. 이 슬라이드의 핵심 요소는 이렇다.

· 제안 요약
· 30분 카운트다운 시계
· 가격
· CTA

그럼 이제 질문에 답할 시간이다. 때로는 즉석에서 청중에게 질문을 받지만, 어떨 때는 으레 하는 질문을 미리 적어놓는다. 질문들을 하나하나 검토한 후에 다시 CTA를 준다. 이렇게 하면 사람들은 구매로 이어지는 링크를 클릭하게 될 것이다.

나는 사람들이 여전히 가지고 있는 잘못된 믿음에 관해 생각하다가 결국 다음과 같은 문장으로 돌아간다.

아마도 여러분은 _____라고 생각하는 것 같아요, 그렇죠?

이것이 바로 스택이다. 이 개념을 이용해 나는 업계에서 가장 많은 돈을 벌었다. 연구하라. 터득하라. 내가 당신에게 줄 선물로 이보다 더 좋은 것은 없다.

시험 클로즈

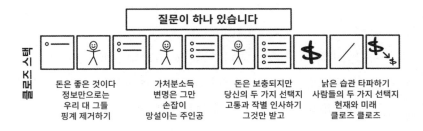

질문이 하나 있습니다

클로즈 스택

돈은 좋은 것이다 / 정보만으로는 / 우리 대 그들 / 핑계 제거하기   가처분소득 / 변명은 그만 / 손잡이 / 망설이는 주인공   돈은 보충되지만 / 당신의 두 가지 선택지 / 고통과 작별 인사하기 / 그것만 받고   낡은 습관 타파하기 / 사람들의 두 가지 선택지 / 현재와 미래 / 클로즈 클로즈

도표 15-1 시험 클로즈와 미니 클로즈로는 청중이 당신 제안을 구매하도록 설득한다.

몇 년 전 '영업계의 피리 부는 사나이'라고 불리는 남자의 이야기를 들었다. 그가 무대에서 영업을 마치면 수백 명이 줄을 서서 프로그램을 구입하기 때문에 그렇게 불렸다. 이 광경을 직접 목격했는데, 지금까지 살면서 내가 본 가장 멋진 장면이었다.

피리 부는 사나이의 본명은 테드 토머스다. 나는 어느 행사에서 강연하던 중 객석에 앉아 있던 테드를 발견했다. 세상에서 영업을 제일 잘하는 사람이 내가 영업하는 모습을 보려고 기다리고 있었다. 나는 긴장한 티를 내지 않으려고 무진 애를 썼고, 그럭저럭 프레젠테이션은 잘 해냈다. 하지만 기대와 달리 거대한 인파가 회의장 뒤편 접수대로 달려가는 일은 일어나지 않았다.

프레젠테이션을 마치고 테드와 나는 점심 식사를 함께 했다. 식사를 하면서 그는 일상적인 질문을 던지기 시작했다. 몇 분이 지나고 테드가 웃음을 터트리며 말했다. "바로 지금 고개를 어떻게 움직이고 계신가요?" 나는 대화하는 내내 그의 말에 고개를 위아래로 끄덕였음을 깨달았다.

그가 말했다. "제가 한 행동은 '시험 클로즈trial close'라고 부르는 사소한 기법입니다. 저는 '예, 아니요'로 대답할 수 있는 사소한 질문을 열 가지 넘게 했습니다. 사실 답이 모두 '예'인 질문만 드렸죠. 당신은 곧 고개를 끄덕이기 시작했고 제가 그 모습을 지적할 때까지 멈추지 않았습니다."

테드는 이어서 내 강연이 끝나고 회의장 뒤쪽 접수대로 달려가는 사람이 별로 없었던 이유를 설명했다. 처음 청중에게 '예'를 유발한 질문이 구매를 요청하는 질문이었기 때문이라고 말했다. "제가 강연하는 모습을 보면 객석에 앉은 청중이 강연 내내 머리를 끄덕이고 있음을 눈치채실 겁니다. 회의장 뒤쪽에 서서 청중의 머리를 살펴본다면 파도가 오르락내리락하는 것처럼 보입니다. 저는 계속해서 사람들이 '예'라고 답할 만한 간단한 질문을 반복하는데, 마지막에 제가 물건을 사달라고 할 때쯤이면 사람들은 수백 번이나 '예'라고 대답한 상태입니다."

꽤 괜찮은 아이디어라고 생각했다. 하지만 솔직히 테드가 자신의 능력을 과장해서 말한다고 생각했다. 시험 클로즈 기법이 판매에 그렇게 큰 영향을 미칠지 의문이었지만 테스트를 해보기로 했다.

당시 나는 자동화된 웨비나를 운영해서 5~6개월 동안 수익을 내고 있었다. 영상을 다시 살펴보고 시험 클로즈 기법을 이용할 만한 대목을 수십여 곳 찾아냈다. 그리고 이 기법에 사용할 영상을 녹화해서 영상 파일에 추가했다. 별 기대를 하지 않았는데 놀라운 일이 벌어졌다! 등록자당 9.45달러를 벌던 웨비나가 등록자당 16.5달러를 벌어들이고 있었다. 그저 시험 클로즈 기법을 사용했을 뿐인데 말이다.

그날 이후로 나는 테드의 말을 납득했다. 쪽지에 시험 클로즈라고 적어서 책상 여기저기에 올려놓았다. 나는 쪽지를 볼 때마다 시험 클로즈 기법을 떠올리고 다양한 프레젠테이션에서 사용한다. 다음은 프레젠테이션마다 수십 번씩 사용했던 시험 클로즈 기법의 사례다.

- 시작할 준비 되셨나요?
- 다들 잘 따라오고 계신가요?
- 이해가 되시나요?
- 이 일이 여러분께 일어날 거라고 상상할 수 있나요?
- 여기 ＿＿＿ 사본 필요하신 분 있나요?
- 저희의 다음 사례연구 대상이 돼주시겠어요?
- 이것에 대해 이야기한 적이 있을 겁니다. 맞지요?
- 멋있지 않습니까?
- 신나지 않습니까?
- 제 말이 맞지요?
- ＿＿＿할 줄 아시나요?
- 여러분도 알고 계셨죠?

이 밖에도 많다. 시험 클로즈는 내가 말하고 쓸 때 습관처럼 몸에 배어버렸다. 나는 이 책에서도 시험 클로즈를 계속 사용했다. 그렇지 않은가? 사소한 문장을 많이 사용하는 데 익숙해져서 청중이 거듭 '예'라고 생각하거나 말하게 해야 한다. '예'라고 말할수록 깨달음을 공유하고 제안을 받아들일 가능성이 높아진다. 시험 클로즈는 효과적인 이야기 구성에서 큰 역할을 차지한다.

시험 클로즈가 가장 효과적인 시간대는 사례연구나 내가 가르친 학생들의 성공담을 들려준 직후다. 대개 사람들은 그들의 이야기를 들려주고 나서 바로 다음으로 넘어간다. 하지만 나는 이야기를 들려주고, 다음으로 넘어가기 전에 대여섯 가지의 시험 클로즈를 쓴다. "놀랍지 않습니까? 여러분께도 그런 일이 생기면 인생이 어떻게 달라질지 상상할 수 있겠습니까? 이게 이해가 가시나요?" 이런 질문들이 나의 성공 스토리를 들려준 직후에 사용하는 시험 클로즈다.

16가지 미니 클로즈
....

프레젠테이션 막바지에(스택을 쌓기 시작할 때) 사용할 수 있는 정말 좋은 클로즈가 많다. 나는 그중에서 가장 좋아하는 16가지를 반복 사용한다. 여기서 소개하는 몇몇 클로즈는 제이슨 플래들리엔의 '웨비나 피치 시크릿 2.0'에서 배웠다. 제이슨은 친절하게도 그것을 여기서 공유하도록 허락해주었다. 나는 모든 프레젠테이션에서 효과가 큰 몇몇 클로즈를 골라서 사용한다.

나는 앞서 좋아하는 클로즈 일부를 스택에 쌓아놓았다. 하지만 각자의 프레젠테이션에 어울리는 것을 고를 수 있도록 모든 클로즈를 보여주고 싶다. 프레젠테이션에 따라 효과가 다르다. 자연스럽게 이어지면서도 말이 되는 것을 선택해야 한다.

다음에 나오는 개별 클로즈의 개념을 짧게 설명한 다음 내가 프레젠테이션할 때 어떻게 이용하는지 보여주겠다.

○ **돈은 좋은 것이다**: 사람들이 당신에게 돈을 쓰기를 두려워하지 않게 하는 것이 목표다. 돈은 교환 도구다. 더 큰 무언가를 받기 위해 돈을 쓰는 것이다.

여러분께 잠시 생각할 시간을 드리겠습니다. 돈이란 무엇일까요? 많은 사람이 돈에 두려움을 품고 있습니다. 돈을 쓰는 일에는 더 큰 두려움을 느낍니다. 하지만 돈이 좋은 것이라는 사실을 이해해야 합니다. 돈은 단지 교환을 위해 만들어진 도구입니다.

돈은 실재하는 가치가 없습니다. 우리는 돈으로 따뜻하게 지낼 수 없고, 돈을 먹을 수도 없습니다. 오직 다른 무언가와 바꾸는 기능밖에 없죠. 생각해보십시오. 사람들이 돈을 무언가와 바꾸는 이유는 필요한 것을 얻기 위해서입니다. 혹은 금고에 보관할 때보다 더 큰 이익을 얻기 때문입니다. 적어도 저는 물건을 살 때 그런 것을 기대합니다. 사실 사서 써보고 결과를 보기 전까지는 이익인지 손해인지 확실히 알 수 없습니다.

하지만 저는 여러분께 이렇게 묻고 싶습니다. 원하는 결과를 돈과 바꾸시겠습니까? 예라고 대답한다면 당장 시작하십시오. 기대와 다른 결과가 나오거나 바라는 결과를 얻지 못할까 두렵다면 말씀해주세요. 돈을 돌려드리겠습니다.

○ **가처분소득**: 목표는 고객들이 부실한 서비스에 가처분소득을 쓰고 있음을 깨닫게 하는 것이다. 또 하나는 그들이 성장하는 데 돈을 사용하여 장기적으로 성취감을 느끼게 하는 것이다. 가처분소득 클로즈를 사용하면 사람들은 자신에게도 투자할 돈이 있음을 이해하게 된다.

세상 사람들은 대부분 급여를 받아 살아갑니다. 한 달에 한 번씩 받는 급여로 집세나 식비 같은 항목에 지출합니다. 이러면 총급여의 일부가 남는데, 이것을 가처분소득이라고 합니다.

대부분은 매달 돈을 다 써버립니다. 가처분소득이 1000달러라면 1000달러 모두 다 써버립니다. 영화를 보거나 아이스크림을 먹거나 여행을 가는 데 쓰죠. 한순간에 사라지는 쾌락에 돈을 바치는 것입니다.

하지만 돈은 다시 보충됩니다. 한 달마다요! 1000달러가 다시 가처분소득으로 생깁니다. 대부분의 사람들은 삶에서 크게 가치가 없는 것에 돈을 써버리지만, 우리는 실제로 도움이 되는 상품과 프로그램, 서비스에 돈을 투자해야 합니다.

○ **돈은 보충되지만**: 이 클로즈의 목적은 매달 돈은 들어오지만 시간은 돌아오지 않으며 조심하지 않으면 시간을 허비하게 된다는 점을 깨닫게 하는 것이다.

여러분은 저축한 돈에 손을 대거나, 신용으로 돈을 빌리거나, 오늘 써서는 안 되는 돈을 써도 괜찮다고 생각하나요? 진지하게 대답해봅시다. 괜찮은가, 괜찮지 않은가? 어떤 사람들은 괜찮다고 대답하고 어떤 사람들은 안된다고 말합니다. 잠시 이 점을 생각해보겠습니다.

달마다 돈은 들어오지만 시간은 다시 돌아오지 않습니다. 이것이 핵심입니다. 시간은 사라져버리죠. 따라서 뭔가를 알아내기 위해 밖으로 나가여러 달 혹은 여러 해 동안 소중한 시간을 쓸 수도 있지만, 그 시간은 돌아오지 않습니다. 여러분은 시간과 노력을 아낄 방법을 알고 있습니다. 제가 이미 여러분을 위해 시간과 돈을 썼으니 여러분은 제 손을 잡기만 하면 됩니다. 시작하는 데 돈이 들긴 하지만 이 돈은 다시 여러분께 돌아옵니다. 반면에 시행착오를 겪느라 가족과 떨어져서 보낸 시간은 영원히 사라지죠.

○ **낡은 습관 타파하기**: 이 클로즈의 목적은 오늘 투자하지 않으면 인생에서 아무것도 바뀌지 않는다는 사실을 깨치게 하는 것이다.

습관은 정말 바뀌지 않습니다. 저는 당장 웨비나를 때려치우고 오후를 즐길 수도 있습니다. 저는 이미 _____으로 성공했고, 제가 뭘 더 하지 않더라도 돈은 계속 들어옵니다. 지금 여러분이 이 자리를 떠나면 멋진 것을 많이 배웠다고 생각할지 모르겠지만 내일 아침이면 곧 일상으로 돌아갈 겁니다. 사실 그렇지 않나요? 늘 하던 일을 반복할 겁니다. 대부분의 사람들이 그렇게 살죠.

하지만 저는 코치이자 친구이자 멘토로서 여러분이 낡은 습관으로 돌아가지 않게 할 겁니다. 이 자리에서 분명히 알려드리겠습니다. 낡은 습관을 타파하면 성공합니다. 오래 지속되는 진정한 변화를 원하신다면 전체 시스템을 반복해서 경험해야 합니다. 그것이 오늘 투자하면 얻을 수 있는 결과입니다.

○ **정보만으로는**: 이 클로즈의 목적은 아무리 기가 막힌 정보를 입수했다 할지라도 그것에만 의지해선 안 된다는 사실을 이해시키는 것이다. 코칭과 책임 역시 필요하다.

지금까지 전체 시스템이 어떻게 작동하는지 이야기했습니다. 어떻게 ___ 을 할 수 있는지 보여주었습니다. 이 모든 것이 작동하기 위해서는 ___만 하면 된다고 알려주었죠. 하지만 우리가 놓친 것이 있습니다. 이것으로 성공하기 위해서는 정보 이상의 무언가가 필요합니다.

여러분은 이 시스템을 이용해서 성공할 수 있지만, 코칭이 필요합니다. 누군가 답을 해줘야 하는 질문이 생길 수 있고 책임 부서의 도움이 필요할 수도 있죠. 저는 코치라는 직업을 매우 진지하게 생각합니다. 여러분이 스스로 그만두게 하지 않죠. 우리는 모든 것을 헤치고 나아갈 수 있습니다. 비디오 몇 개와 PDF 파일 몇 개만으로 다 해낼 수는 없습니다. 정보만으로는 해결하지 못하는 것이 있게 마련입니다.

이러한 일을 혼자서 하려고 할 때 성공 확률은 0퍼센트에 가깝습니다. 하지만 저와 함께한다면 성공률은 ＿에 가까워집니다. 정보만으로 충분하다면 구글에만 의지해도 될 것입니다. 여러분은 앞서 목적지에 가보았던 길잡이가 필요합니다. 길잡이는 여러분을 당장 그곳으로 데려다줄 것입니다.

○ 변명은 그만: 이 클로즈의 목적은 사지 못할 이유를 대며 변명하지 못하게 하는 것이다.

저는 이 일을 오랫동안 해왔습니다. 세상에는 두 가지 유형의 사람이 있습니다. [사업, 체중 감량 등]을 잘 해내는 사람과 변명만 늘어놓는 사람이죠. 둘 다일 수는 없습니다. 변명만 늘어놓는 사람에게는 그런 사실을 말하지 않겠지만, 정말 힘든 시기가 올 겁니다.
좋은 소식은 여러분이 선택할 수 있다는 것입니다. 이 순간, 여러분은 어떤 유형의 사람이 될지 고를 수 있습니다. 변명하는 사람이 되지 마십시오. 실제로 ＿＿＿＿를 해내는 사람이 되십시오.

○ 당신의 두 가지 선택지: 이 클로즈의 목적은 당신이 왜 이렇게 많은 돈을 청구하는지 납득시키고 이 사실을 사람들도 받아들였음을 확인하는 것이다.

가격을 정할 때 우리에겐 두 가지 선택지가 있었습니다. 첫 번째는 최대한 싼 가격을 매겨서 많이 파는 것입니다. 여기서 문제점은 제품의 가치를 높이려는 동기가 부여되지 않는다는 것입니다. 전체적인 가치보다 보너스를 만드는 데 더 많은 비용을 들이겠죠. 두 번째 선택지는 가격을 조금 더 올려서 성공하는 데 필요한 모든 수단을 제공하는 것입니다.

○ **사람들의 두 가지 선택지**: 이 클로즈의 목적은 사람들에게 오늘 투자하지 않으면 그야말로 미친 거나 다름없음을 알려주는 것이다.

여러분께는 두 가지 선택지가 있습니다. 첫 번째는 아무런 행동도 하지 않고 믿지도 않는 것입니다. 이럴 경우 아무런 위험 없이 살 수 있습니다.
두 번째는 오늘 돈을 내고 작게나마(여러분이 받게 될 가치와 비교하여) 투자를 시도해보는 것입니다. 효과가 있는지 살펴보세요. 효과가 없다면(어떤 이유에서건) 돈을 돌려받습니다. 위험 부담이 없습니다. 아무것도 잃을 게 없죠.

○ **우리 대 그들**: 이 클로즈의 목적은 사람들을 실천가와 풋내기로 구분하는 것이다.

저는 지금 이 자리에 두 가지 유형의 사람이 있다고 생각합니다. 바로 실천가와 풋내기입니다. 풋내기는 앉아서 듣고 배우기를 좋아하지만 좀처럼 무언가를 하지는 않고, 안 하려고 변명만 찾습니다.
여러분 중에는 실천가도 있습니다. 이 제품이 자신에게 어떻게 작용할지 모르지만, 저와 다른 사람에게 어떤 효과가 있었는지는 오늘 확인했죠. 따라서 여러분께도 효과가 있을 거란 믿음이 생겼습니다. 제가 보기에 실천가들은 늘 앞서가지만 풋내기는 발전이 없습니다.

○ **손잡이**: 이 클로즈는 사람들을 회원 가입 절차로 이끈다.

여러분이 인생을 바꾸고 싶다면 바로 여기서 행동해야 합니다. 먼저 브라우저를 실행합니다. 브라우저가 구글 크롬인지, 파이어폭스인지, 사파리인지는 상관없습니다. 저는 크롬을 실행한 다음 이것이 어떻게 작동하는지 설명하겠습니다.

www.___.com을 타이핑합니다. 그런 다음 이 페이지로 이동해서 계정을 만듭니다. 문제가 생기면 고객지원 부서를 클릭하세요. 우리가 질문에 답을 드릴 것입니다.

○ **고통과 작별 인사하기:** 이 클로즈에서는 투자를 하고 나면 금세 모든 고통이 사라질 거라고 설명한다.

이 교육을 수료하고 모든 준비를 마치면 ___에 대한 스트레스에 안녕을 고할 수 있습니다. 다시는 ___을 걱정할 필요가 없죠. 스트레스와 걱정이 여러분의 삶에서 사라지면 인생이 어떻게 될지 상상해봅시다! 그만큼 늘어난 [시간, 힘, 돈 등]으로 무엇을 하시겠습니까?

○ **현재와 미래:** 이 클로즈에서는 투자를 했을 때 미래의 삶이 어떻게 펼쳐질지 설명해준다.

제가 [새로운 기회]와 함께 새 출발을 하기 전의 모습을 그려보겠습니다. 저는 ___에 어려움을 겪었고 ___을 할 수 없었습니다. ___ 때문에 상황이 매우 좋지 않았죠. 이거 어디서 많이 듣던 이야기 아닌가요?

하지만 지금은 미래 삶에 대한 비전을 그립니다. [새로운 기회] 이후 저는 ___을 할 수 있게 되었고 이제는 ___을 할 수 있습니다. 상황은 몰라보게 좋아졌습니다. 얼마나 좋아졌는지 상상도 못 할 겁니다.

○ **핑계 제거하기**: 이 클로즈의 목적은 구매를 망설이게 하는 원인을 골라내 제거하는 것이다.

> 여러분이 곧바로 등록하지 않았다면 다음 두 가지 가운데 하나를 생각하기 때문이겠죠? 첫째, ___에 관해 고민하고 계실 겁니다. 걱정하지 마세요. 우리는 첫 번째 모듈을 모두 ___을 설명하는 데 쓰며, 또한 어떻게 ___을 알아냈는지 알려드립니다. 여러분이 그것을 알아내는 데 도움이 될 템플릿을 나눠드리겠습니다. 장담하건대 첫 주가 지나기도 전에 ___하는 법을 정확히 배울 수 있을 겁니다.
>
> 둘째, 모든 것을 준비해야 한다는 생각에 스트레스를 받고 계실 겁니다. 음, 이해합니다. 하지만 단언컨대 어렵지 않습니다. 둘째 주에 우리는 전반적인 준비 과정을 단계적으로 소개할 것입니다. ___이 두려울 수 있지만 여러분 곁에 우리가 있을 것입니다.
>
> 또 다른 이유로, 너무 비싸다고 생각하실 수도 있습니다. 만약 그런 이유 때문에 망설이신다면, 제게는 도울 방법이 없습니다. 이것은 스스로를 위해 해야 하는 투자이자 결정입니다. 저는 처음에 이 과정을 배우려고 ___ 달러를 지불했지만, ___ 만에 ___을 돌려받았습니다.

○ **망설이는 주인공**: 이 클로즈의 목적은 사람들이 실제로 할 수 있다고 믿도록 도와주는 것이다.

> 제가 어떤 사람인지 꼭 알았으면 좋겠습니다. 저는 특별하지 않으며 초능력 따위는 없습니다. 실제로 ___으로 고생하고 있죠. 그래서 이 시스템이 좋은 겁니다. 더 이상 그런 걱정을 할 필요가 없으니까요!

○ **그것만 받고**: 이 클로즈의 목적은 사람들이 이미 공짜로 얻은 것과 더불어 앞으로 투자해서 얻을 수 있는 것을 보여주는 것이다.

좋습니다. 그렇다면 여기서 발표를 마칠 수도 있습니다. 그러면 여러분은 ___만 받고 끝날 테고, 물론 그것만으로도 가치가 있을 겁니다. 그렇지요? 하지만 지금 여러분은 또한 ___과 ___을 받고 있습니다. 심지어 ___과 ___ 과 ___을 받을 겁니다. 여러분이 성공으로 가는 길을 누구도 방해할 수 없습니다.

○ 클로즈 클로즈: 이 클로즈는 마지막 공격으로, 사람들로 하여금 선을 넘게 한다. 나는 보통 웨비나 끝부분의 질의응답 시간에 대여섯 번씩 이 클로즈를 사용한다.

아직도 결정을 내리지 못하고 있다면 이제는 브라우저의 새 창을 열고 www.___.com으로 이동한 다음, 그냥 시작하세요. 위험이 없다는 것을 잊지 마시길 바랍니다. 우리는 100퍼센트 환불해드립니다. 하지만 이것이 여러분께 어울리는지 알 수 있는 유일한 방법은 당장 시작하는 겁니다. 이 사이트에서 계정을 만들 수 있습니다.

스택에서 16개 클로즈를 사용하면 제안을 수월하게 판매로 이어갈 수 있다. 나는 스택에 새로운 요소를 소개하기 직전에 클로즈를 사용하기를 좋아한다. 때로는 요소 사이에 두세 가지 클로즈를 넣기도 한다. 그것들은 서로 자연스럽게 이어진다.

나만의 클로즈 만들기

앞서 살펴본 클로즈들도 강력하지만, 당신이 직접 개발한 클로즈가 훨씬 더 강력하다. 에피파니 브리지 스토리는 사람들의 잘못된 믿음을 타파하는 좋은 클로즈다. 지금까지 프레젠테이션에 사용하지 않았던 이야기로 직접 클로즈를 만들 수 있다.

내가 강연에서 자주 사용하는 클로즈 중 하나는 '투자 대 구매'인데, 다음과 비슷하다.

배경 이야기: 저는 기숙사로 막 이사를 마쳤고 첫 레슬링 훈련을 하러 갔습니다. 훈련장에서 팀원들, 코치들과 즐거운 시간을 보내고 있었죠.

여정: 그날 밤 누군가가 제 방문을 두드렸습니다. 문을 열자 마크 슐츠 코치가 서 있었습니다. 그는 자유형 레슬링 올림픽 금메달리스트이자 UFC 9 경기에서는 정식 훈련을 받은 지 24시간도 안 돼 링에 올라가 상대를 쓰러트린 걸로 유명하죠.

새로운 기회: 그는 방으로 들어오며 "완전한 폭력Total Violence"이라는 제목이 적힌 비디오테이프를 건네주었습니다. 그의 레슬링 하이라이트 장면을 모아놓은 자료였습니다.

내가 테이프를 받자, 그는 지갑을 달라고 했습니다. 조금 놀랐지만 뭐라 대꾸를 하기엔 너무 두려워서 저는 주머니에서 지갑을 꺼냈습니다. 그는 돈을 모두 꺼낸 다음 지갑을 돌려주었습니다. 저는 혼란스러웠지만 너무 긴장해서 아무 말도 하지 못했습니다.

프레임워크: 그때 코치가 말했습니다. "러셀, 만약 내가 그 테이프를 공짜로 주었다면 너는 절대 보지 않을 거야. 하지만 돈을 냈기 때문에 볼 것이고 뭔가를 배울 수 있을 거야." 그렇게 말하고 코치는 문을 열고서 나갔습니다. 그날 밤 코치는 투자의 힘을 알려주었고, 그의 말은 옳았습니다.

성취: 저는 투자를 했기 때문에 테이프를 반복해서 보았으며 레슬링 실력이 향상되었죠.

나는 누군가에게 함께 투자하자고 말할 때마다 이 클로즈를 들려준다. 사람들은 무언가를 살 돈이 없다는 잘못된 믿음을 가질 수도 있지만, 돈을 벌게 해줄 무언가에 투자할 돈은 있다.

에피파니 브리지 스토리로 만든 나만의 클로즈는 가장 강력한 유형의 클로즈다.

이번 3부에서는 완벽한 웨비나를 진행하기 위한 프레임워크를 비롯해서 당신이 터득해야 하는 전략과 전술을 알려주었다. 이 책을 매뉴얼 삼아 슬라이드를 만들면서 스크립트의 모든 부분을 올바른 순서로 이용하라. 다음 4부에서는 이 프레임워크를 당신의 가치 사다리 내부에서 이용할 수 있는 다양한 판매 상황을 보여줄 것이다.

PART 4

길잡이 되기

꿈의 고객을 끌어당기는 퍼널 설계법

이 책은 지금까지 당신을 전문가로 만드는 데 초점을 맞춰왔다. 우리는 당신이 목소리를 찾고 집단을 형성하는 방법을 이야기해왔다. 프레임워크를 구축하고 새로운 기회를 제안하는 방법을 논의했다. 이야기 구조를 파악하고 조직화하여 고객을 움직이게 하는 데 시간을 쏟았다. 하지만 이야기의 초점은 당신에게 맞춰져 있었다. 당신에게 깨달음을 주었던 전문가와 길잡이에 관하여 당신은 이야기를 들려주었다.

이제는 한 발 물러나 당신이 꿈의 고객의 이야기에서 길잡이가 되어간다는 사실을 깨달으면 좋겠다. 지금 사람들은 어딘가에 있는 레드오션에서 자신이 원하는 결과를 얻으려고 애쓰지만, 지금까지 시도했던 모든 기회는 효과가 없었다.

도표 16-1 꿈의 고객은 당신이 출발했던 지점에서 벗어나지 못했을 가능성이 크다.

꿈의 고객의 두 가지 여정

꿈의 고객은 '일상'에서 벗어나지 못하는 영화 주인공처럼 머물러 있다. 좌절한 상태에서 자신을 주인공의 여정으로 이끌 멘토, 전문가, 길잡이를 기다리는 중이다.

『무기가 되는 스토리』에서 도널드 밀러는 당신의 브랜드가 주인공은 아니라고 설명한다. 고객은 주인공이며 브랜드는 주인공이 온갖 역경을 헤치고 나아가 성공할 수 있도록 이끄는 가이드다. 당신의 브랜드는 루크 스카이워커에게 요다와 같은 존재라는 말이다.

그러한 관점에서 비즈니스를 본다면, 당신이 하는 일은 사람들(역경에 처한 주인공)을 찾아 관심을 끌 만한 후크를 던지고, 역경을 헤치고 바라는 결과를 얻게 해주는 길잡이가 되는 것이다.

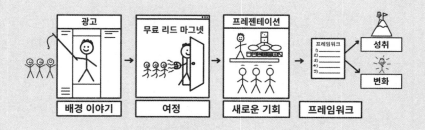

도표 16-2 당신이 전문가로서 할 일은 '주인공의 두 가지 여정'에 놓인 고객을 이끌어 주는 것이다.

○ 배경 이야기: 꿈의 고객들이 지금 전면에 나서지 않았다는 사실을 이해하고 시작하자. 미래의 길잡이로서 당신이 할 일은 고객에게 다가가 그가 좌절하고 묶여 있는 레드오션을 찾아 관심을 끌 만한 후크를 던지는 것이다. 이것이 첫 단계임을 이해해야 한다(자세한 전략과 프레임워크는 『트래픽 설계자』에서 설명하겠다).

당신도 고객과 마찬가지 상황에 있었을 때, 무엇을 느꼈는지, 무엇을 찾아 헤맸는지, 그리고 또 다른 기회가 있었는지 기억해보자. 당신이 미래의 고객을 어디서 찾을지 식별하는 데 도움이 될 것이다.

○ **여정**: 누군가의 눈길을 끄는 데 성공했다면 그들에게 (페이스북, 구글, 이메일 광고를 본 순간) 일상을 떠나 당신과 함께 여정을 시작하자고 외친다. 마치 어떤 이야기에서 우리의 주인공이 실제 집을 떠나는 것처럼, 꿈의 고객들은 안락한 집을 떠나 퍼널로 들어오게 된다.

바로 이 단계에서 당신은 사람들에게 여정을 함께 계속할지 말지 결정하도록 첫 번째 제안을 한다. 그들에게 리드 마그넷을 보내라. 전자책이나 영상물, 웨비나 등이 될 수 있다. 당신과 함께 여정을 시작하겠다는 약속을 받아내는 것이 중요하다.

○ **새로운 기회**: 이제 명단에 이름을 올린 사람들에게 프레젠테이션을 공개한다. 이 프레젠테이션에서 다음과 같은 일을 하게 될 것이다.

1. 새로운 길잡이로서 당신을 소개한다.
2. 깨달음을 주는 이야기를 들려준다.
3. 새로운 기회를 제공한다.

이러한 프레젠테이션 형태는 당신이 사용하는 퍼널 유형에 따라 매우 다양하다. 하지만 퍼널 유형과는 무관하게 방금 제시한 세 가지 요소를 이용하여 프레젠테이션을 만들 수 있을 것이다.

사람들이 프레젠테이션을 다 보면 당신의 새로운 기회를 받아들일지 말지 선택지가 주어진다. 만일 받아들인다면 그들은 고객이 되고 당신은 프레임워크를 제공한다. 또한 그들이 가치 사다리를 오르도록, 가장 원하는 것을 성취하고 되고자 하는 사람으로 변하도록 도와줄 수 있다.

4부에서는 프레젠테이션으로 다양한 퍼널(『마케팅 설계자』에서 배운)을 만드는 방법을 가르쳐줄 것이다. 프레젠테이션으로 (길잡이로서) 당신의 이야기를 들려주었다면, 퍼널로는 고객이 주인공인 여정을 만든다.

실시간 프레젠테이션 테스트하기

클릭퍼널스를 공식 출시한 지 몇 주가 지났을 때, 나는 한 친구가 여는 행사에서 강연을 해달라는 부탁을 받았다. 친구는 퍼널에 관한 프레젠테이션과 함께, 강연을 마칠 때 클릭퍼널스에 접속할 권한이 포함된 1000달러짜리 이용권을 만들어 팔면 어떠냐고 내게 물었다. 정말 황당한 이야기 같았다. 당시 나와 팀원들은 클릭퍼널스를 팔 가장 좋은 방법을 찾으려고 몇 주 동안 애쓰며 무료 이용권뿐만 아니라 특별 프로모션도 시도했으나 그다지 효과가 없었다. 그런데 1000달러에 판매하자고? 무료 이용권도 마다하는 사람들이 이 제안을 받아들일까?

나는 프레젠테이션을 포기하려고 했지만 친구는 기조연설자인 내 사진을 이미 웹사이트에 올렸고, 사람들이 기대하고 있다고 나를 설득했다. 행사는 목요일, 금요일, 토요일에 열릴 예정이었다. 내가 강연을 하기 몇 시간 전인 토요일 아침에 항공편을 예약했다. 행사는 실시간으로 스트리밍되어서 목요일과 금요일에는 컴퓨터로 행사를 시청할 수 있었다. 난 행사 영상을 틀어놓은 채 프레젠테이션을 구상했다.

맨 먼저 스택 슬라이드를 만들었다. 사람들이 클릭퍼널스를 사긴 하겠지만, 1000달러를 지불할 만큼 멋지게 만들려면 무엇을 제안해야 할까? 나는 당시 존재하지도 않았던 '퍼널 빌더의 비밀'이라는 강좌를 포함했다. 또 페이지 사본을 얻을 수 있고 방문자를 모으는 데 도움이 되는 소프트웨어와 교육 자료를 추가했다. 그리고 몇 달간 유효한 이용권을 추가하며 금세 1만 달러 가치가 있어 보이는 제안을 완성했다.

다음 단계는 이 새로운 제안을 팔 프레젠테이션을 만드는 일이었다. 나는 '완벽한 웨비나' 프레임워크를 가져왔다. 나의 빅 도미노를 파악하고 그것을 무너트리기 위해서는 어떤 이야기가 필요한지 살폈다. 세 가지 비밀을 작성했고, 각각에 해당하는 프레임워크를 만들었으며, 내가 이것들을 어떻게 배웠는지 혹은 들었는지와 관련한 배경 이야기도 연결했다. 이렇게 스택 슬라이드와 프레젠테이션 작성을 마무리하고 비행기를 탔다.

현장에 도착해서 이틀 전에 컴퓨터로 보았던 작은 회의장으로 들어갔다. 회의장에는 100여 명이 있었고 정말 무기력해 보였다. 나는 행사의 음향과 영상을 관리하는 사람들에게 가서 내 프레젠테이션이 담긴 USB 드라이브를 건네주었다. 그것이 효과가 있을지는 몰랐지만, 발표를 연습할 시간조차 없었다.

몇 분 뒤에 사회자는 내 이름을 소개했고 나는 퍼널 핵스 프레젠테이션의 첫 번째 버전을 발표했다. 감자총 이야기를 들려주고, 퍼널 해킹 프레임워크를 선보였으며, 소프트웨어 데모와 트래픽 프레임워크를 보여주며 발표를 마무리했다. 긴장감을 놓지 못하던 나는 마무리 단계로 접어들면서 사람들에게 질문을 했다. "제가 10분 정도 여러분을 위해 만든 특별한 제안을 소개하려는데 괜찮겠습니까? 이 제안은 여러분의 비즈니스에 사용할 퍼널을 만드는 데 도움이 될 겁니다." 내가 무대에 오르기 전까지 졸고 있던 청중은 이제 귀를 기울이며 '예!'라고 말했다.

나는 간단히 스택과 클로즈를 설명했다. 그런데 설명이 끝나기도 전에 사람들이 클릭퍼널스에 가입을 신청하려고 회의장 뒤쪽으로 달려가는 모습이 보였다. 효과가 있었던 것이다! 그다음에는 신청서를 정리하고 질문에 답하느라 정신없이 시간을 보냈다. 하지만 정리가 되자 회의장 안에 있던 사람들의 3분의 1 이상이 클릭퍼널스에 가입했다는 사실을 알게 되었다!

그날 저녁 나는 클릭퍼널스 공동 설립자인 토드 디커슨과 딜런 존스, 그리고 미래의 동업자가 될 사람들과 함께 식사를 했다. 이 자리에서 전에는 한 번도 꺼낸 적이 없는 이야기를 했다. "우리는 큰돈을 벌겁니다. 사람들의 눈을 보는데 그런 예감이 들었어요. 내가 10년 동안무대에서 강연을 했는데, 그런 느낌은 한 번도 받은 적이 없었어요."

백만 달러 클럽에 들어가기 전에는 한 가지 퍼널에 집중할 것

과거에도 성공적인 프레젠테이션을 했지만, 정말 클릭퍼널스를 성장시키고 싶다면 평소대로 해서는 안 될 터였다. 퍼널 구축에 집착하던 내가 할 일은 퍼널을 만들고, 출범하고, 얼마간 돈을 번 다음, 다른 퍼널로 넘어가는 것이었다. 그때마다 돈은 제대로 벌었지만, 결코 꾸준하다고는 할 수 없었다. 그날 밤 우리는 식사를 하면서 일시적인 성공이 아닌 완벽한 성공을 일구기 위한 여러 방법을 이야기했다.

나는 몇 달 전에 친구 메리엘렌 트리비와 나눈 대화에 관해 이야기했다. 메리엘렌은 잘 운영되는 회사를 인수해서 빠른 시일 내에 규모를 키워 고수익을 올리는 독특한 능력이 있다. 그가 손을 댄 곳들 중 하나가 와이스리서치Weiss Research였는데, 메리엘렌은 이 회사를 1100만 달러에 인수하여 불과 12개월 만에 6700만 달러에 팔았다. 다른 회사들에서도 비슷한 성과를 올렸다. "어떻게 그토록 짧은 시간에 기업을 성장시킬 수 있는 거야?" 그에게 비결을 말해달라고 부탁했다.

메리엘렌은 이렇게 말했다. "너 같은 인터넷 마케터들은 정말 똑똑하지만 동시에 정말 멍청해."

나는 약간 충격을 받았지만, 흥미가 생겼다. "무슨 뜻이야?"

메리엘렌은 이어서 우리가 매달 하는 일은 브로드웨이 쇼를 만드는 것과 같다고 말했다. "최고의 작가와 최고의 배우를 고용해서 몇 달 동안 연습한 다음 아이다호의 보이시에서 개봉하는 거야. 매진된 상태로 개막을 하고 관객들은 기립 박수를 보내주지. 쇼가 끝나면 그날 밤에 모두 정리하고서 다음 작품의 극본을 쓰기 시작하고, 다음 달에 보이시의 같은 극장에서 또 개막을 하는 거지."

나는 소심하게 웃음을 터트렸다. "좋아, 그럼 나는 뭘 해야 하지? 너는 뭐가 다른 거야?"

"나는 너네처럼 보이시에서 멋진 공연을 하는 회사들을 선택하지. 그리고 순회공연을 하는 거야. 시카고에서 뉴욕, 로스앤젤레스로 말이야. 더 이상 돈을 벌지 못할 때까지 계속 공연을 하는 거야."

그때 내가 무엇을 잘못하고 있는지 바로 깨달았다. 순회공연하는 법을 몰랐던 것이다. 바꿔 말해 매주 같은 웨비나를 진행하면서 더 많은 사람이 방문하게 하는 방법을 몰랐다. 나는 동업자들에게 앞으로 12개월 동안 매주 이러한 실시간 프레젠테이션을 하는 데 집중하겠다고 약속했다.

여담이지만 우리 이너서클 내부에 한 가지 규칙이 생겼다. 첫 번째 퍼널로 백만 달러 클럽에 가입하지 못한 사람은 두 번째 퍼널을 만들어서는 안 된다는 것이다. 똑같은 내용을 당신에게도 추천하고 싶다. 1년 동안은, 혹은 백만 달러 클럽에 가입하기 전까지는, 실시간 프레젠테이션을 하는 것이 좋다.

프레젠테이션 완성하기

다음 날 아침 행사장을 떠날 때, 어떤 사람이 내게 전날 프레젠테이션이 좋았다며 말을 걸었다. 그는 코칭을 하는 사람이었는데, 판매할 부가 상품이 없어 클릭퍼널스를 이용할 수 없었다고 말했다. 내가 부가 상품을 파는 사람들의 사례만 이야기했고, 자기는 판매할 부가 상품이 없다는 것이었다. 나는 클릭퍼널스를 이용해서 코칭 관련 업무도 한다고 말하며 몇 가지 퍼널을 보여주었다. 그는 매우 흥분해서 행사장으로 돌아가 친구 두 명을 끌고 나타났다. 그들은 신청서를 모두 작성한 다음 내가 호텔을 떠나기 전에 건네주었다. 세 명을 더 가입시켰다!

이런 교류를 통해 내 프레젠테이션이 완벽하지 않다는 사실을 깨달았다. 집으로 가는 비행기에서 다양한 퍼널을 보여주는 슬라이드 몇 장과, 다른 업계에서 클릭퍼널스를 사용하는 방법을 보여주는 사례를 프레젠테이션에 추가했다. 그러고는 내가 아는 모든 사람에게, 프레젠테이션 내용을 바꾸는 중인데 나와 함께 웨비나를 할 의향이 있는지 이메일로 물어봤다. 비행기가 착륙하기 전까지 10건 이상의 프레젠테이션 웨비나 계획이 잡혔다.

첫 번째 프레젠테이션은 불과 며칠 뒤에 시작했다. 동업자는 웨비나에 약 600명을 참석시켰다. 발표를 마쳤을 때 우리는 3만 달러 수익을 올렸다. 나쁜 성적은 아니었지만 더 팔 수 있을 것 같았다. 바로 몇 시간 뒤에 같은 프레젠테이션으로 다른 기업가 집단에게 강연할 예정이었기에 앞서 발표했던 프레젠테이션에서 나온 질문을 모두 살펴보았다. 질문과 댓글을 다운로드해서 주욱 읽었다. 사람들이 내 말을 들으며 너무 헷갈려했거나 제안이 명쾌하지 않았던 네다섯 곳을 금세 찾을 수 있었다. 그래서 사람들이 질문하기 전에 궁금증을 풀 수 있도록 슬라이드에 새로운 내용을 추가했다.

몇 시간 후 나는 수정된 프레젠테이션으로 기업가 500여 명에게 강의했고, 이번에는 12만 달러 수익을 올렸다! 나는 이 과정을 12개월 동안 60회 이상 반복했다. 실시간 웨비나를 하고, 거기서 나온 질문을 정리해서 프레젠테이션을 수정했다. 프레젠테이션을 하나 만들어서 1년 동안 매주 실시간으로 발표했다. 완벽해질 때까지 말이다. 나는 이제 이 프레젠테이션을 암기했다. 자면서도 외울 수 있다. 이제는 한 웨비나에 참석한 사람의 수를 헤아려 얼마나 많은 돈을 벌 수 있을지 100퍼센트 가깝게 예측해낸다. 동일한 프레젠테이션이기 때문에 구매 전환율은 거의 같다. 3부 도입부에서 언급한 '10배 행사'에서 300만 달러 이상 벌 수 있다고 짐작한 이유가 바로 이것이다. 회의장에 몇 명이 있는지, 구매로 전환되는 비율이 얼마인지 알았기 때문에 의심의 여지가 없었다.

 많은 사람이 자기가 좋다고 생각하는 프레젠테이션을 만들어 바로 퍼널에 집어넣는다. 하지만 당신이 프레젠테이션을 제대로 완성하지 않을 경우 사람들이 마주하는 실질적인 문제가 무엇인지는 모를 것이다. 실시간 프레젠테이션 발표를 대여섯 번만 해봐도 그 문제를 발견하고 바로 해결할 수 있다. 커다란 문을 여닫는 것은 작은 경첩이다. 구매 전환율이 10퍼센트에서 15퍼센트로만 올라도 1년 매출이 100만 달러대에서 1000만 달러대로 늘어날 것이다.

실시간 프레젠테이션 모델

·······································

 '순회공연'과 일주일에 최소한 한 번 이상의 실시간 프레젠테이션을 하는 데 전념한 다음 나는 한 가지 모델을 구상해서 팀원들에게 적어도 12개월 동안은 여기에 집중하겠다고 말했다.

 웨비나를 열기에 가장 좋은 요일은 목요일이다. 그 전까지 주중에

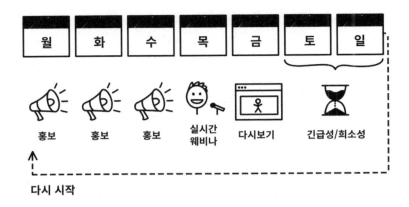

도표 16-3 나는 완벽한 웨비나를 1년 동안 혹은 백만 달러 클럽에 가입할 때까지 매주 할 것을 추천한다.

웨비나를 홍보할 시간이 충분하기 때문이다. 나는 월요일에 홍보를 시작해서 목요일에 웨비나를 시작할 때까지 강하게 밀어붙인다. 이메일을 보내고, 페이스북에 광고를 한다. 합작 투자 파트너와 함께 일하며 회원 가입 페이지 방문율을 높이기 위해 수많은 활동에 참여한다. 이 실시간 웨비나에 사람들을 끌어 모으는 일이라면 무엇이든 한다. 웨비나가 시작되면 모든 홍보 활동을 중단한다. 그때부터 주말까지는 잠재 고객을 구매자로 바꾸는 시간이기 때문이다.

시장마다 다르지만, 나는 웨비나 등록자 1인을 불러오는 데 홍보 비용으로 3~5달러를 쓴다. 만일 비용이 이보다 많이 들어간다면 랜딩 페이지가 적절치 않거나 내 메시지가 흥미를 끌지 못하거나 엉뚱한 사람들을 대상으로 삼았다는 얘기다. 혹은 다른 이유로 뭔가 잘못된 것이다. 『마케팅 설계자』의 '퍼널 수정하기'에서 이러한 유형의 페이지를 분석하고 전환율을 높이는 방법을 설명했으니, 원하는 만큼 성과를 내지 못했다면 그것을 자료로 이용해보라.

비용이 7~8달러 수준으로 오른다면 판매 일선에서 수익성을 유지하기가 어려워진다. 다음은 내 퍼널이 목표로 하는 성과다. 당신의 목표는 다르겠지만 여기서 아이디어를 얻어 무엇을 지향해야 하는지 알게 될 것이다.

주간 실시간 웨비나 통계 자료
- 1000명 등록(가입자 1인당 3달러로 총 3000달러 광고비 지출)
- 250명 웨비나 참석(출석률 25퍼센트)
- 25명 강좌 신청(전환율 10퍼센트, 1인당 997달러로 총 2만 5000달러 매출)
- 25명 후속 다시보기 구매(1인당 997달러로 총 2만 5000달러 매출)
- 4만 7000달러 순수익(5만 달러 매출에서 3000달러 광고비 제외)

이 공식을 사용하면 나는 일주일에 3000달러를 광고비에 쓰고 5만 달러를 벌어들인다. 그동안 신규 고객 1000명이 생긴다! 이것이 우리의 목표다. 어떤 주에는 신청자가 1000명을 넘고, 어떤 주에는 2500명을 넘는다. 하지만 이런 목표를 설정하고 매주 웨비나를 열어(맞다, 동일한 웨비나를 반복한다) 꾸준히 새로운 잠재고객과 현금을 회사로 끌어들인다.

그래서 매주 사람들에게 새로운 기회를 파는 '실시간' 웨비나를 한다. 월요일에서 목요일 아침까지 웨비나를 홍보해 목요일 밤에 가능한 한 많은 사람이 참석하게 한다. 목요일 밤에 실시간으로 웨비나를 하고 특별 제안을 한다. 그리고 금요일, 토요일, 일요일에 다시보기를 보여준다. 일요일 자정에는 가입한 사람에게 내놓는 제안을 중단한다. 그리고 월요일에는 다가오는 목요일에 벌일 이벤트를 적어 넣으며 한 주를 다시 시작한다. 이게 전반적인 모델이다.

처음 시작하는 사람은 당장 1000명 유치를 목표로 삼아서는 안 된다. 더 작은 집단으로 테스트를 해야 한다. 나는 프레젠테이션을 테스트하는 데 청중이 최소 100명은 넘어야 한다고 생각했다. 출석률을 고려해 적어도 400명은 등록해야 한다는 뜻이다. 하지만 처음에는 광고비를 적게 지출해야 한다. 조그맣게 몇 번 테스트를 하면서 사소한 문제를 제거하여 전환율을 가늠한다. 그러고 나면 수익이 얼마나 될지 파악하고 이에 맞추어 더 많은 광고비를 쓸 수 있다.

처음에는 온갖 일이 일어날 수 있다. 페이스북 때문에 광고가 엉망이 되거나 웨비나 소프트웨어에 문제가 생겨 녹화가 되지 않거나 방송 중에 정전이 일어날 수도 있다. 사고는 늘 일어난다. 한 명도 참석하지 않는 경우도 있다!

낙담하지 않는 것이 중요하다. 계획을 세워서 매주 실행하라. 처음에는 힘들겠지만, 포기해서는 안 된다! 얼마 지나지 않아 꾸준한 실적을 올리게 될 것이다.

실시간 프레젠테이션(웨비나) 퍼널

이제 모델을 배웠으니 가입한 사람을 구매로 이끄는 데 사용하는 퍼널을 살펴보자.

1단계 웨비나 등록 페이지로 방문자를 보낸다

웨비나 등록 페이지의 전환율을 높이려면 어떻게 해야 할까? 비결은 호기심이다. 그게 전부다. 등록 페이지에서 전환이 잘 일어나지 않는다면, 이유는 무엇일까? 너무 많이 보여준 나머지 사람들이 답이 무엇인지 안다고 지레짐작하기 때문이다. 당신이 무슨 말을 하려는지 안다고 생각하는 사람들은 등록하거나 참여하지 않을 것이다. 등록해야만 내용을 알 수 있을 때, 사람들은 등록하고 참여할 것이다.

앞서 내가 설명했던 "_____ 없이 _____ 하는 법" 헤드라인은 사람들

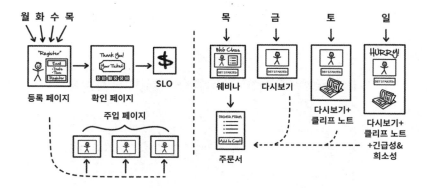

월요일에서 목요일까지는 웨비나를 홍보하고 등록한 사람들에게 후속 퍼널을 보여줘서 흥미를 유발한다. 목요일에는 웨비나를 열고 금요일에서 일요일까지는 다시보기를 홍보한다. 월요일에는 이 과정을 반복한다.

이 등록하게 하는 일반적인 비결이다. 다음은 퍼널 스크립트 웨비나에서 사용했던 헤드라인이다.

도표 16-5 웨비나 등록 페이지에는 호기심을 자극하는 헤드라인을 깔아야 한다.

때로는 헤드라인에서 호기심을 불러일으키는 요소를 더 키우기도 한다. 다음은 우리가 퍼널 핵스 웨비나 첫 해에 사용했던 메인 등록 페이지다.

도표 16-6 등록률이 충분이 높지 않다면 호기심을 더 불러일으키는 헤드라인을 적고 대조 실험을 해야 한다.

등록 페이지에 관해서 말하고 싶은 것이 몇 가지 있다.

○ **사진은 많은 걸 알려주지 않는다:** 사진을 보면 무엇을 왜 하는지 바로 알 수 없고, 이는 호기심을 일으킨다. 주제와 관련이 있으면서도 전환율을 크게 높일 수 있는 낯선 사진을 찾아보라. 나는 웨비나 등록 페이지에 동영상을 넣지 않는 것을 추천한다. 동영상이 낯선 사진보다 효과적일 가능성은 거의 없다. 만일 동영상을 사용한다면, 동영상을 안 올렸을 때는 어떤지 테스트를 해보라.

○ **헤드라인은 엄청난 호기심을 자아낸다:**

매일 1만 7947달러를 벌어다주는 기이한 틈새시장 퍼널! 10분 안에 뚝딱 만들어버리는 방법이 헤드라인은 프레젠테이션의 내용을 암시하긴 하지만, 답이 바로 나오지 않는 수많은 질문을 남긴다. 이를테면 이런 질문들이다.

- 어떤 틈새시장인가?
- 정말로 하루에 1만 7947달러를 벌 수 있는가?
- 속임수 없이 그게 가능한가? 어떻게?
- 불과 10분 안에?

○ **긴급성과 희소성을 이용한다**: 긴급성과 희소성보다 효과적으로 사람들을 행동(등록·참석·구매)으로 이끄는 것은 없다. 이들은 베일에 싸인 무기다. 이것을 이용해야 한다.

2단계　등록자를 감사 페이지로 이끌고 자체 회수 제안을 제공한다

우리는 등록한 사람들을 감사 페이지로 이끌어 웨비나에 관한 기본 정보를 제공한다. 이 페이지에는 동영상이 있으면 좋다. 나는 영상에

도표 16-7　감사 페이지에서는 광고비를 충당할 수 있는 '자체 회수 제안'을 제공해야 한다.

서 내가 왜 이 웨비나에 흥분하는지 말한다. 사람들은 해당 주제에 관한 나의 열정을 '반드시' 느껴야 한다. 그러지 않으면 참석하지 않을 것이다. 명심하라. 등록 페이지에서는 호기심이 가장 중요하고, 감사 페이지에서는 웨비나에서 경험할 무언가에 대한 당신의 열정을 보여줘야 한다.

감사 페이지에 담긴 가장 큰 비밀은 이를 이용해서 사람들에게 무언가를 팔 수 있다(그리고 팔아야 한다)는 것이다! 우리는 이것을 '자체 회수 제안self-liquidating offer', 즉 SLO라고 부른다. 이 제안을 페이지에 포함하는 몇 가지 이유가 있다.

- 자체 회수 제안이라고 부르는 이유는 광고비를 회수할 수 있기 때문이다. 그렇다. 감사 페이지에서 상품을 제공하여 광고비를 모두 충당하는 경우가 많다. 이 말은 웨비나에서 파는 것이 모두 순수익으로 연결된다는 뜻이다!
- 사람들이 웨비나의 주제와 관련된 상품을 구입하면 실시간 웨비나에 참석할 가능성이 커진다.
- 행동하는 구매자들은 당신이 기분 나쁜 행동을 하지 않는 한 계속해서 당신의 제품에 반응을 보인다. 그들이 웨비나가 시작되기 전에 당신에게서 무언가를 산다면 웨비나가 진행되는 도중에도 제품을 구매할 가능성이 크다.

나는 내 SLO가 더 저렴한 티켓이 되길 바란다. 즉 회원제 사이트에서 이용할 수 있는 34~47달러 또는 무료(아니면 1달러) 티켓이면 좋겠다. 퍼널해커스 웨비나를 시작할 때 우리는 클릭퍼널스 무료 이용권을 감사 페이지에서 나눠주기로 했다. 이 모델을 따랐던 첫 해의 통계를 보면 1만 5000명 이상이 링크로 유입되어 무료 이용권을 가지고 클릭퍼널스 계정을 만들었다. 그리고 4500명 이상이 여전히 활동하고 있다. 계산을 해보면 우리는 감사 페이지에서만 월 45만 달러 이상의 현금 흐름을 만들어낸 것이다!

3단계 주입 이메일 보내기

웨비나에 등록했을 때부터 웨비나가 열리기까지, 불참하고 싶은 마음이 1000만 번 정도 생겼다 사라진다. 주의하지 않으면 광고비를 써가면서 등록시킨 사람들이 목요일이 되기도 전에 당신의 존재를 잊을 수도 있다.

등록한 사람들에게 내 철학을 소개하는 영상물을 보내 웨비나에 대한 흥미를 돋우며 사전 홍보를 한다. 개별 영상물에서 세 가지 비밀 시간에 강의할 프레임워크를 미리 소개한다. 기억하는가? 이들 세 가지 비밀은 잘못된 믿음의 패턴과 관련이 있다. 그래서 나는 영상물에서 믿음 패턴에 관해 이야기하고, 웨비나에서는 이런 문제점을 극복하고 원하는 결과를 얻는 데 도움을 주는 프레임워크를 설명할 것이다. 질문으로 호기심을 키워 웨비나에서 무엇을 얻게 될지 궁금하게 만들어야 한다.

이 과정에서 사람들은 주로 이런 걱정을 한다. "수요일에 등록한 사람들은 웨비나가 열리는 날까지 주입 이메일을 한 통이나 두 통밖에 못 받는 거 아닌가?"

이러한 주입 절차는 판매의 필수 단계가 아니다. 이것은 증폭기다. 사람들이 영상물을 하나 보고 웨비나에 참석한다면 잘된 일이다. 두 번째와 세 번째 영상물은 웨비나가 끝난 뒤에도 볼 수 있으니 괜찮다. 스트레스 받지 않아도 된다. 주입 이메일 가운데 하나는 웨비나가 끝난 뒤에 다시보기나 구매로 이끄는 경우가 많다.

4단계　알림 메시지 보내기

　알림 메시지는 수요일에 보내기 시작한다. 다음과 같은 짧은 이메일이나 문자 메시지를 보낸다. "안녕하세요. 내일 _____에서 _____에 관한 이야기를 하기로 한 약속 잊지 않으셨죠?" 사람들이 모든 메시지를 늘 읽지는 않는다. 그래서 나는 웨비나 전날과 당일 아침, 그리고 한 시간 전후, 시작하기 15분 전에 보낸다. 그리고 "실시간 웨비나 시작했습니다. 어서 들어오세요"라는 마지막 메시지를 보낸다.

5단계　실시간 웨비나 실시하기

　목요일에 웨비나를 하는 것이 가장 좋지만 화요일이나 수요일을 선호하는 사람도 있다. 언제 하느냐보다는 사전 웨비나, 완벽한 웨비나 프레임워크, 후속 시퀀스 등을 따르는 것이 더 중요하다.

　웨비나를 하기에 가장 좋은 시간은 시장에 따라 크게 달라진다. 내 고객은 대부분이 기업가이기 때문에 일반적으로 낮 시간이 좋다. 당신에게 9시에서 5시까지 일하는 고객이 많다면 대개 밤 시간대에 웨비나 수요가 많을 것이다. 따라서 웨비나를 여는 시간대는 청중의 성격에 달렸다.

　나는 콘텐츠 설명에서 세일즈 피치로 넘어갈 때 남은 인원을 파악한다. 그리고 이 수치를 최종 성적의 근거로 삼는다. 따라서 60분이 지나 피치를 시작할 때 웨비나에 남은 사람이 250명이라면 나의 평균 전환율이 15퍼센트이므로 약 3만 7500달러를 벌어들인다.

　당신의 전환율은 얼마나 될까? 처음에는 꽤 낮을 것이다. 실시간 프레젠테이션을 많이 해봐야 한다. 전환율이 5퍼센트라면 좋다고 할 수 있고 판매 일선에서 수익을 올릴 가능성이 높다. 10퍼센트가 된다면 (내 생각에) 1년에 100만 달러짜리 웨비나라고 할 수 있다. 10퍼센트를 넘어 15퍼센트에 이른다면 장담컨대 첫 해에 1000만 달러 가까운 수익을 올릴 수 있다. 따라서 정기적으로 새로운 기회를 수정하고 실시간으로 발표하며 계속해서 전환율을 높이는 것이 좋다.

6단계   후속 소식 보내기와 막판 긴급성 만들기

웨비나가 끝나자마자 나는 다시보기 캠페인에 주력한다. 다시보기 캠페인에 정말 열중하는 사람도 있지만 기본은 긴급성과 희소성이다. 이 긴급성과 희소성 때문에 사람들은 행동에 나선다. 나는 보통 웨비나를 마쳤을 때와 일요일 자정 제안을 철회할 때, 매출을 2배로 올린다.

금요일과 토요일, 일요일에는 웨비나 다시보기 링크가 포함된 후속 메일을 보낸다. 첫째 날에는 실시간으로 얻은 반응이 얼마나 대단했는지를 이야기하고 사람들에게 영상을 다시 볼 기회를 제공한다. 하지만 빨리 접속해야 한다. 장바구니가 닫히면 다시보기 링크도 사라진다.

때로는 웨비나에서 다룬 내용을 간단히 요약한 PDF 자료를 보내거나 슬라이드를 PDF로 만들어 보낸다. 영상보다는 글을 좋아하는 사람도 있다. 바쁘거나 90분짜리 프레젠테이션을 시청할 시간이 없는 사람도 있다. 하지만 그들도 PDF를 훑어보기는 할 것이다. 이 이메일에서도 제안이 일요일까지만 유효하다는 사실을 일깨워준다. 그 며칠 동안은 긴급성과 희소성이 높아지는 시기다. 사람들이 한가해지면 물건을 살 것이라 생각하지만, 그렇지 않다.

마지막 날에는 자정이면 장바구니가 닫힌다는 사실을 일깨워주는 이메일을 보내 구매해서 가지고 있어야 하는 이유를 요약·설명해준다. 자정 전 1분 동안 얼마나 많은 사람이 구매 버튼을 누르는지 아는가? 정말 놀랍다!

7단계   장바구니 종료

일요일 자정, 장바구니를 닫을 시간이다. 제안은 종료되고 구매 버튼은 비활성화된다. 이제 끝이다. 완벽한 웨비나 퍼널이 끝났다.

8단계　반복

월요일 아침에 1단계인 '방문자 유도하기'부터 모두 다시 시작한다. 이 과정을 반복할 때마다 발전할 것이다. 당신은 더 많은 사람을 구매로 이끄는 다양한 프레젠테이션 방식을 알아내고, 더 많은 질문에 대답하며, 광고 대상을 세밀하게 조정할 수 있다. 요점은 한 번 시도하고 나서(특히 결과가 실망스러울수록) 그만두지 말라는 것이다.

리즈 베니의 첫 실시간 웨비나에는 아무도 나타나지 않았다. 수백 명이 등록했지만 아무도 참석하지 않았다. 수개월 동안 준비했는데 단한 명도 오지 않은 것이다. 하지만 리즈는 포기하지 않았다. 계속해서 프로세스를 개선했고, 결국 첫 해에 백만 달러 클럽에 가입할 수 있었다. 이런 결과를 원하는가? 1년에 수십만 달러에서 수백만 달러를 벌수 있다면, 실망스러운 결과가 나오더라도 계속할 수 있는가? 나라면 그렇게 할 것이다.

첫 실시간 웨비나에서 좋은 결과가 나오면 어떻게 해야 할까? 자동화한 다음 다른 웨비나 주제를 찾아야 할까? 아니다! 이는 사람들이 저지르는 매우 큰 실수다. 사람들은 자동화를 너무 이르게 시작한다. 나는 퍼널 핵스 웨비나를 60회 이상 운영하고 나서 자동화했다. 1년 가까운 시간 동안 동일한 웨비나를 매주 한 것이다. 어떨 때는 한 주에 여섯 번을 하기도 했다. 사실 지금도 한 달에 몇 번씩 실시간으로 웨비나를 한다.

마침내 우리가 자동화했을 때 프레젠테이션은 더 이상 손볼 곳이 없었다. 모든 문제점을 해결한 상태였다. 어떻게 트래픽을 늘릴지 정확히 알고 있었다. 이 모든 것은 수치로 나타난다. 우리는 웨비나를 완벽하게 하는 데 많은 시간을 투자했기 때문에 자동화된 버전에서 예측

가능한 결과를 얻을 수 있다.

　그러므로 마지막 단계는 웨비나를 계속 반복하는 것이다. 1년 동안 빠짐없이 매주 웨비나를 운영해보면 당신의 은행 잔고와 전문가 지위에 무슨 일이 생기는지 알 수 있다.

속성 완벽한 웨비나

완벽한 웨비나 프레젠테이션을 만드는 데는 시간이 필요하다. 대개 초안을 만드는 데 1~2주 걸린다. 한 프레젠테이션을 만드는 데 이틀이 걸리는 경우도 많다. 수백만 달러를 벌어들이기 위한 프레젠테이션의 토대를 구축하는 데 이 정도 시간은 길다고 할 수 없지만, 때로는 새로운 제안을 빠르게 테스트할 필요도 있다.

예를 들면, 몇 년 전 나는 친한 친구의 창업을 돕고 있었다. 자동화된 웨비나 소프트웨어를 판매하는 회사였다. 친구의 판매 과정은 낡아 보였고, 회사는 그저 그런 실적을 올리며 방문자를 퍼널로 유도하고 있었다. 친구는 우승자가 5만 달러를 차지하는 제휴 콘테스트를 여는 방법으로 돌파구를 찾았다.

나는 콘테스트 참가에 흥미를 느꼈지만 내가 우승을 하려면 친구의 판매 방식을 바꾸는 방법밖에 없다고 생각했다. 나는 완벽한 웨비나 프레젠테이션을 만드는 계획을 세웠다. 하지만 콘테스트 출전 마감이 다가오는데 도저히 시간이 나지 않았다.

포기하고 콘테스트에 참가하지 않으려 했지만, 한 가지 아이디어가 떠올랐다. 빠른 속도로 완벽한 웨비나를 만들어서 10~15분 후에 시작할 수 있다면 어떨까? 하하! 그게 되겠어? (몇 분 동안 나 자신을 조롱했다. 하지만 곧이어 진지해졌다.) 전통적인 파워포인트나 키노트 슬라이드로는 불가능한 일이었다. 하지만 화이트보드에 주요 구성 요소를 적어 두기만 한다면 어떨까?

효과가 있을지는 알 수 없었지만 다른 아이디어는 떠오르지 않았다. 그래서 이 책에서 다루었던 수많은 질문을 자신에게 던지며 빠르게 훑어보았다. 프레젠테이션을 시작하기 전 15분 안에 할 수 있는 일은 그 것뿐이었기 때문이다(시간이 더 있었다면 이들 요소는 더 강해졌을 것이다. 하지만 15분밖에 없었기에 정말 빠른 속도로 생각해야만 했다).

질문 - 1 내가 제공하는 '새로운 기회'는 무엇인가?

우리가 판매하는 자동화된 웨비나 소프트웨어는 전혀 새로운 것이 아니다. 그래서 나는 주간 웨비나 프레임워크를 새로운 기회로 제공했다.

주간 웨비나 모델을 이용하여 웨비나 매출을 증가시키기

질문 - 2 구매하는 사람들을 위해 내가 할 수 있는 '특별한 제안'은 무엇일까?

나는 5분 동안, 제휴 링크를 통해 구매한 고객들에게 줄 수 있는 것을 포함해서 내 스택에 있는 내용을 화이트보드에 썼다. 내 친구는 웨비나를 할 수 있게 도와주는 소프트웨어를 팔았다. 그래서 나는 가지고 있는 것 중에 그 소프트웨어의 보완재들을 생각해냈다.

여러분이 받는 것…	
• 완벽한 웨비나 스크립트	497달러
• 완벽한 웨비나 교육	9997달러

· 나의 실시간 클로징 영상	2997달러
· 완벽한 웨비나 퍼널	997달러
· 나의 웨비나 퍼널	(가격을 매길 수 없음)
총 가격:	1만 4488달러

질문-3 이 제안의 빅 도미노는 무엇일까?

오직 나의 웨비나 모델을 이용할 때 12개월 안에 100만 달러가 넘는 돈을 벌 수 있다는 믿음을 준다면, 사람들은 돈을 낼 수밖에 없을 것이다. 그래서 나는 이런 제목을 적어놓았다.

이 웨비나 모델로 다음 1년 동안 (최소) 100만 달러를 버는 방법

질문-4 빅 도미노를 쓰러트릴 수 있는 에피파니 브리지 기원 이야기는 무엇일까?

나는 어떻게 첫 번째 이벤트를 망쳤는지 들려주고, 아먼드 모린이 가르쳐준 스택을 쌓는 방법 이야기를 해주었다. 이로써 완벽한 웨비나 프레임워크를 설계했다.

질문-5 내가 가르치는 프레임워크와, 타파하려는 잘못된 믿음은 무엇일까? (매개체)

· 프레임워크: 완벽한 웨비나 프레임워크
· 잘못된 믿음: 완벽한 웨비나는 내게 효과가 없다

- 진실: 올바른 스크립트만 있으면 된다
- 스토리: 어떻게 완벽한 웨비나 프레임워크를 개발하게 되었는지를 설명하는 이야기

첫 번째 비밀 제목: 가장 중요한 것은 스크립트다

질문-6 내가 가르치는 프레임워크와, 타파하려는 잘못된 믿음은 무엇일까?(내적 믿음)

- 프레임워크: 주간 웨비나 프레임워크
- 잘못된 믿음: 과거에 웨비나를 한 적이 있는데 망치고 말았다
- 진실: 1년 동안 매주 꾸준히 해야 한다
- 스토리: 매주 클릭퍼널스가 어떻게 성장했는지를 설명하는 이야기

두 번째 비밀 제목: 모델 이해하기

질문-7 내가 가르치는 프레임워크와, 타파하려는 잘못된 믿음은 무엇일까?(외적 믿음)

- 프레임워크: 자동화된 웨비나 프레임워크로 바꾸기
- 잘못된 믿음: 남은 인생 동안 실시간 웨비나를 해야 한다
- 진실: 피치를 완성한 뒤에는 자동화할 수 있다
- 스토리: 실시간 웨비나를 60회 하고 나서 퍼널 핵스를 자동화된 웨비나로 바꾼 이야기

세 번째 비밀 제목: …할 때까지 실시간 웨비나를 해야 한다

세상에서 가장 좋은 제목은 아닐 것이다. 며칠 동안 다듬었다면 더 훌륭한 제목을 지었을지도 모른다. 하지만 주어진 시간은 총 15분에 불과했다.

그리고 최소한의 시간으로 많은 사람에게 이 메시지를 홍보하는 방법을 알아내야 했다. 내게는 웨비나 퍼널을 준비할 시간이 없었고 즉시 판매를 시작해야만 했다. 그래서 두 대의 휴대전화를 열고 페이스북 라이브와 페리스코프를 실행한 다음 양쪽 플랫폼에서 모두 '방송 시작' 버튼을 클릭했다. 나를 신뢰하는 많은 팔로워 덕분에 몇 초 안에 수백 명 앞에서 실시간 방송을 할 수 있었다.

도표 17-1 시간이 부족할 경우에도 15분도 안 되는 짧은 시간에 완벽한 웨비나를 준비할 수 있다.

나는 머리에 떠오르는 대로 떠들어대다가 에피파니 브리지 스토리를 들려준 다음, 내 스택과 클로즈로 이어지는 프레젠테이션을 마쳤다. 프레젠테이션은 26분 32초 안에 끝났다. 발표가 좋았는지 나빴는지도 몰랐고 아무 생각이 없었다.

그후 나는 콘테스트가 끝날 때까지 사흘 동안 페이스북을 비롯한 여러 곳에서 프레젠테이션을 홍보할 수 있었다. 당시 10만 명 이상이 내 프레젠테이션을 보았다. 우리는 25만 달러가 넘는 매출을 올렸고, 결국 우승 상금 5만 달러를 받았다! 겨우 15분 동안 준비한 것치고는 나쁘지 않은 결과였다.

더욱 흥미롭게도 케일린과 브랜든 폴린이 나의 프레젠테이션을 모델로 삼았다. 그날 이후 두 사람은 화이트보드에 스택을 써놓았고, 케일린은 세 가지 비밀을 종이에 적은 다음 강의를 하면서 자기 이야기를 할 때 보여주었다.

도표 17-2 케일린과 브랜든 폴린은 내 페이스북 라이브를 보고 레이디보스의 프레젠테이션 모델로 삼았다.

그들은 첫 번째 시도에서 10만 달러가 넘는 돈을 벌었고, 매달 반복했다. 최근에는 파워포인트 슬라이드는 전혀 사용하지 않고 완벽한 웨비나 스크립트를 이용해(화이트보드 한 개와 종이 몇 장만으로) 65만 달러가 넘는 수익을 만들어냈다. 페이스북 라이브 프레젠테이션 한 번으로 거둔 결과였다.

○ **장점**: 속성 완벽한 웨비나의 가장 큰 장점은 사람들이 처음부터 끝까지 프레젠테이션을 본다는 것이다. 기존 웨비나에서는 단계마다 이탈하는 사람들이 생겨난다. 랜딩 페이지를 방문한 사람들 중에 약 40퍼센트가 등록하고, 그중에 약 20퍼센트만 프레젠테이션을 보러 온

다. 실시간으로 진행하면 프레젠테이션을 보는(라이브나 다시보기 영상으로) 모든 사람이 즉시 끌려들어 시청하게 된다.

또 하나의 큰 장점은, 프레젠테이션 결과가 좋으면 이를 광고로 바꾸어 사람들을 끌어 모으는데, 아무 때나 이렇게 할 수 있다는 점이다. 하나의 프레젠테이션으로 나는 제휴 콘테스트에서 우승했고 케일린은 65만 달러가 넘는 돈을 벌었다. 사람들이 구매로 전환할 때까지 광고를 내보내 영상들을 계속 홍보했기 때문이다.

○ 단점: 먼저 실시간 웨비나 환경에서 프레젠테이션하는 연습을 하기 전까지는 속성 완벽한 웨비나 방식을 따르지 않는 것이 좋다. 대본을 외우려고 애쓸 때 페이스북이나 인스타그램에서 실시간 웨비나를 하면 겁이 날 수도 있다. 그때 악성 댓글이라도 본다면 웨비나를 계속하기 어려울 것이다. 프레젠테이션 기술을 터득하려면 먼저 남들이 보지 않는 환경에서 연습하는 것이 현명하다. 스크립트에 익숙해진 다음에 페이스북이나 인스타그램에서 테스트해보면 어떤 느낌인지 알 것이다. 완벽한 웨비나 스크립트를 마스터해 이야기와 제안을 전하는 데 능숙해지면 단 몇 분 동안만 집중해도 거의 모든 제품을 팔 수 있다. 완벽한 웨비나는 말 그대로 완벽하다. 완벽한 웨비나가 작동하지 않는 경우는 이 책에서 제시한 내용을 따르지 않아 문제가 생길 때뿐이다. 실제로 완벽한 웨비나를 시도했는데 작동하지 않았다면, 내가 경험한 바로는 다음 이유 중 하나다.

• 좋지 않은 시장을 선택해서, 당신이 하는 말을 아무도 듣지 않는다.
• 개선안을 만들었을 뿐이고 아무도 받아들이지 않는다.
• 청중에게 전략을 납득시키기 전에 전술부터 가르쳤다.

좋은 시장을 선택해서 진정 거부할 수 없는 새로운 기회를 만들어 청중이 가진 잘못된 믿음의 패턴을 타파하고 재구축한다면 완벽한 웨비나의 효과가 나타날 것이다. 내가 약속한다!

내가 온라인에서 하는 일을 따라하다 보면 영상 세일즈레터, 화상 세미나, 제품 출시 영상, 구글 행아웃, 페이스북 라이브 영상, 이메일 마케팅 등 온갖 상황에서 다양한 방법으로 이 스크립트와 이야기 프로세스를 이용하는 모습을 볼 수 있다.

속성 완벽한 웨비나 요약
······························

다음과 같은 체크리스트를 이용하면 완벽한 웨비나를 빠르게 조직할 수 있다.

1. 내가 제공하는 새로운 기회는 무엇인가?
2. 제품을 구매하는 사람들에게 해줄 수 있는 **특별한 제안**은 무엇일까?
3. 이 제안의 **빅 도미노**는 무엇인가?
4. 빅 도미노를 쓰러트릴 에피파니 브리지 **기원 이야기**는 무엇일까?
5. 내가 가르치는 프레임워크와, 타파하려는 잘못된 믿음은 무엇일까?(매개체)
6. 내가 가르치는 프레임워크와, 타파하려는 잘못된 믿음은 무엇일까?(내적 믿음)
7. 내가 가르치는 프레임워크와, 타파하려는 잘못된 믿음은 무엇일까?(외적 믿음)
8. 어떻게 스택과 클로즈를 조직하여 전환율을 높일까?

5분 완벽한 웨비나

"식물성 성분이 피부에 가장 좋은 것은 아니라는 사실을 아시나요? 말도 안 되는 소리라고 생각하실 겁니다. 우리는 허브 오일과 에센셜 오일, 허브 추출물 등을 익히 알고 있으니까요. 하지만 피부에 더 강력한 것이 있습니다. 오늘 여러분께 피부 관리법에 혁명을 일으킬 세 가지 비밀을 알려드리겠습니다. 안녕하세요, 저는 허브 마스터 제이미 크로스입니다."

잠깐, 뭐라고? 방금 그가 '세 가지 비밀'이라고 말했나?

그날 아침 일찍 나는 이너서클 모임에 처음 나온 제이미 크로스를 봤더랬다. 제이미에 대해 아는 바가 없었고 어떤 여정을 거쳐 그 자리까지 오게 되었는지도 몰랐다. 하지만 우리의 작은 무대에 오른 제이미가 하는 일은 독특했다.

제이미는 몇 년 전 남편과 함께 피부 관리 회사를 창업해 운영하고 있었다. 그들은 수제 로션과 비누를 농산물 직판장에 팔았다. 그때 제이미가 유튜브에서 내 영상을 발견했고 퍼널을 알게 되었다. 그리고 몇 달 뒤에는 '퍼널 해킹 라이브'에 참석해 완벽한 웨비나 스크립트에 대해서도 알게 되었다.

제이미가 하는 일이 독특하다고 말한 이유는, 물리적인 제품을 판매하는 내 커뮤니티의 사람들은 대부분 완벽한 웨비나가 자신의 비즈니스에 어떤 효과가 있는지 이해하지 못했기 때문이다. 무수히 많은 전자상거래 판매자는 이 프레임워크가 작가나 강연자, 코치, 컨설턴트에게나 도움이 될 거라고 말했다. 나는 분야를 막론하고 원리는 다를 바가 없다며 설득했지만 거의 모든 사람이 자신의 비즈니스는 다르다고 했다. 제이미만 제외하고 말이다.

완벽한 웨비나를 알게 되었을 때 그녀는 이렇게 물었다. "어떻게 하면 이게 제 비즈니스에서 작동할 수 있을까요?" 그녀는 비누와 로션을 꾸러미로 만들어 200달러에 판매하는 90분짜리 웨비나를 만들어봤지만 성공하지 못했다. 그래서 해당 프레임워크를 수정하여 39달러에 팔았다. 몇 달 동안 수정한 끝에 완벽한 웨비나의 5분짜리 버전을 출시하자 인기를 끌기 시작했다! 6주 만에 13만 달러 매출을 올렸고 첫 해에 거의 200만 달러를 벌었다!

로션 회사들이 거짓말을 하고 있다???
로션이 실제로는 피부를 건조하게
한다고요?
하지만 여기 좋은 소식이 있습니다.
여러분을 위해 우리가 '천연 로션바'를
준비했습니다.
지금 당장 가져가세요.

도표 18-1 제이미는 5분짜리 완벽한 웨비나를 만들어 저가 로션을 팔았다.

이 완벽한 웨비나의 미니 버전은 광고, 랜딩 페이지, 영상 세일즈레터 등에 큰 효과가 있다. 이를 구체적으로 어떤 퍼널에서 어디에 사용할지는 다음 장에서 보여주겠다. 제이미의 사례에서는 완벽한 웨비나 프레임워크가 어느 비즈니스에나 효과가 있음을 깨닫고, 당신의 기술을 입증된 프레임워크에 적용만 하면 된다는 사실을 이해하면 좋겠다.

5분 완벽한 웨비나 스크립트

나는 성공을 거둔 제이미가 다른 전자상거래 업자들을 비롯해 광고를 운영하거나 완벽한 웨비나의 짧은 버전이 필요한 사람들에게, 이 책의 지침에 따라 작성한 스크립트를 수정해 짧은 버전을 만드는 방법을 보여주길 바랐다. 제이미는 짐 에드워즈(FunnelScripts.com에서 나와 동업하고 있다)와 함께 누구나 자신만의 5분 완벽한 웨비나를 만들 수 있도록 노력하는 중이다. 다음은 그들이 개발한 스크립트다.

○ 스크립트의 구조

혹시 [오해]에 대해 아세요?
우리가 [일상적인 것]에 너무 익숙해져서 말도 안 되는 소리처럼 들린다는 것 저도 알아요. 그래도 저는 오늘 [당신이 혁신할 고객의 삶]의 방식에 혁명을 일으킬 세 가지 비밀을 들려드리려 합니다.
제 이름은 [당신의 이름]이고 [성취]를 도와줄 [당신의 역할]입니다.
그래서 [당신이 내보일 그것―큰 개념이나 물건]은 무엇일까요?
이것은 [그것]입니다.
이것은 [그것의 더 상세한 정보]입니다.
그래서 저는 [그것]에 관한 세 가지 비밀과 [큰돈을 버는] 방법을 공유할 겁니다.

아마도 여러분은 [반대 의견]을 생각하고 계실 겁니다.

하지만 이번에도 저는 여러분이 [고객이 할 수 있는 행동]을 해서 좋은 결과를 얻는 방법을 설명하겠습니다.

그럼 첫 번째 비밀은 [첫 번째 비밀]입니다.

여기서 중요한 건 [첫 번째 비밀의 개념]입니다.

그 이유는 [첫 번째 비밀이 중요한 이유] 때문입니다!

두 번째 비밀은 [두 번째 비밀]입니다.

여기서 이해해야 할 주요한 개념은 [두 번째 비밀의 개념]입니다.

이는 [두 번째 비밀이 중요한 이유]를 뜻합니다.

세 번째 비밀은 [세 번째 비밀]입니다.

여기서 이해해야 할 주요한 개념은 [세 번째 비밀의 개념]입니다.

이것이 열쇠인 이유는 [세 번째 비밀이 중요한 이유]입니다.

이제 여러분이 무슨 생각을 하는지 알 것 같습니다.

[다른 반대 의견]이겠죠.

문제는 [반대 의견에 매몰된 사람들이 깨닫지 못하는 진실]입니다!

그래서 저는 [당신이 개발/창조/발견한 것]을 [개발/창조/발견]하여 [방금 당신이 선보인 그 놀라운 것으로 고객이 할 수 있는 것]을 하게 되었습니다.

[그것이 특별한 이유]

그리고 이것이 추구하는 바는 [그것으로 고객을 위해 하려는 일]입니다!

그래서 저는 [당신이 성취한 것/당신과 관련된 것]을 가진 [당신의 역할]로서 제가 하는 일은 [특별한 능력/성공의 비밀]입니다.

그리하여 저는 [당신이 만든 것/한 일]을 해왔습니다.

링크를 클릭하면 [고객이 링크를 클릭해서 할 수 있는 것]을 할 수 있습니다.

솔직히 말해서 우리가 [당신이 개발/창조/발견한 것]을 얼마나 지속할 수 있을지 모릅니다. 그리고 아마도 [이 제안을 영원히 지속할 수 없는 이유]

때문에 가격이 오를 겁니다.

그러므로 이용할 수 있을 때 클릭하세요.

우리는 항상 도움을 드리기 위해 이 자리를 지킬 것이며, 여러분처럼 [문제]로 힘들어 하는 [목표 대상]께 우리가 거둔 놀라운 결과를 모두 말씀드리지는 못합니다.

우리는 [당신이 고객에게 단 한 번의 제안으로 제공할 것] 또한 가지고 있습니다만, 오늘은 [당신이 개발/창조/발견한 것]에 관해서 이야기하려 합니다. 아주 놀라운 것 말입니다.

어서 여러분을 만나 자세한 이야기를 나누고 싶습니다.

즐거운 하루 보내세요.

이것이 5분 완벽한 웨비나 스크립트다. 5분 완벽한 웨비나 스크립트는 페이스북 라이브를 진행할 강력한 방법이다. 페이스북 라이브는 사람들을 당신의 퍼널로 이끌 광고가 된다. 또한 퍼널의 판매 페이지, 특히 가치 사다리의 낮은 곳에 있는 상품들(100달러 이하)의 판매 페이지로도 사용할 수 있다. 가격이 높아질수록 일반적으로 프레젠테이션은 길어질 것이다. 지금까지 완벽한 웨비나의 5분짜리는 물론이고 90분짜리 버전까지 살펴보았으므로, 프레임워크를 선택해서 필요에 따라 수정해 사용하길 바란다.

가치 사다리와 연결하기

우리는 모든 영화에서 주인공(꿈의 고객)이 자신을 목적지까지 인도해
줄 길잡이(당신)를 만나는 장면을 볼 수 있다. 이러한 전문가나 길잡이
라는 역할이 우리 인생에서 주어지는 가장 큰 소명 중 하나임을 당신
이 이해하기를 바란다. 여기서는 당신의 성격·스토리·프레임워크를
가치 사다리(『마케팅 설계자』에서 배웠던)에 어떻게 그리고 어디에 엮어
서, 고객이 간절히 원하는 성과를 달성하도록 이끌 수 있는지 보여주

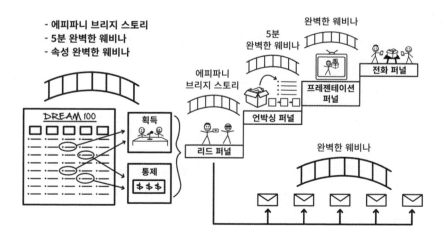

도표 19-1 당신은 리드 퍼널의 에피파니 브리지 스토리, 언박싱 퍼널의 5분 완벽한 웨
비나, 프레젠테이션 퍼널의 완벽한 웨비나를 이용할 수 있다.

려 한다. 이제 판매에 필요한 도구는 모두 가졌다. 각각의 프레임워크에 '에피파니'의 요소를 연결하면 된다.

에피파니 광고

『트래픽 설계자』에서는 퍼널을 꿈의 고객으로 채우는 방법을 더욱 깊이 알아볼 것이다. 그 책을 보면 우리가 꿈의 고객의 관심을 끌기 위해 사용하는 대다수의 후크가 이 책에서 배운 내용을 바탕으로 하고 있음을 깨달을 것이다.

꿈의 고객의 관심을 끌기 위한 후크를 개발하려고 노력할 때 나는 다음에서 아이디어를 얻는다.

- 에피파니 브리지 스토리
- 프레임워크
- 빠져나온 레드오션
- 새로운 기회
- 미래지향적인 대의명분의 요소들(당신의 플랫폼, 정체성의 변화, 선언문, 이정표 상)
- 제안
- 프레젠테이션

집단을 위해 개발한 모든 것은 사람들이 당신을 따르게 해줄 것이다. 지금까지 올린 게시글과 광고에는 모두 당신의 성격과 스토리가 함께 엮여 있다.

우리는 언제나 광고에 들어간 다양한 후크를 테스트하는데, 다음은 내가 가장 좋아하는 동시에 가장 수익이 많이 나는 광고 유형 세 가지다.

○ 에피파니 브리지 스토리: 내 광고는 대부분 리드 마그넷, 웨비나, 책, CTA(실행요청 버튼) 등을 만드는 방법을 알려주는 이야기일 뿐이다. 나는 에피파니 브리지 스토리의 다섯 가지 간단한 단계를 따른다.

- 배경 이야기
- 여정
- 새로운 기회
- 프레임워크(내가 광고에서 제안하는 것)
- 성취

그런 다음 사람들에게 클릭을 유도하는 CTA를 제시하고 프레임워크에 접근하게 한다. 그들은 이메일 주소를 입력하는 페이지로 가거나, 어떤 경우에는 웨비나에 참석하고, 도서를 구입하고, 영상물을 시청한다. 하지만 CTA는 언제나 내가 스토리에서 공유한 프레임워크로 되돌려놓는다.

○ **5분 완벽한 웨비나:** 제이미가 5분 완벽한 웨비나를 내게 보여준 이후(그는 이를 랜딩 페이지에서 광고와 영상으로 사용한다), 나는 그 웨비나에 집착하게 되었다. 그리하여 모든 제품에 5분 완벽한 웨비나를 만들었다.

○ **속성 완벽한 웨비나:** 새 제품이나 서비스를 출시할 때 나는 속성 완벽한 웨비나를 즐겨 사용한다. 고객들의 전환율이 지금처럼 높아서 수익이 난다면, 속성 완벽한 웨비나를 홍보하기 위한 광고를 계속할 것이다.

이메일 에피파니 후속 퍼널

이 완벽한 웨비나 프로세스를 이메일 등 마케팅의 모든 영역에서 사용할 수 있다는 사실을 깨달았을 때 나는 획기적인 발견을 했다. 『마케팅 설계자』에서는 앙드레 샤프롱에게 배운 '연속극 시퀀스Soap Opera Sequences, SOS'라는 개념을 소개했다. SOS는 이메일 주소록에 처음 가입한 사람들에게 보내는 이메일이다. 샤프롱은 이를 연속극 시퀀스라고 불렀는데, 각각의 이메일이 연속극처럼 다음 에피소드를 기다리게 만드는 후크로 끝나기 때문이다.

몇 년 동안 나는 이야기 구조가 다양한 SOS 이메일을 이용했다. 하지만 페이스북 라이브와 영상 세일즈레터 같은 다양한 환경에서 완벽한 웨비나를 이용하는 사람들을 보면서 이메일 시퀀스로도 만들 수 있지 않을까 생각했다. 이메일을 이용하면 프레젠테이션에 참석하여 직접 사람들을 만나지 않아도 온갖 종류의 판매를 할 수 있지 않을까? 말도 안 되는 소리처럼 들리지만 나는 작동할 거라고 생각했다. 그래서 완벽한 웨비나를 핵심적인 네 가지 이야기와 스택으로 쪼갠 다음 각각을 이메일에 더해서 테스트했다. 결과는 놀라웠다! 너무나 놀라워서, 우리는 모든 퍼널에 이야기와 스택을 추가했다.

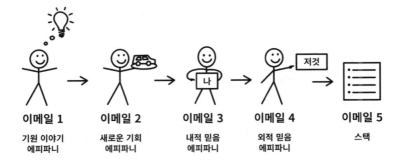

이메일 1	이메일 2	이메일 3	이메일 4	이메일 5
기원 이야기 에피파니	새로운 기회 에피파니	내적 믿음 에피파니	외적 믿음 에피파니	스택

도표 19-2 후속 시퀀스에서 완벽한 웨비나 프레임워크를 사용할 수 있다.

우리는 이것을 성공적으로 이용해왔는데, 몇 가지 방법이 있다. 첫 번째는 개별 이야기를 이메일에 맞게 다시 쓰는 것이다. 두 번째는 개별 이야기를 들려주는 영상을 만들어 이메일에 포함된 영상과 연결하는 것이다. 솔직히 말하면, 이야기를 전송하는 방식은 실제 이야기 구조를 따르는 것보다 중요하지 않다.

연속극 시퀀스의 핵심은 모든 이메일을 다음 이메일에서 들려줄 이야기가 궁금해지도록 만들어야 한다는 것이다. 좋은 드라마와 리얼리티 쇼, 그리고 텔레비전 쇼가 무슨 일이 일어날까 애태우게 하고는 끊어버리는 식으로 광고 시간과 주간 방영이라는 제약을 극복하는 것을 생각해보라. 우리는 이메일을 이용해서 똑같은 일을 한다. 사람들의 애를 태우고 약올려서 다음 이메일을 기다리게 하는 것이다.

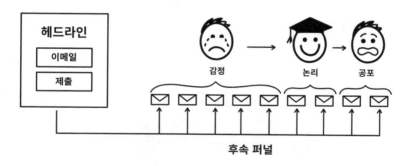

도표 19-3 후속 시퀀스에서 처음 5통의 이메일에는 감정에, 다음 2통은 논리에, 그리고 마지막 2통은 공포에 초점을 맞춰야 한다.

어떤 사람들은 감정에서 논리와 공포로 이동하는 이메일 시퀀스 프레임워크(『마케팅 설계자』와 『트래픽 설계자』에서 가르쳤다)가 어떻게 이메일 시퀀스에 들어맞는지 물었다.

완벽한 웨비나 프레임워크에는 감정과 논리, 공포 등이 엮여 있긴 하지만, 이메일 시퀀스의 처음 5통은 감정의 카테고리에 적합하다. 다섯 번째 이메일에서 나는 스택을 소개한다. 스택은 감정 이메일의 마지막에 해당한다. 그후에 후속 이메일은 캠페인을 마무리하기 위해 논리로, 그리고 공포로 바뀐다. 이는 처음 5통에서는 프레젠테이션 내용을 전달하고 다음 2~4통의 이메일에서는 논리와 공포에 초점을 맞춘다는 뜻이다.

에피파니 리드 마그넷
....

대부분의 리드 퍼널은 단순하다. 나는 광고 내부의 리드 퍼널 이야기를 하며 대부분의 시간을 보낸다. 대개 에피파니 브리지 스토리를 빠르게 요약하거나 바꿔 말해, 사람들에게 이메일 주소를 제공했을 때 받을 수 있는 프레임워크의 가치를 보여준다. 이는 영상이나 페이지에 적은 카피로 수행할 수 있다.

도표 19-4 리드 마그넷에서 에피파니 브리지 스토리를 공유할 수 있다.

다음은 리드 마그넷 페이지에서 사용하는 간단한 프레임워크다.

- 배경 이야기
- 여정
- 새로운 기회
- 프레임워크(잠재고객을 확보하기 위해 제공하는 것)
- 성취

에피파니 언박싱 퍼널

가치 사다리를 올라가면서 우리는 언박싱 퍼널에 다다른다. 이 퍼널에서는 일반적으로 저가 제품을 판매한다. 무료 도서나 39달러짜리 로션을 파는 데 90분을 전부 쓸 필요는 없다.

이럴 때는 5분짜리 완벽한 웨비나가 유용하다. 그렇다, 우리는 5분짜리 완벽한 웨비나를 광고로 사용하지만, 세일즈 페이지에서 세일즈 영상으로도 이용할 수 있다.

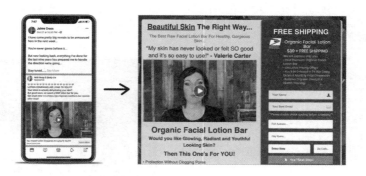

도표 19-5 제이미 크로스가 광고와 언박싱 퍼널에서 5분짜리 완벽한 웨비나를 이용하는 방법을 설명한다.

당신은 내가 모든 언박싱 퍼널 내부에서 똑같은 일을 하고 있다는 사실을 알게 될 것이다.

도표 19-6 나는 모든 언박싱 퍼널에서 동일한 5분짜리 완벽한 웨비나 프레임워크를 사용한다.

에피파니 영상 세일즈레터 퍼널

에피파니 영상 세일즈레터 퍼널은 단지 녹화되어 세일즈 페이지에 올라간 완벽한 웨비나 프레젠테이션일 뿐이다. 나는 때에 따라 90분짜리 전체 웨비나 녹화 영상을 사용하는데 이것이 내 프레젠테이션이 된다. 속성 완벽한 웨비나를 사용하여 30분짜리 버전을 사용했을 때도 모두 성공했다.

도표 19-7 영상 세일즈레터에 완벽한 웨비나 프레임워크를 사용할 수 있다.

에피파니 자동화된 웨비나 퍼널

완벽한 웨비나 프레젠테이션은 실시간 웨비나 퍼널과 자동화된 웨비나 퍼널 두 군데 모두 사용 가능하다. 우리는 이미 실시간 웨비나가 작동하는 방식을 자세히 이야기했다. 자동화된 웨비나도 퍼널의 구조는 비슷하다. 다만 고투웨비나 혹은 줌을 이용해 실시간 웨비나를 호스팅한 것과 달리, 여기서는 완벽한 웨비나 프레젠테이션을 녹화하여 클릭퍼널스 페이지에 넣는다.

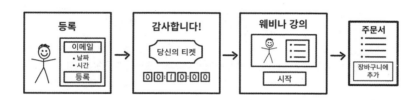

도표 19-8 자동화된 웨비나 퍼널에서도 완벽한 웨비나 프레임워크를 사용할 수 있다.

도표 19-9 퍼널 스크립트 사이트는 완벽한 웨비나 프레임워크를 따른다.

에피파니 제품 출시 퍼널

또 다른 유형의 프레젠테이션 퍼널은 '제품 출시 퍼널'이라 불리는 데, 제프 워커가 널리 알렸다.

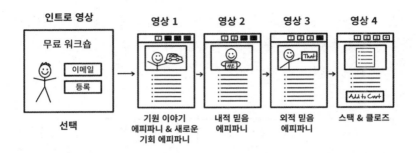

도표 19-10 제품 출시 퍼널에서 완벽한 웨비나 프레임워크를 이용할 수 있다.

첫 번째 영상에서 청중은 당신이 첫 번째 비밀을 말하며 강의한 프레임워크를 비롯해 에피파니 기원 이야기를 접한다. 두 번째 영상에서는 두 번째 비밀의 프레임워크를, 세 번째 영상에서는 세 번째 비밀의

도표 19-11 나는 퍼널 핵스 웨비나에서 완벽한 웨비나 프레임워크를 사용했다.

프레임워크를 접한다. 마지막으로 스택과 클로즈 영상이 나온다. 제프 워커는 이 퍼널을 '측면 세일즈레터sideways sales letter'라고 부르지만, 나는 '측면 완벽한 웨비나'라고 부르면 어떨까 한다.

길잡이로서 당신의 목소리가 어떻게 꿈의 고객이 따르는 여정의 프레임워크가 되는지 이해할 수 있는가? 고객을 광고로 유혹하고, 새로운 여정을 떠나게 하고, 새로운 기회를 부여하고, 길을 안내하며, 간절히 원하는 성과를 얻고 변화하도록 이끌자.

이너서클을 10년 가까이 운영하고 나니 쉬어야 할 때라는 생각이 들었다. 고등학생이 되는 아이들과 더 많은 시간을 보내고 싶었고, 그러려면 몇 년간 활동을 멈춰야 했다. 마지막 모임 약속을 잡았고, 회원들은 의견을 나누기 위해 전 세계에서 보이시로 날아왔다.

　마지막 날 모두 함께 즐거운 시간을 보내고, 나는 무대에 올라 지난 몇 년간 봉사할 수 있어서 감사하다는 인사를 전했다. 그 몇 년은 내 인생을 축복해준 커다란 영광의 시간이었다. 눈물이 나오고 목이 메어 잠시 말을 멈춰야 했다. 그때, 회원 중 한 명인 리즈 베니가 손을 들고 잠시 마이크를 써도 되겠냐고 물었다.

　리즈가 말을 시작하자 우리가 처음 만났던 날이 기억났다. 클릭퍼널스를 출시하기 약 1년 전이었다. 리즈가 이너서클에 들어왔을 때 우리가 하던 일은 소수만 아는 비밀 프로젝트였다. 그가 지구 반대편에 있는 뉴질랜드에 살았기 때문에, 우리는 동시에 온라인에 접속하려고 낯선 시간대에 전화를 해야만 했다. 리즈는 흥분한 상태였다. 나는 몇 분 정도 대화하고 나서 그가 세상을 바꾸리라고 확신했다.

　"5년 전이었습니다. 저는 매일 뉴스피드에 올라오는 러셀의 광고를 보았지요. 처음에는 '대체 이 사람은 누군데 계속해서 광고를 클릭해 달라는 거야?'라고 생각하며 짜증을 냈지요. 마침내 클릭했고, 퍼널에 가서 그가 계속해서 팔려고 했던 책을 구입했습니다." 리즈가 마이크에 대고 말했다.

"저는 계속해서 러셀이 보내는 메일을 받았지요. 영상 몇 편을 봤고, 마침내 이 모임에 들어오라는 초대장을 받았습니다. 내가 왜 이 회의장에 있어야 하는지 보여주는 그의 프레젠테이션을 봤고요. 며칠 뒤 저는 러셀에게 2만 5000달러를 보냈습니다." 리즈는 조금 목이 메이기 시작했다.

"그때 저는 두려웠습니다. 인생에 더 큰 사명이 있을 거라고 생각했지요. 하지만 어떻게 그것을 이룰지 몰랐습니다. 지난 5년 동안 러셀의 조언 덕분에 저만의 목소리를 찾았고, 대규모 브랜드를 키웠고, 전 세계의 무수히 많은 사람들의 삶을 바꿀 기회를 얻었습니다. 저는 5년 전 러셀의 얼빠진 광고를 클릭하기로 했던 순간을 감사히 여기고 있습니다. 그 순간이 저를 바꾸어놓았습니다."

리즈가 느꼈듯이, 전문가나 길잡이가 되어 누군가의 여정에 함께하는 순간이(당신이 도움을 준 누군가가 목적을 달성하고 성공의 맛을 느낄 때가) 당신 자신이 성공할 때보다 1000배는 더 기분 좋다는 사실을 알게 될 것이다. 그런 기분에 점점 중독될 것이다. 그리고 얼마 지나지 않아 당신의 메시지로 더 많은 사람을 도와주는 일에 전념하게 될 것이다.

지금까지 여정에서 나를 믿어준 것에 감사한다. 당신의 메시지는 중요하다. 그리고 이 책에서 배운 내용을 바탕으로 단 한 명이라도 더 많은 사람을 돕는다면 성공이라 할 수 있다.

기억하라, 이 책은 스크립트다. 한 번만 읽어서는 안 되고 언제나 손이 닿는 곳에 두고 자주 펼쳐봐야 한다.

나는 당신이 〈스타트업의 과학〉 시리즈에서 배운 비밀을 이용하여 더 많은 꿈의 고객을 찾아내 봉사하길 바란다. 꿈의 고객들은 당신이 자신들을 찾아내 삶을 바꿔주길 기다리고 있다. 당신이 어떤 일을 할지 어서 보고 싶다. 어느 소셜 미디어 플랫폼으로든 연락은 언제나 환영하며, 이 '비밀'이 당신의 삶을 어떻게 바꿨는지 내게도 알려주기 바란다.

감사를 전하며

러셀 브런슨

추신: 잊지 말라! 퍼널 하나만 잘 만들어도….

지은이 러셀 브런슨

...

1000억 원 규모의 마케팅 플랫폼 기업 '클릭퍼널스닷컴ClickFunnels.com'의 설립자이자 대표다. 잠재고객이 구매하기까지 판매의 모든 순간을 치밀하게 설계한 퍼널 시스템을 내놓으며 100만 명이 넘는 기업가 추종자를 거느리고 있다. 덕분에 퍼널의 마스터로서 미국 마케팅 업계의 새로운 구루로 알려졌다.

열두 살 때 텔레비전 심야 광고에 매혹된 후로, 광고와 세일즈에 관한 모든 것에 중독적으로 빠져들었다. 대학 시절에는 감자총 만드는 DVD를 포함해 상상할 수 있는 모든 것을 판매하겠다는 야심으로 온라인 비즈니스에 도전했고, 졸업 전 10억 원의 매출을 올리기도 했다. 한 가지에 빠지면 끝을 보는 마케팅 너드인 그는 대학 시절 미국 주 대회에서 우승을 거머쥔 레슬링 선수이기도 했다.

옮긴이 홍경탁

...

카이스트 전기 및 전자공학과를 졸업하고 동 대학원에서 경영과학으로 석사 학위를 받았다. 기업 연구소와 벤처기업에서 일했으며 현재는 전문 번역가로 활동 중이다. 『콜드 스타트』, 『길 잃은 사피엔스를 위한 뇌과학』, 『디즈니 고객 경험의 마법』, 『공기의 연금술』 등 다수의 책을 우리말로 옮겼다.

브랜드 설계자

구매 전환율을 높이는 19가지 브랜딩 과학

펴낸날 초판 1쇄 2023년 8월 17일

초판 8쇄 2024년 11월 18일

지은이 러셀 브런슨

옮긴이 홍경탁

펴낸이 이주애, 홍영완

편집장 최혜리

편집3팀 강민우, 장종철, 이소연

편집 양혜영, 박효주, 김하영, 문주영, 홍은비, 김혜원, 이정미

디자인 기조숙, 박아형, 김주연, 윤소정

마케팅 김태윤, 김철, 정혜인, 김준영

해외기획 정미현

경영지원 박소현

펴낸곳 (주)윌북   **출판등록** 제 2006-000017호

주소 10881 경기도 파주시 광인사길 217

전화 031-955-3777   **팩스** 031-955-3778

홈페이지 willbookspub.com

블로그 blog.naver.com/willbooks   **포스트** post.naver.com/willbooks

트위터 @onwillbooks   **인스타그램** @willbooks_pub

ISBN 979-11-5581-629-5 (03320)